Machines de Jeux

Architecture des Consoles de Jeux Vidéo

Génération 8 bits

G. Poggiaspalla

Sommaire

I. Introduction

Il existe désormais de nombreux ouvrages très complets sur le jeu vidéo. Beaucoup retracent avec compétence l'histoire de ce média à travers les jeux. C'est logique et légitime : la « création » proprement dite, c'est le jeu. C'est à travers lui que s'exprime le talent artistique de leurs auteurs. La machine est importante, bien entendu, mais elle est souvent perçue comme le facteur limitant, le fardeau « matériel » de l'imagination. Or, un jeu est un logiciel parmi d'autres, une idée que la machine, littéralement, matérialise. Chaque machine offre une matrice dont les dimensions bien définies ne font pas que limiter la création, elle la façonne. André Gide a écrit : « l'art naît de contrainte, vit de lutte, meurt de liberté ». Une maxime qui convient parfaitement aux programmeurs de jeux vidéo. Les limitations, pourtant draconiennes, des premières consoles n'ont pas découragé les créateurs d'alors. Elles furent même la source de nombreuses techniques ingénieuses et de multiples mécanismes de jeu, dont certains seront repris par d'innombrables titres ultérieurs.

Analyser en détail les différentes architectures des « machines de jeux » s'avère ainsi intéressant à plus d'un titre. Outre l'influence considérable qu'elles ont eue sur la forme des jeux vidéo et sur le langage qu'ils ont développé, leur histoire est tout simplement celle de la technologie moderne. Celle de l'émergence de l'électronique et de l'informatique, celle de leur démocratisation et du bouleversement d'une époque.

C'est par le jeu que l'invasion des puces a commencé. Des millions d'enfants et d'adultes ont ainsi utilisé un microprocesseur pour la première fois en jouant à *Space Invaders* ou *Donkey Kong*. Avec les premières consoles, c'est la conquête de nos foyers qui commence dès 1975 avec *Pong* puis la VCS. Au milieu des années 80, la plupart des salons japonais accueillaient une Famicom. La console de Nintendo est alors « l'ordinateur » le plus répandu sur l'archipel. Aujourd'hui, les microprocesseurs sont partout, et la plupart d'entre nous en porte dans leurs poches toute la journée.

Étudier les entrailles des consoles de jeu, c'est une bonne façon de retracer l'histoire de ces composants si fondamentaux à notre modernité.

Une façon de leur rendre hommage aussi, à ces puces « grand public». Elles qui ont animé les jeux de notre jeunesse, façonné notre histoire personnelle et notre culture populaire.

Dans cet ouvrage, on souhaite passer en revue un certain nombre de consoles de jeux bien connues. On parlera beaucoup des machines, mais aussi, heureusement, des jeux qu'elles animent. Toutefois, au lieu d'adopter le point de vue du joueur, c'est plutôt celui du programmeur, voire de l'ingénieur que nous adopterons. Attention, ce livre n'est cependant pas un manuel de programmation, il faudrait plusieurs tomes par console ! Le but est simplement d'en apprendre plus sur nos machines favorites, quitte à entrer dans des détails techniques. On s'efforcera de rester d'un abord accessible et même, on l'espère, d'une lecture agréable.

Quelles consoles choisir ? La liste des machines sorties depuis les années 70 est longue. On ne prétendra, bien sûr, à aucune exhaustivité. Ni dans le choix des plateformes, ni dans le détail de leur étude. C'est avec forcément un peu de subjectivité et d'arbitraire qu'on choisira les candidates à un examen approfondi. En outre, on se limitera dans le présent volume à des consoles dites « 8 bits », datant de la fin des années 70 à la fin des années 80.

Plan de l'ouvrage

Nous commencerons « en toute logique » par l'Atari VCS 2600. Sans être la première console de jeu à cartouche, son succès et son impact culturel sont sans commune mesure avec celles qui l'ont précédée. Elle nous permettra de faire la connaissance d'un microprocesseur très important : le 6502. Elle servira de support pour introduire de nombreuses notions clefs, communes à toutes les machines informatiques, de jeux ou non. Ce sera donc peut-être un chapitre un peu ardu, mais que l'on espère instructif. On passera en revue quelques titres marquants de cette plateforme. On évoquera, entres autres : *Combat !*, *Adventure*, *Pitfall !*. On en profitera pour rappeler le contexte économique de l'époque et dire quelques mots du fameux « video game crash » de 1983.

Pour le phénomène de société qu'elle a été, il est impossible de ne pas parler de la console 8 bits de Nintendo, la Famicom. Plus connue sous nos latitudes sous le nom de Nintendo Entertainment System ou encore « NES ». Elle aussi bâtie autour d'un 6502, elle nous permettra de mettre en évidence les progrès qu'elle représente par rapport à la VCS, notamment en terme de prise en charge des graphismes. C'est avec elle qu'on abordera une puce graphique « moderne » et le système de représentation par motifs, commun à toutes les machines 8 et 16 bits postérieures. Elle nous permettra également d'étudier une architecture matérielle un peu plus complexe que celle de la VCS, et qui est finalement prototypique des consoles de jeux vidéo dans leur ensemble. On illustrera nos propos avec *Super Mario Bros*, qui constitue un cas exemplaire de bonne utilisation des capacités de la Famicom. On abordera aussi le Famicom Disk System et les extensions invisibles de la console de Nintendo qui se cachent dans ses cartouches. On fera aussi un rapide tour d'horizon des multiples accessoires de cette machine mémorable.

Si on parle de la NES, il serait injuste de ne pas traiter aussi de la Master System de Sega. Concurrente malheureuse de la console de Nintendo, largement seconde du marché, mais première dans bien des cœurs, elle nous permettra d'introduire un autre processeur star de « ces années-là » : le Z80. La déclinaison 8 bits du jeu *Sonic the Hedgehog*, avec sa musique mémorable, sera notre étude de cas. On terminera avec une digression sur le fonctionnement des « light phasers ». Et qui sait ? L'étude détaillée de cette machine pourra peut-être nous permettre de répondre à la brûlante question : Sega meilleur que Nintendo ?

Une console plus méconnue en occident nous paraît mériter que l'on s'y intéresse de plus prêt : la PC Engine de NEC. Elle possède une genèse originale puisqu'elle a été directement conçue par les créateurs de jeux d'Hudson Soft. Sa puissance, qui la place au pinacle des consoles 8 bits, autant que sa date de sortie plus tardive (1987) en font un choix logique pour clore notre tour d'horizon. Une fin en apothéose, car la gamme « PC-Engine » est constituée de multiples machines et de multiples extensions parmi lesquelles il faudra se repérer. PC-Engine, Coregrafx, Supergrafx, Duo, Super CD-ROM², nous passerons en revue toute la famille des machines NEC ainsi que leurs capacités. Le caractère protéiforme de la PC-Engine nous amènera à nous pencher sur plusieurs jeux remarquables, mettant en évidence des techniques de programmation ou des problématiques intéressantes. Nous verrons principalement *Street Fighter II : Champion Edition* sur HuCard. *Dracula X : Rondo of Blood* sera notre principal exemple de jeu Super CD-ROM². Le fonctionnement de la Supergrafx sera quant à lui illustré par *Daimakaimura*, alias *Ghouls'n Ghosts*, et le jeu de tir *Aldynes*.

On trouvera en annexes un certain nombre d'informations complémentaires aux chapitres de cet ouvrage. L'annexe 1 présente quelques généralités théoriques sur les microprocesseurs. L'annexe 2 complète la précédente en donnant quelques éléments historiques succincts sur l'électronique et les circuits intégrés. Les annexes 3 et 4 offrent une petite introduction à la numération binaire et en BCD. L'annexe 5 aborde l'hexadécimal.

Néanmoins, avant tout cela, nous commencerons par une petite partie introductive dans laquelle nous aborderons succinctement la préhistoire des jeux vidéo. Après quelques mots sur *Spacewar*, la Magnavox et la Channel F, on donnera une chronologie repérant, par constructeur, les machines mentionnées ci-dessus, ainsi que leurs concurrentes.

II. Les Premiers « Jeux Vidéo »

Origines

Les origines du jeu vidéo peuvent remonter assez loin. Précisément, jusqu'en 1958 au laboratoire national de Brookhaven, près de New York (Long Island), pourtant spécialisé dans le domaine fort peu ludique (quoique) de la physique nucléaire. Un physicien y développe un jeu de tennis censé divertir les visiteurs des journées portes ouvertes. Il est conçu avec des composants analogiques et le jeu s'affiche sur un écran d'oscilloscope.

Figure II-1: *Spacewar* sur PDP - 1

Pas spécialement ludique, il ne fonctionne pas à proprement parler sur une machine programmable. Il faudra attendre *Spacewar!* (cf. figure 1) pour voir un ordinateur jouer.

C'est en effet en voulant démontrer la puissance du PDP-1 de DEC que fut développé ce jeu de combat spatial en 1962. Chaque joueur commande un petit vaisseau qui doit résister à la force d'attraction d'une planète centrale et qui peut tirer des projectiles. Le but étant d'abattre le vaisseau adverse tout en évitant de s'écraser misérablement. *Spacewar!* est un programme complexe de 9 Ko, stockés sur carte perforée. Il pousse le PDP-1 dans ses derniers retranchements. Il s'affiche sur un écran cathodique circulaire qui n'est cependant pas un poste de télévision. Il ne fut pas commercialisé, mais il eut tout de même une influence certaine sur l'histoire du jeu vidéo. De multiples clones et dérivés ont vu le jour. Un certain Nolan Bushnell y a joué, ce qui lui donna l'idée du jeu vidéo payant à destination des bars et des fast foods. Cela donnera *Computer Space* et surtout *Pong*, pour l'édition desquels il fonde la société Atari.

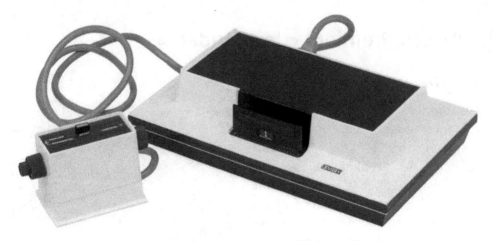

Figure II-2 : La Magnavox "Odyssey"

La naissance du jeu « vidéo » en tant que tel, c'est-à-dire en tant que machine branchée sur une télévision, remonte au brevet de Ralph Baer de 1966. Né en 1922, cet ingénieur américain d'origine allemande est un touche à tout. Si son métier le conduit à fabriquer des radars pour l'armée, il est aussi le père du célébrissime jeu électronique Simon (que les moins de 20 ans peuvent ne pas connaître) ainsi que de la première console de jeu vidéo au monde : l' « Odyssey » de Magnavox (cf. figure 2). Elle est commercialisée en 1972, avant même l'apparition de *Pong*. Historiquement importante, elle nous intéressera peu ici, car elle ne possède pas de microprocesseur. Son architecture est moitié analogique, moitié digitale. Elle accepte plusieurs cartouches, mais elles ne font guère plus que sélectionner des variantes de jeux directement câblés à l'intérieur de la machine. De même, la « console » *Pong*, se branche elle aussi sur la télévision, mais ne permet pas d'accueillir des cartouches et n'est pas programmable.

La première console de jeu vidéo entièrement programmable et supportant des jeux sur cartouches n'est pas l'Atari VCS (aussi appelée Atari 2600), qui dominera néanmoins de la tête et des épaules le marché américain jusqu'au milieu des années 80. C'est la Channel F de Fairchild, sortie en 1976 (cf. figure 3). Elle est basée sur un microprocesseur 8 bits Fairchild F8, scindé en deux puces. Avec ses 64 octets de mémoire vive, ses performances graphiques très modestes (résolution de 128 x 64) et ses 26 jeux disponibles, elle obtiendra un succès d'estime.

Figure II-3 : La Fairchild Channel F

Elle aura néanmoins pour effet de pousser Atari à donner au plus vite un successeur à sa console Pong dont les ventes déclinaient. La société n'ayant pas les moyens de développer leur nouvelle console assez rapidement, Nolan Bushnel la vend à Warner Communications en 1976. Les 28 millions de dollars glanés au cours de la transaction permettront de mener à bien le fameux « projet Stella » dont le nom public sera Atari VCS, pour « Video Computer System ».

Chronologie par Constructeur

Sur la page suivante, on donne une chronologie partielle regroupant, entre autres, toutes les machines qui seront abordées. Elle s'étend de l'année 0 des consoles de jeux (1972) jusqu'en 1994, qui marque la sortie de la dernière console dont on parlera ici, la NEC PC-FX. Cette chronologie est classée par constructeur, en mettant l'accent sur les quatre qui vont nous intéresser plus particulièrement : Atari, Nintendo, Sega et NEC. Les dates de sorties des machines correspondent à celles de leurs pays d'origine.

Année	Atari (Etats-Unis)	Nintendo (Japon)	Sega (Japon)	NEC (Japon)	Autres
1972					Magnavox Odyssey
1976	Pong				Fairchild Channel F
1977	2600	Color TV Game 6			
1980					Mattel Intellivision
1982	5200				Colecovision, Vectrex
1983		Famicom	Sega SG – 1000		
1984	7800				
1985		NES	Master System		
1986		Famicom Disk System			
1987				PC – Engine	
1988			Megadrive	CDROM²	
1989	Lynx	Game Boy		SuperGrafx TurboGrafx – 16	
1990		Super Famicom	Game Gear	PC-Engine GT	SNK Neo Geo
1991			Mega – CD	PC-Engine DUO Super CDROM²	Philips CD – I
1992					
1993	Jaguar				3DO
1994			32X	PC – FX	Sony Playstation

III. Le Video Computer System ou Atari 2600

Introduction

Les heureux parents : Pong et Tank

À l'origine, la VCS a surtout été conçue pour renouveler les consoles de salon *Pong*, qui commençaient à lasser le public. Nolan Bushnell s'orienta donc vers une machine un petit peu plus flexible, qui permettrait de jouer principalement à deux types de jeux : *Pong* et *Tank*. Je suppose tout le monde familier du principe de *Pong*, celui de *Tank* en est une sorte de prolongement. Sorti en 1974 en arcade, c'est aussi un jeu à deux joueurs dans lequel chacun pilote un petit tank dans un labyrinthe. Le mouvement des véhicules peut se faire dans toutes les directions, et chacun peut tirer sur son rival pour marquer des points. Pour épicer un peu les parties, des mines jalonnent le terrain de jeu. *Tank* et *Pong* (dont les bornes sont représentées en figure 1 et 2) sont clairement les deux gamètes dont la rencontre permit la conception de l'Atari VCS.

Toute l'architecture Interne de la machine, et en particulier le design de sa puce graphique sera organisée autour de ce but : apporter dans les foyers les sensations de ces deux succès d'arcade. Si les programmeurs arrivent jamais à en tirer quelque chose d'autre, ce ne sera que du bonus. Heureusement pour la console d'Atari, leur talent et leur l'opiniâtreté a permis d'excéder très largement ces modestes ambitions.

Lancement

L'Atari « VCS » pour « Video Computer System », apparaît dans les magasins fin 1977 au prix relativement modeste de 199 $. Vendue avec 2 joysticks et une cartouche de jeu : *Combat !* La machine pouvait aussi être connectée à des « paddles ». Ce sont des contrôleurs cylindriques dont la rotation est idéale pour commander des jeux où les déplacements se font sur un seul axe, comme *Pong* ou *Breakout*. Les joysticks sont basiques et munis d'un bouton de tir orange à leurs bases. Ils sont devenus de véritables icônes. Leur look est connu de tous et suffit parfois à symboliser le jeu vidéo dans son ensemble. On peut voir les joysticks et paddles dans la publicité d'époque en figure 3.

Figure III-1 : Borne *Pong*   **Figure III-2 : Borne *Tank***

Surnommée « Stella », un nom de code qui viendrait de la marque de bicyclette d'un des ingénieurs (Joe Decuir), la console est plus connue comme « Atari 2600 », d'après son numéro de série : CX2600. Un nom qui deviendra officiel assez tardivement, en 1982, afin de conserver une cohérence avec la console qui devait lui succéder : l'Atari 5200. En figure 4, la machine est représentée avec un joystick et un certain nombre de cartouches de jeux célèbres : *Stawars*, *Pitfall II*, *Pac-Man*, etc. On y voit également le « video touch pad » de *Star Raiders* (à droite). Dans ce jeu de combat spatial relativement complexe, ce mini-clavier permettait d'enclencher des options comme le bouclier, la carte, etc.

Figure III-3 : Publicité pour l'Atari VCS

Figure III-4 : Une Atari VCS et quelques cartouches de jeux.

Si son démarrage ne fut pas particulièrement retentissant, le succès fut finalement au rendez-vous. Le portage de *Space Invaders* (cf. figure 5), d'une bonne qualité, y fut pour beaucoup. La console aura une ludothèque extrêmement fournie. Elle accueillera de très bons titres, comme *Phoenix*, *Pitfall !*, *Adventure*, etc. Trop fournie peut-être ? Nous verrons que la piètre qualité d'un trop grand nombre de cartouches précipitera la chute de la machine et celle du marché du jeu vidéo américain dans son ensemble. Néanmoins, la VCS fut une pionnière qui s'écoulera à 30 millions d'unités à travers le monde et qui contribua grandement à démocratiser le jeu vidéo. Elle est aussi réputée pour être la console la plus difficile à programmer de tous les temps. On va vite comprendre pourquoi dans les chapitres qui suivent.

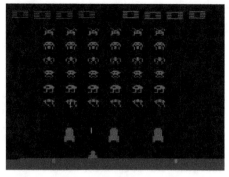

Figure III-5 – *Space Invaders* sur VCS

Architecture

L'Atari VCS est une machine plutôt moderne. Elle comprend un microprocesseur et une unité entièrement dédiée au traitement graphique et sonore : le TIA. Le processeur central (CPU pour « Central Processing Unit ») est un 6507, dérivé du 6502. Le TIA (pour « Television Interface Adaptor ») est spécifiquement conçu par Jay Miner, futur papa de l'Amiga.

En plus de ces deux puces, un circuit intégré multifonction, le 6532, s'occupe d'à peu près tout le reste : mémoire, manettes, etc. Il est d'ailleurs surnommé « RIOT » pour « RAM Input Output Timer ». Le design de la VCS était ainsi simple et économique. Sa carte mère compte trois puces, quelques composants annexes, les prises pour les manettes et le port cartouche. On y trouve aussi 4 interrupteurs : « power », « TV Type », « Game Select » et « Game Reset ». La figure 6 montre la carte mère d'une Atari 2600, on y distingue de haut en bas : le 6532, le CPU et le TIA.

Figure III-6 : Carte mère du VCS

À tout seigneur tout honneur, intéressons-nous d'abord au processeur central. Il a pour nom « 6507 ». C'est simplement une version mutilée du 6502 de MOS Technology. L'incroyable succès populaire de ce microprocesseur en fait l'un des plus importants des années 80. Présentation.

Le 6502

Petit historique

Face aux microprocesseurs 8008 et 8080 d'Intel, un autre géant de l'électronique, Motorola, lance sa contre-offensive dès 1974 avec le 6800. Ce dernier coutant exactement le même prix (exorbitant : 360 $) que son concurrent le 8080, il n'aura pas

Figure III-7 : Le MOS 6502

plus de succès dans le grand public. Deux ingénieurs de Motorola sentent qu'ils peuvent faire mieux et moins cher que le 6800. Ainsi, Chuck Peddle et Bill Mensch passent chez MOS Technology afin de concevoir deux puces : le 6501 et le 6502 (cf. figure 7).

Très largement influencés par le 6800, ces deux processeurs ne sont pas compatibles avec le processeur de Motorola afin d'éviter des problèmes de propriété intellectuelle. Néanmoins, le 6501 est compatible avec la connectique du 6800. Ce ne sera pas du gout de Motorola qui le fera retirer du marché. Reste le 6502, avec ses 3510 transistors et son horloge intégrée, qui sort en 1975 pour un prix unitaire de 20$! Du jamais vu. Avec un autre processeur célèbre des années 80, le Z80, le 6502 allait changer le monde en permettant l'essor de l'informatique personnelle et du jeu vidéo.

Non content d'animer des consoles de jeux 8 bits comme celle qui nous intéresse ici, le 6502 (et sa famille : 6510, 6507, 65C02, 2A03 etc.) fut le cœur de nombreux ordinateurs personnels mythiques : l'Apple II, le C64 (cf. figure 8), le VIC-20, le PET, l'Oric Atmos, etc. Des machines qui ont fait naitre bien des vocations et qui font du 6502 une petite star de la culture « geek ».

Figure III-8 : Le Commodore 64

Figure III-9 – La Vision du *Terminator*

La preuve, on retrouve des codes assembleur 6502 à des endroits forts inattendus. Un des exemples les plus connus est sans doute le film *The Terminator* de James Cameron, sorti en 1984. Alors que le robot T-800 démarre après son voyage temporel, on voit apparaître dans son affichage tête haute un listing en assembleur qui n'est autre qu'un code pour Apple II (cf. Figure 9).

De même, on retrouve un clin d'œil à ce CPU dans la série d'animation *Futurama* de Matt Groening. C'est en effet lui qui animerait le robot Bender. Dans l'épisode *Fry and the Slurm Factory*, on peut apercevoir « 6502 » écrit sur la carte électronique lui servant de cerveau à la faveur d'une exposition malencontreuse aux rayons X (cf. figure 10) !

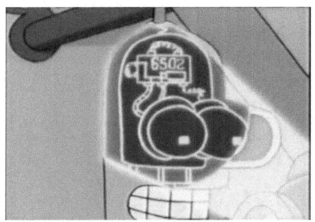

Figure III-10 : Le robot Bender de la série *Futurama*

En détail

Dans ce chapitre, nous allons devenir beaucoup plus intimes avec le 6502. Alors, brisons la glace sans faire de manières, le voici tout nu en figure 11.

Cette magnifique photo du « die », c'est-à-dire la surface gravée du microprocesseur a été prise par les talentueux auteurs du projet Visual6502.org. Leur but est de simuler dans les moindres détails ce CPU mythique. Avec ses 3510 transistors et ses circuits intégralement dessinés à la main, le bébé de Chuck Peddle est un modèle du genre et son étude nous permettra d'introduire de nombreux concepts universels dans l'univers des microprocesseurs, et donc des consoles de jeux.

Le 6502 est connu comme étant un processeur 8 bits, c'est-à-dire que ses calculs sont faits sur des nombres de 8 chiffres binaires, soit 8 zéros ou uns. Les « registres », sont des petits emplacements de mémoire internes au CPU. C'est avec eux qu'il fait effectivement ses calculs. Le lecteur intéressé par plus de détails sur les microprocesseurs se reportera aux l'annexes 1 et 2. Pour plus de détails sur la numération binaire on se reportera à l'annexe 3.

Figure III-11 : Un « DIE » de 6502 au microscope

Le 6502 ne possède que 6 registres : *A*, *X*, *Y*, *P*, *S* et *PC*. Trois seulement sont directement gérés par le programmeur, et un seul est universel. En effet, seul le registre A peut servir à toutes les tâches, en particulier à faire des calculs. Les registres ont ainsi des rôles bien définis. Tous ont une « largeur » de 8 bits, sauf PC qui en fait 16. Le 6502 possède donc un registre de plus de 8 bits ? Oui, mais il ne sert pas à faire des calculs. C'est un registre « d'adressage ». PC veut dire « Program Counter ». En français, il s'appelle le « compteur ordinal » ou encore le « pointeur d'instruction ». Il permet au microprocesseur de savoir où il en est dans le programme qu'il exécute. Il contient à tout instant « l'adresse » de l'instruction en cours. Voyons plus précisément cette notion fondamentale « d'adressage ».

Adressage

Que ce soit le programme lui-même ou les données qu'il manipule, il faut bien que tout cela soit stocké dans une mémoire dans laquelle on puisse se repérer précisément. Cette mémoire peut être de la mémoire vive ou morte. La première, la RAM (pour « Random Access Memory ») peut être modifiée. La seconde, la ROM (pour « Read Only Memory ») ne le peut pas. RAM ou ROM, cela ne change pas le problème. Il faut s'y repérer et pour cela, le plus simple est de voir l'espace mémoire comme une succession de cases numérotées. Chaque case contient un octet, comme dans l'illustration ci-dessous.

Adresse	00	01	02	03	04	05	06	07	08	09	10	11	12	13	etc.
Donnée	12	56	44	55	77	99	88	12	00	00	00	33	23	24	...

Pour utiliser la mémoire, le processeur doit savoir où se trouvent les données à traiter. Il doit connaître ce que l'on appelle leur « adresse ». Avoir beaucoup de mémoire, c'est avoir beaucoup de cases. L'adresse d'une case est donc un nombre d'autant plus grand que la quantité de mémoire à accéder est importante.

On comprend aisément que les données à traiter doivent être stockées en mémoire. Mais il faut garder à l'esprit que le programme doit aussi résider quelque part. Dans les cases, les octets peuvent ainsi représenter des données, ou bien les instructions du programme lui-même. Le compteur PC retient le numéro de la case où réside l'instruction à exécuter.

Or, on a vu que les microprocesseurs de l'époque sont considérablement limités quant à la taille des nombres qu'ils peuvent manipuler directement. Si le 6502 utilisait 8 bits pour PC, un programme ne pourrait pas faire plus de 256 cases ! C'est bien trop petit pour une utilisation sérieuse. C'est pourquoi le 6502 utilise 16 bits pour adresser sa mémoire et peut donc adresser 65536 cases, soit 64 Ko.

Les Bus et le brochage

On touche là une notion fondamentale à tous les microprocesseurs. Elle conditionne même leur aspect physique en déterminant leur nombre de pattes. Dans un ordinateur, les données doivent transiter de la mémoire au processeur. Comment font-elles ? Et bien elles prennent le bus. Le « bus de données » est en effet le nom que l'on donne au canal par lequel les données transitent. Dans le cas du 6502 (et de tous les CPU 8 bits), ce canal est en fait en ensemble de 8 pistes métalliques reliées à 8 pattes spécifiques du CPU.

Or, ces données doivent être repérées en RAM par leurs adresses. Et bien, il existe aussi un « bus d'adresse ». Toujours dans le cas du 6502, cela correspond cette fois à 16 pistes reliant 16 pattes spécifiques du CPU au contrôleur-mémoire. Ces pattes-ci servent à sélectionner une case particulière dans la mémoire centrale. En figure 12, on donne un schéma des pattes d'un 6502, son « brochage ».

Les pattes D0 à D7 reçoivent les 8 bits des octets de données. Les pattes A0 à A15 véhiculent l'adresse des données utilisées, codées sur 16 bits. Le processeur peut donc accéder librement, on dit aussi « adresser », 64 Ko de mémoire. Cette mémoire peut être en partie de la RAM et en partie de la ROM. Bien sûr, il y a bien d'autres pattes : pour l'alimentation électrique, pour les interruptions (IRQ, NMI), pour l'horloge (ϕ1, ϕ2), la patte R/W qui permet de spécifier si on lit ou si on écrit en mémoire, etc.

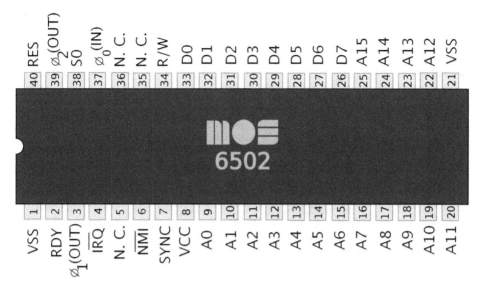

Figure III-12 - Schéma du 6502

Le 6507 de l'Atari 2600

Le 6502 avait beau être peu cher, il était encore possible de faire des économies en limitant certaines fonctionnalités. Dans la fabrication industrielle d'une puce, chaque patte métallique a un coût. Moins le composant possède de pattes, moins il nécessite de métal et plus son boîtier peut être compact.

Comme 8 bits, ce n'est déjà pas énorme, on ne peut pas enlever de pattes « de données ». Il reste les pattes d'adresses à sacrifier, ainsi que d'autres fonctionnalités, comme les interruptions. De toute façon, soyons pragmatique : à l'époque, en 1977, la mémoire est extrêmement chère et personne n'achèterait une console à 2000 $ ou un jeu à 600 $. Pouvoir adresser 64 Ko de mémoire apparaît alors comme un luxe dont on peut se passer.

Le 6507 de la VCS va donc se voir amputer, entre autres, de 3 pattes d'adresses (A15, A14 et A13) et ne peut donc utiliser que 13 bits pour son adressage. Treize bits nous donnent en binaire la possibilité de représenter 2 x 2 x 2 x 2 x...x 2 (13 fois) nombres différents. Nous pouvons donc avoir 8192 « cases », soit 8 Ko de mémoire ! En figure 13, le schéma d'un 6507 utilisé dans une Atari 2600, il est plus compact qu'un 6502.

Dans ces 8 Ko de mémoire que va-t-on mettre ? Et bien tout : le programme, les donnés graphiques, la musique et toutes les variables de travail concernant l'état du jeu.

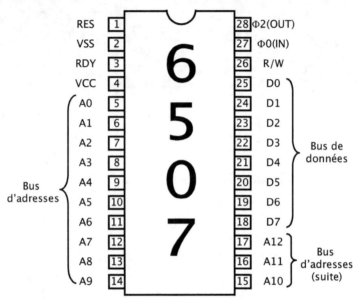

Figure III-13 : Le 6507 du VCS

RAM et espace d'adressage

L'espace mémoire auquel va avoir accès la VCS va être divisé en plusieurs parties. D'une part, il aura cette mémoire de travail, la mémoire vive de la machine proprement dite, dans laquelle il pourra librement lire et écrire. Elle est fixe, interne à la console,

Figure III-14 : Intérieur d'une cartouche

et dramatiquement petite : 128 octets ! Pour vous donner une idée, les deux phrases que vous venez de lire sont déjà trop grosses pour y être stockées. Heureusement, comme on a affaire à une machine de jeux, il y aura aussi le contenu des cartouches.

À l'époque, elles ne contiennent que de la ROM, qui peut seulement être lue, il n'est pas encore question de sauvegarder quoi que ce soit. Cette ROM est stockée dans un circuit intégré (cf. figure 14), dont le processus de fabrication est le même que celui des processeurs. Elles peuvent ainsi être produites en masse pour un prix raisonnable. Quand on insère une cartouche dans la machine, son contenu « apparaît » dans l'espace mémoire auquel le processeur peut accéder et il peut y lire les données aussi facilement que si elles étaient simplement en RAM.

Ainsi, les données qui ne changent pas : la forme du sprite de Pacman et des fantômes, ou celle du labyrinthe, par exemple, sont stockées sur la cartouche. De même pour la musique et les effets sonores. En revanche, tout ce qui peut changer, comme la position du joueur, son score, etc., sera stocké dans les 128 octets de mémoire vive.

Néanmoins, toutes les données que le processeur pourra jamais atteindre doivent rentrer les 8 Ko permis par la taille de son bus de donnée, c'est son « espace d'adressage ». Les contraintes d'avoir seulement 128 octets de RAM et 8 Ko maximum sur la cartouche sont très sévères. Elles vont conditionner lourdement toute l'architecture de la console ainsi que la manière de la programmer. Ce sera tout particulièrement vrai pour la conception de la puce graphique de la VCS : le TIA. Mais avant d'y venir, comment programmait-on une console en 1977 ?

Retour aux Sources

Aujourd'hui, une profusion de langages de programmation plus ou moins sophistiqués (C, C++, Java, .NET, etc.) sont à la disposition du moindre programmeur en herbe ou confirmé. Tous ces langages sont dits de « haut niveau ». Le programmeur ne s'occupe pas des détails de la machine qui va les exécuter. Parfois, c'est même plusieurs machines très différentes qui exécuteront un même code sans aucune modification (comme avec Java). Le programmeur possède tout un tas d'outils pour lui simplifier la vie : éditeurs sophistiqués, débuggeurs, profileurs, etc.

Oubliez tout cela, à l'époque de la VCS, il n'y a rien entre vous et la machine. Pas de compilateur, pas de système d'exploitation, pas même l'ombre d'un BIOS. Vous programmez directement « le métal », dans son langage. Enfin, pas tout à fait quand même, car le langage de la machine n'est constitué que d'une succession de nombres. Tout est nombre pour un CPU : les données, les adresses des données et même les instructions à exécuter. Ces derniers sont appelés les « opcodes », les « codes des opérations ».

Langage Machine

Voilà à quoi ressemble un code machine qui additionne le contenu de deux octets en mémoire en stockant le résultat :

$A5$18$44$65$85$45.

Le symbole « $ » signifie que le nombre qui suit est en hexadécimal, c'est-à-dire en base 16. Pas de panique, les informaticiens utilisent souvent l'hexadécimal, qui est juste (encore) une autre manière de représenter les nombres. En plus d'être compacte, elle est très cohérente avec la numération binaire et s'avère donc d'un emploi très naturel en informatique. En fait, un nombre de 8 bits s'écrit exactement sur 2 chiffres hexadécimaux : 255 s'écrit en effet FF. Chacun des « chiffres » hexadécimaux correspond directement aux 4 premiers bits ou aux 4 derniers bits de l'octet qu'ils représentent. Plus de détails sur l'hexadécimal peuvent être trouvés en Annexe 5.

Le langage machine est compact c'est certain … mais peu lisible. Pour se simplifier un peu la vie, il a très tôt été décidé d'utiliser des symboles, ou « mnémoniques », pour les opcodes des instructions. Ainsi, le code $A5 correspond à l'instruction qui charge le contenu de l'adresse (le nombre qui suit) dans le registre A. Sa mnémonique est LDA (pour LOAD A). De même, $65 correspond à l'addition (avec retenue) et sa mnémonique est ADC (ADD with Carry), et ainsi de suite.

Assembleur

Ainsi écrit dans un langage un peu plus « humain », le code précédent devient :

```
LDA $44 ; on stocke dans A le contenu de l'adresse $44
CLC ; on met la retenue à zéro
ADC $45 ; on additionne A avec le contenu de l'adresse $45
STA $45 ; on stocke A à l'adresse $45
```

C'est un petit peu mieux et un petit logiciel peut facilement traduire ce « texte » en code binaire directement exécutable par le processeur. C'est ce que l'on appelle un « assembleur ». Par extension, on appelle aussi « assembleur » l'ensemble des mnémoniques propre à un processeur en particulier. En pratique on confond souvent « langage machine » et assembleur. À noter que l'assembleur du Z80 est totalement différent de celui du 6502, chaque famille de puce a son propre langage.

Passons grossièrement en revue ce que sait faire le 6507. Il peut transférer un octet de la mémoire dans le registre A (LDA, STA), faire des additions et des soustractions sur A (ADC, SBC), prendre des décisions en fonction du résultat de certains calculs (BEQ, BNE etc.), faire des comparaisons et de la logique simple (CMP, AND, ORA, EOR). Et c'est à peu près tout, il ne sait pas faire grand-chose finalement. Heureusement, il peut utiliser une grande variété de modes d'adressages (ses registres X et Y sont alors des index) ce qui est bien pratique pour les boucles. Il sait aussi appeler des sous programmes (JSR), parfois appelés « sous-routines ».

Sous-Routines et Piles

Un sous-programme ou « sous routine » est un bloc de programme que l'on va réutiliser souvent. Au lieu de le réécrire à chaque fois, il est plus malin de le mettre à l'écart du programme principal et d'y revenir à chaque fois qu'on en a besoin. Une fois la sous routine terminée, le processeur doit reprendre le cours du programme là où il l'avait quitté. Pour cela, il faut avoir enregistré où le programme s'est interrompu. En général, c'est le rôle de la pile.

La pile est un espace mémoire géré d'une marnière particulière. Elle porte bien son nom, car elle se comporte exactement comme une pile d'assiettes. Stocker une valeur dans la pile, c'est rajouter une assiette, la lire c'est reprendre la dernière assiette posée sur la pile. Si le programme fait appel à une sous-routine, le CPU pose la valeur de PC (Program

Counter) dans la pile. Quand la sous-routine est terminée, il reprend la valeur dans la pile. L'avantage, c'est que si des sous-routines sont imbriquées, le bon ordre de stockage des adresses d'appels se fera naturellement.

Pourquoi est-ce que j'aborde le principe de la pile ici ? Et bien parce que la pile doit bien se trouver quelque part en mémoire vive. Donc dans notre cas, dans les 128 pauvres petits octets qui la constituent. Voilà qui réduit encore un peu plus la mémoire disponible pour le programmeur.

Pas de petites économies...

Et ce n'est pas tout ! Afin de réduire encore le cout de la machine dans son ensemble, les concepteurs de la VCS ont décidé de rogner une ligne d'adresse supplémentaire sur le canal entre le CPU et la cartouche. Avec seulement douze lignes, c'est un maximum de 4 Ko de ROM qui est adressable par le CPU et c'est encore une limitation supplémentaire sur la taille des jeux VCS. De nombreux jeux font d'ailleurs 2 Ko, comme *Combat !*, livré avec la console.

Cette limitation sera contournée plus tard par un mécanisme qui sera très couramment repris (en premier lieu par la NES) : le « bank switching ». Nous le verrons plus en détail ultérieurement. Son principe est assez simple : saucissonner les données du jeu en plusieurs tranches de 4 Ko. Une puce supplémentaire est alors nécessaire pour sélectionner la tranche voulue.

Une vitesse modérée

Un microprocesseur ne sait pas faire grand-chose, mais il le fait vite. Enfin, relativement vite. Le 6507 de la VCS fonctionnait à une fréquence d'horloge de 1,19 Mhz. C'est-à-dire que le CPU accomplissait 1,19 million de cycles par seconde. Attention, ça ne veut pas dire qu'il exécutait 1,19 million d'instructions par seconde, loin de là. En fait, toute instruction met au minimum 2 cycles à s'exécuter et souvent bien plus. Prenons un exemple:

ADC $1155

Cette instruction additionne le contenu de la mémoire à l'adresse hexadécimale $1155 au registre A. Pour faire cela, le processeur doit :

lire l'opcode en mémoire (à l'adresse PC),
lire les 8 premiers bits de l'adresse : $55,
lire les 8 derniers bits de l'adresse : $11,
aller chercher l'octet dans la case $1155,
et finalement : faire l'addition.

Soit un total de 5 cycles pour une banale addition sur deux nombres de 8 bits. Et encore, en réalité, il aurait sans doute fallu faire un CLC (« Clear Carry ») pour mettre la retenue à zéro avant le calcul : 2 cycles de plus ! Et si on veut additionner des nombres de 16 bits, c'est facile (grâce à la retenue) mais c'est deux fois plus long. Pour compliquer la chose, le nombre de cycle pris par une opération est très variable. Si l'exemple avait été :

```
ADC $11
```

Elle aurait pris un cycle de moins (car l'adresse est sur 8 bits). Le CPU est également capable de superposer certaines étapes : exécuter une instruction et aller en chercher une autre par exemple. C'est ce que l'on appelle du « pipelining ».

Il y a une bonne raison pour laquelle je m'étends quelque peu sur le sujet. Nous verrons que la programmation sur Atari VCS est principalement une question de timing, Il sera parfois vital de savoir *exactement* combien de cycles sont disponibles entre le dessin de deux lignes sur l'écran de télévision ou entre deux images. Les programmeurs en seront souvent réduits à compter précisément combien de cycles d'horloge prend telle ou telle sous-routine, telle ou telle boucle.

Une programmation délicate

Il est difficile aujourd'hui de mesurer la difficulté de coder le moindre programme sans le secours d'aucun compilateur ni d'aucune bibliothèque de fonctions. Même faire écrire à la console un simple « Hello World » sur l'écran de la télévision est loin d'être évident, car... la console ne connaît pas les lettres, elle ne sait pas écrire.

À la différence d'un ordinateur personnel, comme un Apple II, le texte n'est pas le moyen de communication privilégié d'une console de jeux vidéo avec son utilisateur. Elle ne possède pas de clavier, aucune table contenant le dessin des lettres et des chiffres n'est livrée avec. Une console utilise le téléviseur pour communiquer, mais le processeur n'a aucune idée de ce qu'est un « écran de télévision ». Comment s'y prendre alors pour y dessiner le moindre carré ?

Il va falloir le demander à une puce qui sait comment faire. C'est justement la spécialité du TIA. De même, le processeur ne sait pas non plus ce qu'est un « joystick » ou un « paddle », il a besoin d'un autre auxiliaire pour gérer ça. C'est l'un des talents du RIOT. Avant de parler du TIA plus en détail, on va être obligé d'aborder un élément central du jeu vidéo : le téléviseur. En particulier tel qu'il était en 1977, c'est-à-dire : cathodique.

Le Téléviseur

Principe

De nos jours, quand on conçoit des consoles de jeu ou des ordinateurs, on tente de faciliter la vie des programmeurs. Après tout, ce sont eux qui, avec leurs logiciels, feront le succès ou l'échec d'une machine. Alors, il faut les bichonner. On essaye de faire en sorte qu'ils puissent faire abstraction de la plupart des détails techniques et qu'ils se concentrent sur les mécaniques du jeu lui-même. En 1977, ce n'était pas comme ça. Pas du tout. Une console de jeu utilise un téléviseur ? Alors, si vous voulez programmer la VCS, vous devez savoir en détail comment fonctionne le bon vieux téléviseur à tube cathodique qui équipait tous les foyers américains avant la déferlante des écrans plats.

D'ailleurs, pourquoi dit-on un « tube cathodique » ? C'est parce que tout commence avec une « cathode » (comme dans une lampe triode, rendez-vous en annexe 2 pour en savoir plus...). La cathode est l'électrode d'où on va vouloir expulser des électrons (électrode négative) vers l'anode (l'électrode positive). Le principe est de chauffer l'anode, ce qui libère des électrons et de créer un champ électrique intense, ce qui va les pousser à se jeter vers l'anode. On a ainsi un « canon » à électrons. Tel quel, cela ne sert pas à grand-chose. Mais en mettant un peu de phosphore là où les électrons arrivent, un point lumineux y est créé, c'est la phosphorescence. C'est toujours un peu léger pour afficher un *Pacman*, il faut aller un peu plus loin.

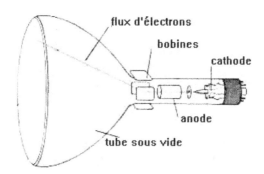

Figure III-15 : Schéma d'un tube cathodique

Les électrons étant chargé, ils peuvent être déviés par des champs électriques. On peut forcer le faisceau d'électrons éjectés par le canon à balayer une zone que l'on aura pris soin de garnir de cellules phosphorescentes : l'écran (cf. figure 15). L'éclair donné par le phosphore est fugace, mais si l'écran est balayé suffisamment vite, nos pauvres yeux dépassés n'y verront qu'une image fixe. Reste alors à moduler l'intensité du faisceau pour obtenir une image en noir et blanc. Enfin, pour animer tout ça, il suffit d'afficher une succession d'images suffisamment vite : le téléviseur est inventé. Pour la couleur ? C'est « simple », il suffit de mettre trois cellules pour chaque point et de les couvrir de filtres colorés rouges, verts et bleus. Toutes les couleurs désirées seront reconstituées par « synthèse additive ».

La manière dont une image, on dit aussi une « trame », est constituée sur un écran de télévision est donc linéaire. Le faisceau balaye l'écran de gauche à droite et de haut en bas. Une ligne, aussi appelée « scanline », est tracée de gauche à droite. Le faisceau s'éteint alors et revient vers la gauche en passant à la ligne suivante. Le temps qu'il met pour faire cela s'appelle le hblank pour « Horizontal Blank » ou « blanc horizontal ». Une fois arrivé en bas à droite de l'écran, le faisceau s'éteint et revient en haut à gauche, le temps qu'il met pour revenir est le vblank pour « Vertical Blank » ou « blanc vertical ».

Voilà pour l'idée, mais pour programmer une Atari VCS, c'est loin d'être suffisant. La console a pour particularité de ne savoir dessiner que des lignes, une à la fois. C'est le programmeur qui aura la charge de fabriquer une image entière en programmant le TIA à chaque scanline.

Les Standards Vidéo

Aussi, les détails techniques de la composition d'une image sur un écran de télévision seront nécessaires à tout cœur vaillant se lançant dans la programmation VCS. Or, ces détails diffèrent selon des standards, qui dépendent eux-mêmes des pays. En Europe, c'est le standard PAL (pour **P**hase **A**lternating **L**ine) qui domine, avec le SECAM (**SE**quentiel **C**ouleur **A** **M**émoire) pour la France et la Russie. Aux États-Unis (berceau d'Atari) et au Japon, c'est le NTSC (**N**ational **T**elevision **S**ystem **C**ommittee) qui est utilisé. En figure 16, une carte du monde des différents standards.

Sur un téléviseur NTSC, une image est composée de 525 lignes. L'écran est rafraichi 60 fois par seconde (60 Hz). Une image en standard PAL (et SECAM) comprend quant à elle 625 lignes rafraichies 50 fois par seconde (50 Hz). Les nombres diffèrent pour des raisons techniques et historiques. Les fréquences de rafraichissement sont directement reliées à la fréquence du courant alternatif du pays. Une image en PAL est plus fine (plus de résolution), mais le NTSC produit des mouvements plus fluides (fréquence plus élevée). Au total, les signaux des deux standards utilisent sensiblement la même bande passante (lors de leurs transmissions par ondes hertziennes).

Les consoles américaines et européennes sont ainsi différentes. En particulier, la fréquence des processeurs d'une VCS américaine sera légèrement plus élevée que celle d'une console européenne. Les fréquences de tous les composants de la machine sont en effet ajustées au rythme des télévisions auxquelles elles vont s'adresser.

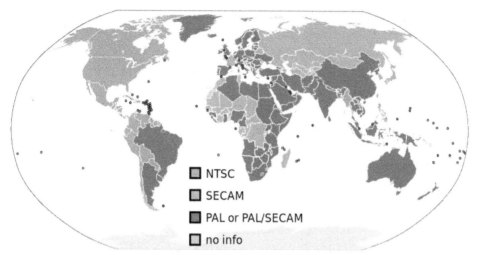

Figure III-16 : Carte du monde des standards vidéo

Que l'image soit PAL ou NTSC, les valeurs de 525 ou 625 lignes paraîtront étonnamment grandes à ceux qui ont déjà joué à cette console ou simplement à tous ceux qui ont déjà constaté la relative grossièreté des graphismes de la 2600. Et en effet, la machine n'utilise pas cette résolution, car elle ne produit pas d'images entrelacées. C'est déjà assez compliqué comme ça, mais il reste pourtant deux derniers mécanismes à connaître sur les images de télévision : l'entrelacement et « l'overscan ».

Si l'écran d'un téléviseur NTSC est bien rafraichi 60 fois par seconde, la fréquence des images successives de la vidéo qui est diffusée est de seulement 30 images par seconde. En réalité, chaque image complète est dessinée en deux demi-images entrelacées. Les lignes paires et impaires sont dessinées successivement pendant un 1/60eme de seconde chacune. C'est tellement rapide que notre œil ne les perçoit pas individuellement. Il en fait une sorte de « moyenne temporelle ». Pour lui, c'est comme si une image, mieux définie, avait été affichée pendant 1/30eme de seconde.

Or, la VCS ne gère pas l'entrelacement, elle affiche donc des graphismes d'une résolution deux fois plus faible. Soit 262 lignes en NTSC et 312 lignes en PAL, à 60 Hz et 50 Hz respectivement. Chaque opération : dessiner une ligne, vblank, hblank, prend donc un temps précis qu'il est vital de connaître. Pour dessiner une image, il va falloir que le CPU envoie les commandes au TIA au bon moment pour que le canon soit bien positionné. Pour s'occuper du reste du jeu, il ne lui restera plus que les phases vblank et hblank durant lesquelles on n'aura pas à se préoccuper de ce qui se passe sur l'écran puisque le canon à électrons est éteint.

Heureusement, pour ainsi dire, il existe aussi une portion en bas de l'écran qui n'est pas affichable : « l'overscan ». Le temps de balayage de cette zone se rajoute au vblank et donne un peu plus de temps au CPU pour faire autre chose que de s'occuper de l'affichage.

Le TIA

Que fait-il ?

Le Television Interface Adaptor a trois rôles principaux :

- Permettre au processeur de dessiner sur l'écran de télévision.
- Faciliter la prise en charge des objets en mouvement.
- Faire émettre des sons aux haut-parleurs du téléviseur.

Le TIA est donc une puce qui sait comment un téléviseur fonctionne. Elle sait traduire des données numériques envoyées par le processeur en objets graphiques à l'écran ou bien en effets sonores. Mieux encore, elle peut soulager le processeur d'un certain volume de travail en prenant en charge la gestion des objets en mouvement sur l'écran : les « sprites ». Toutes les consoles de jeux vidéo ultérieures ont une ou plusieurs puces, plus ou moins sophistiquées, dédiées au traitement graphique. Ce sont les capacités de ces puces qui vont conditionner l'aspect des jeux vidéo d'une console donnée. Elles sont bien sûr intimement liées aux contraintes technologiques de leur époque ainsi qu'aux capacités du processeur central.

Dans le cas de la VCS, c'est plus particulièrement la quantité de mémoire vive qui va tout déterminer. Avec seulement 128 octets de RAM, la VCS n'a pas le luxe d'avoir une « mémoire vidéo » dédiée. Le TIA a donc été conçu pour fonctionner sans mémoire du tout.

Comment représenter l'image ?

Un microprocesseur ne traite que des ensembles de nombres stockés dans sa mémoire. Comment représenter une image numériquement ? Les réponses à cette vaste question sont nombreuses. La plus naturelle consiste à stocker un nombre codant pour l'intensité lumineuse voulue de chaque point de l'image. Le faisceau d'électrons parcourant séquentiellement l'écran du haut en bas et de droite à gauche, il suffit de stocker les valeurs en mémoire dans le bon ordre. C'est une très bonne idée. C'est la technique du « framebuffer », son inconvénient est qu'elle consomme beaucoup de mémoire.

Prenons une résolution de 320 x 240, pourtant bien modeste comparée à nos standards actuels. Cela représente 76800 pixels. Si on convient que chacun est représenté par un octet, nous aurons besoin de 75 Ko de mémoire. Je rappelle que la VCS possède en tout et pour tout 128 octets de RAM et 4 Ko de ROM. Alors même en utilisant que deux couleurs et en tombant à 1 bit par pixel, il reste 10 Ko à trouver. C'est insoluble, même au prix de sacrifices inacceptables sur la qualité de l'image, il est impossible d'utiliser cette méthode avec les contraintes de l'époque.

Voilà pourquoi on n'utilise jamais de « framebuffer » pendant l'ère 8 bits et presque pas pendant l'ère 16 bits. Comme nous le verrons, les consoles suivantes, à commencer par la Famicom, utiliseront un ingénieux système de catalogue de blocs réutilisables. Mais la VCS ne peut même pas se le permettre, le décor devra être dessiné directement par le CPU, ligne par ligne.

Une histoire de timing

Le TIA est lui-même un processeur qui possède ses propres registres, mais il n'utilise aucune mémoire vive. Il fonctionne à une fréquence triple de celle du CPU de la VCS, soit 3,579545 Mhz (en NTSC). Il y a une bonne raison à cela, c'est que le 6507 lui-même est trop lent pour suivre la cadence du téléviseur. Une ligne de l'écran se dessine en effet en une quarantaine de microsecondes. Dessiner des « pixels » c'est pouvoir alterner les couleurs sur la ligne que l'on dessine. Il faut le faire suffisamment souvent pour que la résolution soit acceptable. Il faut donc réagir suffisamment vite, concrètement : en une fraction de microseconde.

En 1977, la fréquence des CPU tournait autour du mégahertz ce qui n'était pas suffisant. La fréquence du TIA a donc été choisie comme compromis entre une résolution acceptable et les contraintes techniques de l'époque. Elle est donc complètement liée aux timings du téléviseur et au standard qu'il utilise : PAL ou NTSC. Le CPU a quant à lui été synchronisé avec le TIA. Sa vitesse a été divisée d'un facteur 3 pour la rendre compatible avec les fréquences des processeurs disponibles à l'époque. Et c'est ainsi que l'on se retrouve avec des nombres étranges, de prime abord, pour sa fréquence : 1,193182 Mhz (version NTSC) et 1,182298 Mhz (version PAL).

Un cycle d'horloge du TIA est appelé un « color clock », pour le différencier d'un cycle du 6507, le processeur central. Quand il va s'agir de dessiner sur l'écran de TV, le « color clock » deviendra une unité de référence. Par exemple, une ligne met 160 color clocks à être balayée. Le hblank dure 68 color clocks et le vblank 8436 color clocks. Le TIA est conçu pour que chaque action du téléviseur dure un nombre entier de « color clocks ». En figure 17, un schéma extrait d'un manuel de programmation, résumant tous les timings importants qu'un développeur sur Atari 2600 doit connaître sur le bout des doigts.

Faisons le compte. Une image complète dure 228 x 262 color clocks qui, chacun, font trois cycles CPU. On se retrouve donc à exactement 19912 cycles CPU. Or, on a vu plus haut que chaque opération prenait plusieurs cycles. L'état du jeu à chaque image devra donc être déterminé en quelques milliers d'opérations tout au plus. Là où ça devient encore plus délicat, c'est qu'une bonne partie de ce temps va devoir être consacré au pilotage du TIA pour afficher l'image elle-même. Les consoles plus modernes déchargeront le processeur de ce fardeau, mais le « Television Interface Adaptor » de la VCS n'est pas si arrangeant.

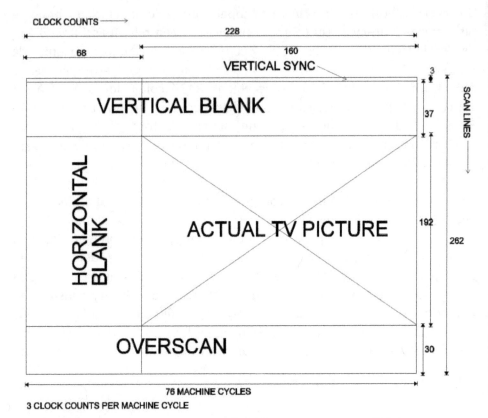

Figure III-17 : Les timings du TIA par rapport au téléviseur

Le TIA : un léger manque d'ambition ?

On l'a dit en introduction, l'Atari 2600 a été conçue pour jouer à deux grands types de jeux : des variantes de *Pong* et *Tank*. Or, ces deux titres ne sont pas d'une exubérance graphique déraisonnable. Deux petits tanks qui peuvent bouger et tirer, des raquettes à l'esthétique toute géométrique et une balle bien carrée, voilà tout le cahier des charges que doit remplir la console. En conséquence, le TIA ne gère que 6 objets graphiques distincts :

- L'aire de jeu, le « PlayField ».
- 2 « joueurs » (Player 0 et 1), chacun d'une couleur unie.
- 2 « missiles », un pour chaque joueur et de la couleur des joueurs.
- Une « balle ».

L'aire de jeu est supposée fixe. Les autres objets peuvent être déplacés, ce sont des « sprites ». On ne contrôle la forme de l'aire de jeu que sur la moitié gauche de l'écran. Elle est en effet prévue pour être symétrique, afin d'avoir des parties à deux joueurs équilibrés. Il existe néanmoins une option pour dupliquer la partie gauche sur la partie droite de l'écran. La détection des collisions entre deux « objets » est prise en charge. Bien sûr, qu'il s'agisse de déplacement ou de détection des collisions, tout cela se comprend sur une même ligne de l'écran. N'oublions pas que le TIA ne dessine que ligne à ligne et qu'il n'a aucune mémoire. Bien avant nos puces graphiques 3D modernes, le TIA est en quelque sorte une puce graphique 1D : unidimensionnelle.

On voit donc bien que dans la conception même du TIA, on retrouve le souhait initial des concepteurs : amener *Tank* et *Pong* dans les salons. En ce sens, *Combat !* (2 Ko), le jeu livré avec la console remplit parfaitement sa mission en proposant non seulement une adaptation fidèle de *Tank*, mais pas moins de 27 variantes du concept original.

Véritable « vitrine technologique » de la VCS, il fut développé en même temps que la console et exploite toutes ses capacités de base. Dans la copie d'écran de la figure 18, on voit immédiatement le labyrinthe symétrique (le Playfield), les deux « joueurs » et le « missile » du joueur 1.

Figure III-18 : *Combat !*

Un autre jeu présent dès le lancement en 1977 de la console, *Indy 500* (2 Ko, cf. figure 19), est aussi très représentatif. Il s'agit d'un jeu de course en vue de dessus à deux joueurs. Il est techniquement très proche de Combat. Et comme pour ce dernier, la cartouche proposait de nombreuses variantes de la course de base avec différents circuits et un mode contre la montre.

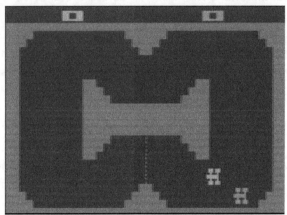

Figure III-19 : *Indy 500*

Leçon de Pilotage

Comment le CPU va-t-il piloter le TIA ? Le TIA est un processeur très spécifique. Son rôle est, inlassablement et quoi qu'il se passe, d'écrire 192 lignes colorées sur l'écran de la télévision 60 fois par seconde. Les couleurs qu'il envoie dépendent de ce que contiennent ses registres internes. S'ils contiennent n'importe quoi, il dessinera n'importe quoi. Le rôle du CPU est donc d'écrire dans ces registres au bon moment pour dessiner « quelque chose ».

La manière dont le CPU de la VCS écrit dans les registres du TIA est typique. Physiquement, il existe tout simplement des pistes métalliques (un bus) pour permettre la communication entre les deux puces.

Du point de vue du programmeur, il faut simplement utiliser l'espace d'adressage du CPU. Rappelons que l'espace d'adressage du 6507 est un ensemble de 8192 cases d'un octet chacune. C'est l'ensemble des emplacements mémoire auxquels il peut théoriquement accéder. Il y a

128 de ces cases qui constituent la RAM proprement dite de la console. On a dit que lorsqu'on insérait une cartouche de 4 Ko, par exemple, on insérait en fait le programme et les données du jeu dans 4096 cases de l'espace d'adressage. Il reste ainsi presque 4000 cases inutilisées. Alors pourquoi ne pas en définir certaines comme correspondant aux registres du TIA ? Pour écrire une certaine valeur dans un registre, il suffira alors au CPU d'écrire un octet à une certaine adresse, fixée une fois pour toutes.

D'ailleurs, comment le CPU peut-il connaître l'état du joystick ? Si le joueur a appuyé sur une direction ou sur « fire » ? Le joystick est branché à la console et la prise est connectée au circuit 6532 (le « RIOT »), dont le rôle est, entre autres, de traduire chaque action du joueur en un octet précis. Si le premier joystick est sur « haut », le quatrième bit sera à 1, par exemple. L'octet traduisant l'état des joysticks est interne au 6532, mais il est aussi accessible au CPU via un emplacement précis dans son espace d'adressage.

Il est ainsi possible de faire la « cartographie » de cet espace selon les fonctions prescrites aux différentes zones :

Adresses (Hexadécimal)	Fonction
$0000 – $007F	Registres du TIA
$0080 – $00FF	RAM
$0200 – $02FF	Registres du 6532
$1000 – $1FFF	ROM (programme et données du jeu)

Pour dessiner sur l'écran de télévision, le CPU va donc simplement écrire à des emplacements mémoire fixés. D'ailleurs, cela nous amène à une question intéressante. On n'a toujours pas donné la résolution des graphismes que la console peut manipuler. On a mentionné que pour la VCS, une image TV NTSC faisait 192 lignes. Mais combien fait-elle de colonnes ? La réponse à cette question tient, encore une fois, moins d'une considération sur le nombre de pixels affichable sur écran de TV que de la vitesse à laquelle l'image se construit. Nous verrons cela précisément au chapitre suivant.

Diagramme du VCS

On donne ci-dessous un diagramme simplifié de l'architecture de la VCS 2600. Les flèches représentent les flux de données entre les différents composants représentés en bleu. La largeur des bus est aussi spécifiée.

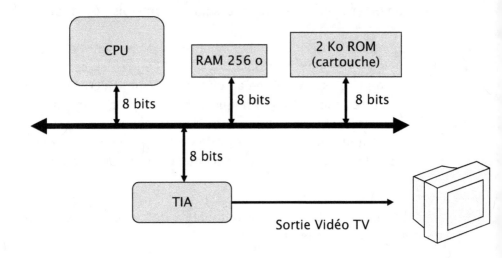

Figure III-20 : Diagramme de l'architecture du VCS

Les Jeux

Le « look 2600 »

Comme on le disait plus haut, une ligne se dessine en 228 « color clocks », c'est-à-dire en 76 cycles CPU. Sur ces 228 « color clocks », seuls 160 sont visibles sur l'écran, le reste comptant pour le hblank. Ainsi, c'est moins de 53 cycles qui restent au processeur pour décider des couleurs qui vont constituer la ligne. Pire, accéder au TIA va nécessiter

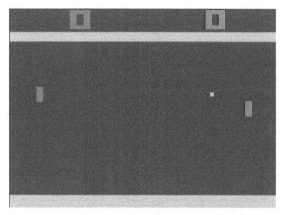

Figure III-21 : *Video Olympics* (1977)

de faire au minimum une lecture (quelles données à afficher) et une écriture (pilotage du TIA) en mémoire. Or, ces deux opérations vont lui coûter pas moins de 5 cycles ce qui veut dire que le processeur n'aurait matériellement le temps de changer la couleur qu'une dizaine de fois par ligne ! Sur toute la largeur de votre téléviseur, vous n'auriez ainsi qu'une dizaine de pixels. Les graphismes de l'Atari 2600 ne sont pas folichons, mais ils ne sont pas grossiers à ce point. Même le graphiquement très basique *Video Olympics* (2Ko, cf. figure 21) ci-dessus semble faire mieux.

La machine peut afficher une résolution horizontale supérieure grâce à la prise en charge par le TIA des notions de « Playfield » et de « sprites ». Commençons par le Playfield. Il est décrit par seulement 3 octets, qui suffisent à dessiner une aire de jeux de 40 « pixels » de large.

Le Playfield

À la base, pour chaque ligne, il faut définir la couleur du fond et celle du « Playfield ». Viennent ensuite 20 bits, écrits en trois octets (8 bits + 8 bits + 4 bits), qui servent à dessiner la partie gauche de l'écran. Chaque bit correspond à une portion de ligne de 4 « color clocks » de large. Elle prend la couleur de fond si le bit est à zéro et celle du « Playfield » s'il est à un. La moitié droite de l'écran est soit une répétition de la moitié gauche, soit son image miroir. Avec ce système, le CPU n'a besoin que de 15 cycles pour dessiner l'aire de jeu.

Insistons sur le fait que les couleurs peuvent être changées à chaque ligne et qu'il est tout à fait possible, voire pas très compliqué, d'afficher un beau dégradé de couleur en fond d'écran. Mais en général, on ne peut afficher plus de trois couleurs différentes par ligne (pour le fond, l'aire de jeux et les sprites). Quand je parle de « beaux » dégradés, je n'exagère presque pas, et tous les joueurs d'*Enduro* (par exemple) seront d'accord. C'est qu'au niveau des couleurs, la VCS n'est pas si mal lotie. Elle dispose de pas moins de 128 teintes affichables en NTSC (comme le démontre la palette ci-dessous) et 110 en PAL. En SECAM néanmoins, le choix est bien plus limité, mais les consoles Atari VCS SECAM sont extrêmement rares.

Couleur TIA NTSC																
Teinte																
		0	1	2	3	4	5	6	7	8	9	A	B	C	D	E	F
	0-1																
	2-3																
L	4-5																
U	6-7																
M	8-9																
	A-B																
	C-D																
	E-F																

Ainsi, il semblerait que la résolution utilisée par l'Atari soit de 40 x 192. En fait, ce n'est pas exactement ça, comme en témoigne la copie d'écran du tristement célèbre *Pac-man* en figure 22.

En aparté, on pourra mentionner que le *Pac-man* d'Atari constitue sans doute une bien mauvaise conversion d'arcade. On ne blâmera pas ici Todd Frye, son programmeur, car le challenge qui lui fut imposé était tout bonnement inhumain. Non seulement la VCS est bien moins puissante que la borne de Namco et de conception très différente, mais allouer seulement six semaines à un travail de cette envergure est tout bonnement irresponsable de la part d'Atari. Pire, alors qu'il était techniquement possible de produire des ROM de 8 Ko (utilisable en bank-switching), ce sont des ROM de 4 Ko qui ont été choisies afin réduire les couts de production. Qu'on ne s'étonne pas ensuite que le sprite de Pacman reste désespérément à l'horizontale, ou qu'il n'y ait aucun fruit à récolter dans le jeu.

Figure III-22 : *Pac-man* (1982)

Pour couronner le tout, Atari a fait fabriquer pas moins de 10 millions de cartouches de ce jeu. Soit plus que le nombre de consoles en circulation à cette époque ! La direction pensant probablement que l'aura de *Pac-man* ferait vendre des machines. Personne ne semblait se soucier le moins du monde de la qualité finale du jeu, seule sa rentabilité importait. Bien qu'il fût un énorme best-seller (7 millions de copies au total), sa qualité très douteuse porta un gros coup à l'image de marque de la console. Beaucoup d'acheteurs ont carrément demandé le remboursement de la cartouche. Après un excellent lancement (1 million de ventes en un mois), les ventes se sont tassées et Atari enregistra des millions d'invendus qui se traduisirent par de sérieuses difficultés financières. Un scénario qui se répètera avec un autre titre bien connu : *E.T.* Ce fut un bide monumental (et mérité) qui mènera Atari à sa perte.

Les Sprites

Revenons à nos considérations techniques. Sur l'écran de *Pac-man*, on reconnaît bien « l'aire de jeu ». C'est le labyrinthe (symétrique) qui semble fait de très « gros pixels ». De même, les « pac gommes » semblent plates et avoir la même largeur que les murs du labyrinthe. C'est une déformation caractéristique des graphismes VCS. Si les pac gommes sont ici rectangulaires alors qu'elles sont carrées (ou rondes) sur toutes les autres machines ayant abrité la famille *Pacman*, c'est que le playfield est limité à une résolution de 40 colonnes alors que le téléviseur affiche toujours 192 lignes. Ce qui fait que ses « pixels », ses plus petits éléments, sont toujours beaucoup plus larges que haut.

Cependant, les personnages (Pacman et le fantôme) semblent dessinés beaucoup plus finement que le labyrinthe. Les sprites, missiles et balles sont gérés différemment par le TIA. Si la balle et les missiles sont représentés par un simple bit (affiché ou pas), les sprites des joueurs sont plus complexes. Ils ont une largeur de 8 pixels définis par un seul octet. Un octet qui doit bien sûr être changé à chaque ligne pour représenter la forme voulue. Par exemple, la forme du tank de Combat est constituée de 8 octets que l'on peut retrouver dans le listing du programme désassemblé par Harry Dodgson :

Assembleur (hexadécimal)	Binaire	Graphique
.byte $00	00000000	| |
.byte $FC	11111100	|XXXXXX |
.byte $FC	11111100	|XXXXXX |
.byte $38	01110000	| XXX |
.byte $3F	01111110	| XXXXXX |
.byte $38	01110000	| XXX |
.byte $FC	11111100	|XXXXXX |
.byte $FC	11111100	|XXXXXX |

À chacune des lignes où le sprite est visible, les registres du TIA GRP0 et GRP1 sont donc mis à jour avec les octets voulus. Dans *Combat !*, les sprites sont monochromes, mais on peut changer leur couleur à chaque ligne. C'est ainsi que les sprites multicolores, comme celui de Pitfall Harry, sont dessinés. Toutes les étapes d'animation possibles doivent être stockées. Dans Combat, lorsque le tank tourne, le programmeur doit changer l'image du sprite, s'il tourne vers la gauche, on passera par exemple à celui-ci :

```
.byte $1C ; |  XXX        |
.byte $78 ; |  XXXX       |
.byte $FB ; | XXXXX XX    |
.byte $7C ; |  XXXXX      |
.byte $1C ; |  XXX        |
.byte $1F ; |  XXXXX      |
.byte $3E ; |  XXXXX      |
.byte $18 ; |  XX         |
```

Le TIA nous autorise à choisir la taille de ces objets, sous-entendu : leur résolution horizontale. La taille des « pixels » sur la ligne peut varier de 1 à 4 « color clocks ». Du point de vue des sprites, la résolution de l'écran peut ainsi être de 40 x 192, 80 x 192 ou 160 x 192.

On a ci-dessous une copie d'écran du jeu *Outlaw* (2 Ko, en figure 23). C'est un portage d'un jeu d'arcade Atari datant de 1976. Les cowboys et la balle ont une résolution horizontale double de celle de l'aire de jeu, en rouge. On voit bien que la balle est deux fois moins large que le cactus au centre. La résolution verticale, c'est-à-dire le nombre de ligne que prend un élément graphique, quel qu'il soit, est laissée à la discrétion du programmeur.

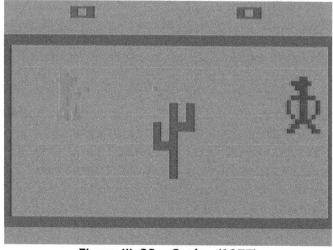

Figure III-23 : *Outlaw* (1977)

La prise en charge des sprites par le matériel est une facilité relativement novatrice à l'époque. Même si « facilité » est, là encore, un mot bien peu adapté. Car positionner précisément un sprite sur l'écran est un véritable casse-tête sur l'Atari VCS. Tout d'abord, les positionnements horizontaux et verticaux ne fonctionnent pas du tout de la même manière. En fait, le placement vertical n'est pas pris en charge puisque « l'univers » du TIA se résume à une unique scanline.

Quant au positionnement horizontal du sprite, il se fait de manière très rustique. Le CPU doit écrire dans un registre spécifique du TIA pendant qu'il dessine la ligne, au moment précis où le sprite devra apparaître. Donc le processeur doit attendre le bon moment et réagir au quart de tour, à la fraction de microseconde. Sauf qu'il ne peut pas. On l'a vu, il est assez lent. Pour attendre un nombre variable de cycle, il nous faut faire une boucle. Qui dit boucle, dit « incrémentation d'un index » et « comparaison » ce qui, à chaque fois, consomme un temps précieux. En fait, tout compris il est impossible au CPU d'être précis à moins de 5 cycles près. Or, 5 cycles correspondent à 15 « color clocks », ce qui fait que le processeur n'est matériellement capable de positionner un sprite sur une ligne qu'à 15 pixels près. Une perte de résolution désastreuse dont les concepteurs de la console étaient parfaitement conscients. Il existe en effet deux autres registres (un par joueur) permettant de décaler le sprite de sa position « nominale » de −7 à +8 pixels (vers la gauche ou vers la droite).

Du coup, le placement (horizontal) précis d'un sprite se fait en deux temps. On détermine sa position grossière (à 15 pixels près) et la correction à apporter qu'on stocke dans le registre idoine. Il faut également déclencher un signal « HMOVE » à un moment précis pour que le TIA puisse s'initialiser. Ensuite, pendant le dessin de la ligne, on attend le bon moment pour déclencher l'affichage qui se fera décalé comme souhaité. Le positionnement vertical est entièrement laissé à la charge du programmeur qui doit déterminer si son sprite est visible sur la ligne qu'il va dessiner au non.

Une routine minutée

Le travail routinier du microprocesseur, pour une image de jeu, se structure à peu près comme suit. Pour chaque ligne :

- On profite du hblank (canon éteint) pour programmer la forme de l'aire de jeux dans le TIA. Il ne faut pas trainer, il ne dure que 22 cycles.
- Il faut aussi faire les préparatifs pour positionner les sprites, leurs éventuels missiles, déterminer quelle étape d'animation on veut, etc.
- Pendant le dessin effectif de la ligne il faut indiquer, au bon moment, où afficher les sprites, et éventuellement les missiles.

N'oublions pas qu'une ligne complète ne dure que 76 cycles. C'est déjà très serré pour faire une gestion basique de l'aire de jeu et de deux sprites. Avec deux missiles ou encore plus d'éléments, c'est souvent mission impossible. Dans ce cas, il faudra renoncer à tout faire en une seule ligne. Mettre à jour le TIA une ligne sur deux va bien entendu diviser par deux la résolution verticale des graphismes, mais c'est souvent la seule solution. C'est ce que fait *Combat !* par exemple, ce qui indique que la pratique n'était pas rare. En fait, la plupart des jeux sur VCS n'affichent qu'une résolution verticale de 96 lignes au lieu du maximum de 192.

Enfin, une fois l'écran rempli et le canon arrivé à la fin de la dernière ligne affichable, on peut utiliser les temps de vblank et d'overscan, facilement 5000 cycles, pour mettre à jour l'état du jeu en fonction des sollicitations du joueur. On peut contrôler les collisions, changer la position des sprites et leur forme (s'il y a une explosion par exemple), mettre à jour le score, calculer la physique du jeu (rebond des balles) la position des ennemis, etc.

Il faut aussi garder à l'esprit que le CPU doit absolument redessiner l'écran 60 fois par seconde, même si aucun changement n'intervient. L'image fixe n'existe pas pour l'Atari VCS, car le TIA n'a pas la mémoire de l'image complète, seulement celle de la ligne qui vient d'être affichée. Si on ne le met pas à jour, il remplira inlassablement l'écran avec la même ligne soixante fois par seconde. La partie du programme s'occupant de l'affichage du jeu était tellement importante qu'on l'appelait le noyau (kernel) du programme.

Des collisions au pixel près

La VCS a la particularité de prendre complètement en charge la détection des collisions. Du moment où elles concernent les objets graphiques qu'elle connaît. Le TIA maintient un emplacement mémoire de 15 bits représentant celles qui ont été détectées. Avec 6 objets graphiques différents : Playfield, Player 0, Player 1, Missile 0, Missile 1 et Ball, il y a en effet 15 possibilités de collisions entre deux objets. Lors du dessin d'une ligne, si deux objets se chevauchent, le TIA met à 1 le bit correspondant. Par exemple, CXBLPF (Collision Ball PlayField) est à 1 si les dessins de la balle et celui de l'aire de jeu se sont chevauchés. Quand toutes les lignes ont été tracées, les 15 bits contiendront toutes les collisions qui se sont passées lors du dessin de l'image. Le fait qu'il ne soit pas nécessaire de prendre en charge ce travail de manière logicielle libère de nombreux cycles processeurs ce qui, vu les capacités de la machine, est fort bienvenu.

Les premières I.A.

Cinq mille cycles, voilà qui peut paraître beaucoup. Encore que ça ne représente en moyenne qu'entre 1000 et 2000 opérations élémentaires sur 8 bits. Mais c'est en effet suffisant pour un jeu comme Combat ou Outlaw. C'est une autre histoire quand il s'agit de faire fonctionner des « intelligences artificielles » qui permettent aux joueurs solitaires de s'amuser tout de même. De fait, beaucoup des

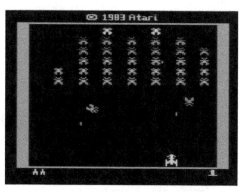

Figure III-24 : *Galaxian* (1983)

premiers jeux pour VCS requéraient deux joueurs. Des jeux avec des ennemis ayant une routine immuables comme *Space Invaders*, *Galaxian* (figure 24), ou avec un comportement semi-aléatoire, comme *Pac-man* ont aussi rapidement vu le jour. Une des premières intelligences artificielles de jeu vidéo se retrouve dans *Video Olympics* où, à la différence de *Pong*, vous pouviez jouer contre l'ordinateur.

Pour *Video Olympics* (ci-contre). La difficulté de créer une I.A. ne vient pas du manque de ressource pour la faire jouer bien, mais pour la faire jouer suffisamment mal. En effet, positionner la raquette pour rattraper la balle est simple, il suffit à la console d'en aligner le centre avec la position verticale de la balle. En faisant ça, la machine ne ratera jamais son coup et

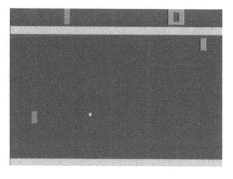

vous ne vous amuserez pas du tout. La solution adoptée fut de désynchroniser progressivement la raquette en omettant régulièrement de mettre à jour sa position. Les erreurs s'additionnant vite, la console jouerait alors trop mal si on n'avait pas recours à un autre artifice. Chaque fois que la balle rebondissait sur un bord de l'écran, la raquette se repositionnait parfaitement, remettant à zéro ses erreurs passées. Ainsi, la console restait précise, mais pas infaillible et des balles rapides pouvaient sans problème en avoir raison. La solution apportée dans *Video Olympics* est élégante, car efficace et très simple à implémenter. Elle illustre bien la problématique de l'I.A. dans les jeux vidéo.

Aussi incroyable que cela puisse paraître vu le peu de mémoire de la machine, un jeu d'échec vit pourtant le jour en 1979 sur VCS. Avec 5000 cycles, Video Chess (4 Ko en figure 25) ne pouvait pas aller bien loin dans l'exploration combinatoire du jeu. De fait, entre deux coups, il ne fait que réfléchir et ne prend pas la peine de conserver l'affichage à l'écran. Car encore une fois, le simple fait de maintenir un écran fixe coûte cher en

Figure III-25 : *Video Chess* (1979)

temps machine. Cela explique le clignotement de l'écran qui intervient lorsque la machine calcule son prochain coup. Le CPU se contente de changer un seul registre du TIA par image ce qui ne prend que quelques cycles et permet de montrer que tout va bien, que le jeu est en train de réfléchir. Il peut d'ailleurs réfléchir assez longtemps suivant le niveau de difficulté choisi : entre 10 secondes et 10 heures ! Qu'il soit ou non capable de battre Kasparov n'est pas le propos ici. *Vidéo Chess* constitue de toute façon une véritable prouesse technique.

La légende veut qu'un joueur mécontent de n'avoir pas de jeu d'échec sur VCS ait intenté un procès conte Atari pour publicité mensongère. En effet, la boite de la console montrait, entre autres éléments, une pièce d'échec. Or, créer ce type de jeu était considéré comme impossible sur la machine d'Atari. Même afficher les pièces, soit 8 sprites différents par lignes, constituait un défi. Si ce dernier fut rapidement relevé par Bob Whitehead, il fallut presque deux ans de travail à Larry Wagner pour implémenter l'intelligence artificielle de *Video Chess*.

Le « Bank Switching »

Aux échecs, il est fondamental de savoir « combiner » plusieurs coups à l'avance. Il faut que la console puisse anticiper vos mouvements à partir d'une configuration donnée pour adapter son prochain coup. Outre le temps de calcul que cela nécessite, pour pouvoir « imaginer » une configuration future, il faut bien la stocker en mémoire. Or les 128 octets de RAM contiennent déjà l'état présent des 64 cases de l'échiquier, en plus de la pile et diverses autres variables. On mesure ainsi à quel point chaque octet est précieux. De même, les logiciels d'échecs doivent s'aider d'une bibliothèque de coups. Ce sont des ripostes pertinentes dans des configurations classiques, comme les ouvertures, par exemple. Or, une ROM VCS ne peut faire que 4 Ko, programme et graphisme compris ! Au début du développement, faire tenir tout *Video Chess* dans 4 Ko semblait tellement irréalisable qu'un mécanisme pour dépasser cette limite de 4 Ko fut inventé : le bank switching.

C'est un principe simple qui sera utilisé par de nombreuses autres machines à cartouches par la suite (presque toutes les 8 bits). Si une console ne peut pas accéder à un grand volume de données à la fois, elle devra le faire par petits morceaux. Concrètement, il est possible de rajouter un circuit intégré dans la cartouche qui permet de remplacer le bloc de ROM de 4 Ko en cours par un autre. Ainsi, par morceaux de 4 Ko, la console peut effectivement avoir accès à 8 Ko de données. Chaque espace de 4 Ko est appelé une « banque » et le fait d'en changer est donc le « bank switching ».

Bien sûr, qui dit plus gros volume mémoire et puce additionnelle dit aussi cartouche beaucoup plus chère. Ce mécanisme ne sera utilisé qu'en cas d'absolue nécessité. De manière assez incroyable, *Video Chess* ne le nécessitera pas. En utilisant sans nul doute de la magie noire, Bob Whitehead réussit à suffisamment optimiser le code pour faire tenir le jeu sur 4 Ko. Les ROM de 8 Ko furent néanmoins utilisées, et d'autant plus que le prix de la mémoire baissait d'année en année. C'est en partie grâce à une ROM de 8 Ko que *Ms Pacman* (figure 26) est bien plus pimpante que son conjoint ne le fut l'année précédente.

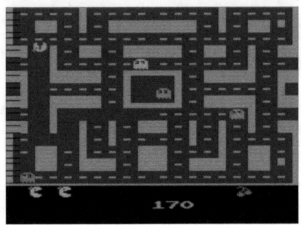

Figure III-26 : *Ms Pacman* (1983)

Le volume mémoire supplémentaire permet d'avoir des sprites plus nombreux mieux définis et mieux animés. On a aussi droit à de vrais items, à des effets sonores presque reconnaissables et aux quatre labyrinthes de l'original. Une programmation plus soigneuse limite également le scintillement désagréable des fantômes. En somme, *Ms Pacman* est une conversion aussi fidèle que possible sur une 2600 de la version arcade. Elle donne un aperçu de ce qu'aurait pu être un portage acceptable de *Pac-man*. Aurait-il changé le destin d'Atari ?

Le Son

En tant que pilote de la télévision, le TIA est aussi capable de lui faire produire des sons. Avec quelques efforts, on peut les faire ressembler à des effets sonores basiques et même à de la musique. Les sons produits par la console ne sont pas beaucoup plus détaillés que ses graphismes. Elle possède deux générateurs d'ondes identiques et indépendants. Pour chacun des canaux, on peut choisir le volume et la fréquence du son produit (plus aigu ou plus grave) ainsi que son type. La VCS peut en effet produire plusieurs formes d'ondes sonores (sinusoïdale, carrées, bruit, etc.). Chaque forme donnant un timbre différent. Une onde sinusoïdale produit un son « pur ». Une onde carrée produira une sensation différente. Quant au bruit (blanc ou coloré), il peut servir d'effet sonore pour les collisions, tirs, etc. En tout, seize types différents sont disponibles.

Le registre modifiant la fréquence du son ne fait que 5 bits. Cela ne permet de choisir que parmi 32 fréquences différentes, multiples de 30Khz. Quant au registre du volume, il ne fait que 4 bits ce qui permet d'obtenir 16 niveaux de volumes différents. En général, les deux canaux permettent néanmoins de sonoriser les jeux avec des mélodies simples tout en émettant les effets sonores simultanément. Ces six registres (trois par canal) peuvent être modifiés à tout moment. Comme pour l'affichage graphique, c'est encore au programmeur de s'assurer que le timing correspond bien à la musique qu'il veut jouer.

Un peu léger pour la septième de Beethoven, encore que... À cette époque, un jeu est l'œuvre d'un seul homme. Programme, graphismes et musique, tout est à sa charge et il est difficile d'exceller dans tous les domaines. D'autre part, la musique de jeux vidéo n'existe pas vraiment en tant que telle. Souvent, on se limite d'ailleurs à quelques notes. On ne crée pratiquement jamais de vrais morceaux originaux pour un jeu. On se contente de reprendre des thèmes connus du cinéma (si c'est une adaptation de film) ou du répertoire classique. C'est ainsi que l'on peut entendre la VCS peiner sur la *Toccata et Fugue en Ré mineur* de J.S. Bach dans *Gyrus* (1984), par exemple. De même, *Acid Drop* (1992) tente de nous restituer *la lettre à Élise* de Beethoven avec plus ou moins (et plutôt moins) de bonheur.

Des astuces de Hacker

Vous aurez sans doute remarqué que l'aire de jeu dans les photos d'écran présentées ci-dessus n'est pas forcément symétrique. Le cactus *d'Outlaw* ne l'est pas. Le labyrinthe de *Pac-man* a beau être symétrique, ce n'est pas le cas des pastilles qui peuvent être mangées d'un côté, mais pas de l'autre. Et que dire de l'échiquier de *Video Chess* ? Les connaisseurs savent à quel point la console eut une ludothèque riche et variée. Les *Galaxian*, *Q-Bert*, les *Enduro* et autres *Battlezone*, sont très loin de la structure « deux joueurs qui se tirent dessus dans une aire de jeu fixe ». Assez rapidement, les programmeurs réussirent à appréhender les limitations de la machine et à les contourner. La VCS offre assez peu de services au programmeur qui doit à peu près tout faire, jusque dans les moindres détails. En contrepartie, ce manque d'encadrement peut devenir une source de flexibilités. Ainsi, chaque effet nouveau est un véritable défi et permet un sursaut de créativité.

Playfield Asymétrique

L'affichage d'une aire de jeu asymétrique est un peu « l'enfance de l'art » de la programmation VCS. Ci-contre, on peut voir un écran du jeu *Rampage* par Activision (16 Ko en figure 27). On y repère un beau dégradé pour le ciel. À chaque ligne, la couleur du fond a due être modifiée. Les immeubles sur l'horizon, en arrière-plan, sont probablement

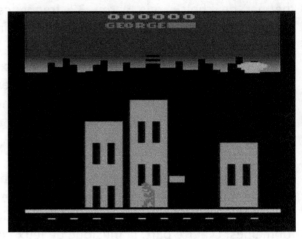

Figure III-27 : *Rampage* (1983)

représentés par un playfield symétrique. Les immeubles en rose au premier plan sont construits avec le Playfield, mais ne sont par contre ni symétriques, ni répétés d'une moitié sur l'autre de l'écran. Comment dessiner ce type de figure ?

Habituellement, le playfield est défini par 20 bits répartis sur 3 octets (PF0, PF1, PF2). Ils sont initialisés avant que le canon à électron ne commence son balayage. Chaque bit représente, pour la ligne en cours, une zone de la couleur du playfield (bit à 1) ou de la couleur du fond (bit à 0) sur la partie gauche de l'écran. On se doit de mentionner ici que l'ordre dans lequel les bits sont rangés dans ces octets ne correspond pas à celui dans lequel ils sont affichés sur l'écran. Pur sadisme de la part des concepteurs ? Peut-être, mais il s'agissait surtout de simplifier le câblage et de réduire les coûts, encore et toujours. Le TIA reproduit à l'identique ou en mode miroir ce schéma de 20 bits sur la partie droite de l'écran, donnant une résolution horizontale maximale de 40 « pixels » pour le playfield.

Pour afficher deux schémas de 20 bits différents sur chaque portion d'écran, il « suffit » de changer les valeurs de PF0, PF1, PF2 au bon moment pendant le dessin de la ligne. Il faut donc être précis et réécrire le contenu de PF0, PF1 et PF2 dès que chacun a fini d'être dessiné. Le TIA allant 3 fois plus vite que le CPU, PF2 doit par exemple être réécrit exactement au 45e cycle CPU de la ligne. Le programmeur se voit obligé de compter très précisément le nombre de cycles que prend chacune de ses lignes de codes. C'est fastidieux et pas évident à faire dans le contexte d'un vrai jeu. Pourtant, cette technique n'est pas rare et les programmeurs sont vite allés plus loin. Il y a même eu des scrollings, comme dans *Defender* (figure 28) ou *Pac-man Jr* (1986 16 Ko). On trouve aussi des playfield animés, comme dans *Surround* (figure 29).

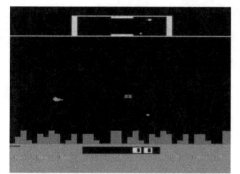

Figure III-28 : *Defender* (1982)

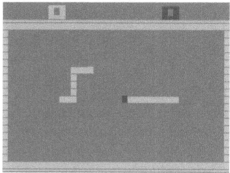

Figure III-29 : *Surround* (1978)

Le « multisprite »

Une précision absolue est aussi de mise quand on veut aller plus loin avec les sprites. On rappelle que le TIA supporte seulement deux « sprites » qui peuvent prendre une forme définie : Player0 et Player1. Les autres, missiles et balles, ne sont représentés que comme des carrés ou des rectangles. Player0 et Player1 peuvent être dessinés en utilisant 8 bits chacun par ligne. Avec une poignée d'octets, on peut ainsi dessiner un Pac-man, un fantôme, on un space invader. Sauf que justement, comment programmer un jeu *Space Invaders* avec seulement deux sprites par ligne ? Ce fut pourtant fait en 1978, et plutôt bien, car *Space Invaders* (en figure 30) eut un succès tel qu'il fit quadrupler les ventes de machines. Si ce portage n'avait pas vu le jour, la VCS aurait sans doute eu une carrière autrement plus courte.

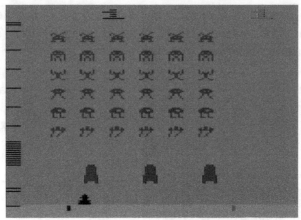

Figure III-30 : *Space Invaders* (1978)

Le TIA possède deux registres spéciaux (NUSIZ0 et NUSIZ1) qui permettent de régler la taille et le nombre de copies des sprites Player0 et Player1. En tout, trois copies de chaque peuvent être affichées par ligne. Cela nous mène à 6 sprites par ligne au maximum. C'est suffisant pour *Space Invaders*, mais pas pour *Galaxian* (figure 31) qui doit en afficher 7.

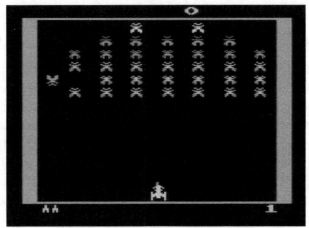

Figure III-31 : *Galaxian* (1983)

La technique dite « multisprite » est de réinitialiser Player0 et Player1 pendant leur dessin. On commence par demander plusieurs copies avec NUSIZ0 et NUSIZ1 puis, après le dessin du premier exemplaire de sprite, l'envoi d'un signal RESP0 (pour Reset Player0) fait croire au TIA que rien n'a été dessiné. En réinitialisant les deux sprites autant de fois que possible, il est possible de monter jusqu'à 18 sprites par ligne. Le problème est qu'en faisant cela, le CPU n'a absolument pas le temps de faire quoi que ce soit d'autre que d'envoyer des RESP0 ou RESP1. Si rien ne bouge, ce n'est pas un problème, mais c'est un peu le métier d'un sprite que d'être animé ! Dans *Galaxian*, il est impossible de faire les calculs nécessaires pour adapter la formation des ennemis par exemple. La seule solution est de prévoir toutes les configurations d'ennemis possibles et de créer une sous-routine pour chaque. C'est long et compliqué, mais ça fonctionne.

Les Stores Vénitiens

Une autre technique pour excéder la limite de 6 sprites par ligne est apparue dans *Video Chess*, qui doit afficher 8 pièces par ligne. C'est l'effet de « store vénitien », mis au point par Bob Whitehead. Le principe est d'entrelacer le dessin des sprites. En regardant attentivement le détail de l'écran de jeu en figure 32, on remarque que, sur une ligne donnée, seul un sprite sur deux est affiché. Les autres pièces ne sont affichées qu'à la ligne suivante. En alternant ainsi les pièces dessinées à chaque ligne, on ne dépasse jamais les quatre sprites par ligne. Vus d'assez loin, les dessins sont tout de même reconnaissables. Leur aspect « rayé » assez caractéristique, comme s'il était vu à travers un store, a donné son nom à cette technique.

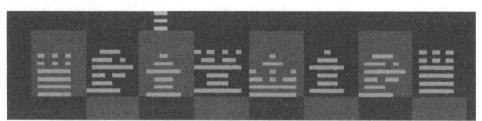

Figure III-32 : L'effet de « store vénitien » dans *Video Chess*

Repousser les limites

Une aventure... de programmation

Si on veut parvenir à ses fins, les fonctions de la console doivent être en permanence réinventées. C'est d'autant plus vrai que l'on s'éloigne du schéma de *Tank* et *Pong*. C'est flagrant dans *Adventure* (4 Ko, en figure 33). Son concepteur, Warren Robinett, se lance dans une entreprise un peu folle : adapter un jeu d'aventure textuel comme il en a

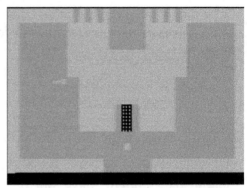

Figure III-33 : *Adventure* (1979)

rencontré à l'université sur PDP-10. Cet ordinateur de DEC est une très grosse machine, un « mainframe », très populaire au début des années 70 dans les universités et les laboratoires de recherche. Quoi de plus diamétralement opposé aux capacités d'une VCS 2600 qui ne possède par ailleurs aucun clavier, aucune table de caractère et dont les ROM ne peuvent excéder 4 Ko ?

De fait, Robinett opte pour une transposition graphique de l'aventure. Ce faisant, il invente de nombreux concepts qui deviendront omniprésents dans la plupart des futurs jeux du genre. C'est un des premiers à proposer un univers labyrinthique étalé sur plusieurs écrans. Il intègre la notion « d'items » ayant des fonctions précises : clefs, épées, aimant,

Figure III-34 : Un dragon dans *Adventure*

etc. Votre avatar est représenté par un simple carré que l'on peut déplacer avec le joystick. Le labyrinthe est peuplé de dragons (si vous y voyez des canards, cf. figure 34, vous êtes pardonnés) et de portes à ouvrir avec les bonnes clefs.

Des objets sont ramassés dès que le joueur passe à proximité et peuvent être relâchés avec le bouton d'action. Leur utilisation est automatique dès qu'il y a « collision » avec un objet actif. Il est amusant de constater que le joueur est représenté par le sprite de la balle alors que les items et les dragons sont les sprites des Player0 et Player1. De même, le labyrinthe proprement dit est dessiné à l'aide du playfield, qui est d'ailleurs ici toujours symétrique. Cette symétrie n'empêche pas le labyrinthe qui s'étend sur plusieurs écrans de ne pas l'être du tout. Néanmoins, le jeu nécessite parfois des murs additionnels. Ces derniers sont dessinés avec des sprites de « missiles » qui sont prolongés sur toute la hauteur de l'écran. La figure 34 montre le joueur « balle », le dragon (canard) en jaune et un mur « missile » en jaune également.

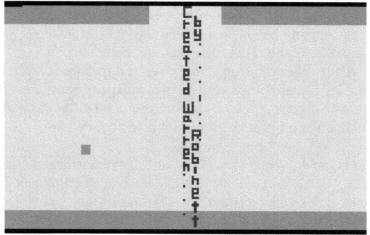

Figure III-35 : Le message caché d'*Adventure*

Adventure est aussi célèbre pour son « easter egg ». C'est un message caché qui n'est autre qu'une signature, celle de l'auteur : Warren Robinett (figure 35). Voilà qui reflète bien le contexte de l'époque. Les programmeurs d'Atari sont des salariés dont le nom n'apparaît nulle part, seul Atari est crédité. Pourtant, chaque jeu est l'œuvre d'un homme seul et demande des mois d'efforts (en moyenne six). Certains logiciels, surtout au début, se vendent si bien qu'ils génèrent des millions de dollars sur lesquels le créateur ne perçoit aucun intéressement.

Ce manque de reconnaissance et de rétribution poussera quatre des meilleurs programmeurs d'Atari : D. Crane, L. Kaplan, A. Miller et B. Whitehead à fonder leur propre entreprise. Ce sera Activision, premier éditeur tiers de l'histoire, en 1979. Malgré les procès qu'intentera Atari, Activision devint florissante, et produit de nombreux titres d'un très bon niveau technique, un des plus connus étant bien sûr : « *Pitfall !* ».

Pitfall : un monde mathématique

Cela faisait des mois qu'une idée trottait dans la tête de David Crane. Créer un jeu vidéo avec un petit bonhomme qui court. Mine de rien, vu la difficulté de les animer correctement, les personnages humanoïdes n'étaient pas légion dans les jeux vidéo au tout début des années 80. Crane avait déjà fait de nombreux  dessins, allant même jusqu'à observer sa propre démarche pour retranscrire les étapes d'animation du personnage qui allait devenir Harry. Tout était resté dans les tiroirs de son bureau d'Activision jusqu'à un beau jour de 1982 où le concept de *Pitfall !* fut créé pour de bon.

Ce fut très rapide. Tout tenait sur une simple feuille de papier. Le personnage : Harry. Le contexte : la jungle, avec ses animaux sauvages, ses dangers. Une raison de courir : récolter des trésors. Crane admet avoir été influencé par le film *Indiana Jones et les aventuriers de l'arche perdue* sorti quelques mois plus tôt (en juin 1981), ainsi que par divers éléments de culture populaire. Tarzan en fait partie, bien sûr. Le personnage est indissociable de l'image de la liane envisagée comme moyen de transport. Un bon millier d'heures de programmation furent nécessaires à la réalisation de *Pitfall !* (figure 36). Le jeu deviendra la seconde meilleure vente sur Atari 2600 avec 4 millions de cartouches écoulées.

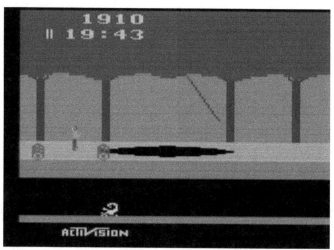

Figure III-36 : *Pitfall !* (1982)

Pitfall ! est un tour de force sur la machine d'Atari, loin d'avoir été conçue pour faire tourner des jeux de plateformes. Presque tout y est impressionnant. L'animation d'Harry est plutôt crédible, pour l'époque. Le héros est représenté avec un sprite multicolore. Les lianes oscillantes sont dessinées avec l'entité « balle » subtilement décalée à chaque ligne. L'environnement du jeu est ouvert et constitué de pas moins de 255 écrans. Comment faire rentrer tout cela dans 4 Ko de ROM ?

Comment enregistrer la description de chaque écran du jeu dans une ROM qui déborde déjà avec le code et l'animation des multiples sprites ? Crane ne voulait pas générer aléatoirement les niveaux. Il voulait un monde que l'on puisse explorer et dont on puisse apprendre la géographie, en quelque sorte. La seule solution fut alors de générer le monde de *Pitfall* de manière procédurale, autrement dit : mathématique.

Tout repose sur un compteur « étrange ». Il égrène des nombres de manière inhabituelle, dans un ordre apparemment aléatoire, mais fixe. De sorte qu'on peut facilement « se déplacer » dans cette suite de nombres vers l'avant ou vers l'arrière. Ce « compteur polynomial » est ainsi réversible. Chaque fois qu'Harry sortira de l'écran par la droite, le compteur sera incrémenté. Chaque fois qu'il sortira par la gauche, il sera décrémenté. Chaque nombre va représenter un écran de jeu qui peut donc se décrire avec 8 bits.

Les deux premiers bits (de poids fort) vont décrire la configuration des arbres en arrière-plan. Quatre configurations différentes ont été prévues. Le premier bit sert aussi à déterminer s'il y a un mur dans le souterrain. Les trois bits suivants déterminent le type de « trous » qui se trouvent au centre de l'écran : mare, liane, grand trou, sables mouvants, échelle, etc. Les trois derniers bits déterminent les objets présents dans l'écran : tonneaux, etc.

Le monde est ainsi généré de manière totalement algorithmique, ce qui est une première pour l'époque. *Pitfall !* est un jeu difficile, le but est de récolter 32 trésors en seulement 20 minutes. Pour se faire, il faudra non seulement être adroit face aux multiples embuches, mais aussi déterminer comment utiliser les souterrains.  Chaque segment de souterrain permet de passer trois écrans, mais ils sont aussi systématiquement occupés par un scorpion particulièrement délicat à sauter.

Aussi corsé que soit le jeu, il a failli l'être encore bien plus. Crane n'envisageait au départ que de donner une seule vie au joueur. Ses collègues se rappellent avoir lourdement insisté pour qu'il en mette trois. Ils étaient prêts « à le ligoter sur sa chaise » jusqu'à ce qu'il accepte. Pourtant, la difficulté est relativement progressive sur les premiers écrans. Crane a en effet passé du temps à explorer le monde crée par le compteur polynomial afin de trouver le meilleur endroit pour faire commencer le joueur et le familiariser avec les commandes.

Un défi permanent

Programmer une console Atari VCS est donc un défi intellectuel permanent. La flexibilité de la machine et surtout, l'intelligence des programmeurs ont permis la réalisation de toutes sortes de jeux qu'on aurait facilement pu croire impossible. En particulier, il existe une foule de jeux en vue subjective. Des jeux de course comme *Pole Position* ou *Enduro* (figure 37). Des jeux de combats aériens comme *Spitfire* ou *Zaxxon* (1983), et même, une sorte de *Tank* revisité en 3D avec l'incroyable *BattleZone* d'Activision (figure 38).

Le Krach ?

L'Atari VCS eut une longue vie et ses jeux se sont vendus par millions. Sa production a cessé en 1992, une date qui coïncide avec la sortie de son dernier jeu : *Acid Drop*. Avec près de 30 millions de machines vendues, on peut sans problème qualifier la console d'Atari d'énorme succès. Tout ne fut pas toujours rose pourtant. On lit souvent que le jeu vidéo connut un krach en 1983. En fait, il faut plutôt parler d'une crise nord-américaine, due principalement à un marché saturé et très inhomogène.

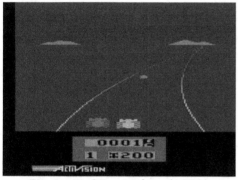
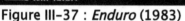
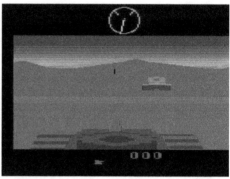

| Figure III-37 : *Enduro* (1983) | Figure III-38 : *Battlezone* (1983) |

Pendant les premières années de vie de la VCS, ses jeux se vendent bien, très bien même depuis *Space Invaders* en 1978. Le jeu vidéo commence ainsi à faire figure de poule aux œufs d'or. D'autres consoles sortent (Intellivision, Colecovision) et le marché se voit bientôt inondé de titres de qualités très inégales. Atari le premier creuse sa propre tombe en misant très gros sur deux jeux assez épouvantables : *Pac-man* et *E.T l'extraterrestre*. Ces deux licences possèdent une aura très importante. Quel dommage que les cartouches soient terriblement bâclées et ne leur fassent aucunement honneur.

Le plus terrible, c'est que les ventes furent plutôt bonnes. *Pac-man* s'écoulera à près de 7 millions d'exemplaires et *E.T.* à 1,5 million. Elles furent simplement très en dessous de ce qu'avait prévu Atari : 12 millions pour *Pac-man* et 4 millions pour *E.T.* Entre l'énorme stock d'invendus et le relatif échec de l'Atari 5200, qui devait succéder à la 2600 en 1982, c'est une perte de 500 millions de dollars que subit la firme en 1983. Voilà qui cause beaucoup de souci à Warner, son propriétaire, dont l'action plonge. Atari se voit donc restructuré dès 1984. Sa branche console fut revendue à Jack Tramiel (alors patron de Commodore). Warner conservera un an de plus la branche Arcade pour la revendre ensuite à Namco en 1985. C'est ainsi qu'« Atari Inc. » est devenue « Atari Corporation », l'entreprise qui commercialisera l'Atari ST... mais aussi la Lynx et la Jaguar. Sa déconfiture commerciale avec les deux dernières machines débouchera sur une autre série complexe de rachats, si bien que l'actuelle « Atari SA » n'a plus rien à voir avec la société originelle de Nolan Bushnell.

Synonyme de changement profond pour Atari, le « krach » de 1983 ne fut pourtant pas fatal au jeu vidéo en général et américain en particulier. De nombreux jeux sur 2600 et sur d'autres consoles furent réalisés pendant et après cette période. Mais le marché s'était contracté. Beaucoup de projets furent annulés et certaines machines écopèrent une retraite anticipée. Il faudra attendre 1985 et l'arrivé de la console 8 bits de Nintendo sur ce territoire pour que le jeu vidéo connaisse une nouvelle période de croissance vertigineuse.

IV. La Famicom / Nintendo Entertainment System

Introduction

Nintendo est une entreprise très ancienne, initialement spécialisée dans les cartes à jouer. Son histoire est longue et complexe et le but ici ne sera évidemment pas de la retracer en détail. Les lecteurs intéressés pourront se rapporter à l'excellente « Histoire de Nintendo » de Florent Gorges. Le contexte de création de leur console 8-bit est néanmoins intéressant ici. Au début des années 80, Nintendo est une figure importante de l'arcade au Japon et aux États-Unis. Ce n'était pourtant pas gagné, car tout commence par un flop monumental pour la nouvelle branche américaine « Nintendo USA ». La filiale pari sur le succès d'une borne, « Radar Scope », qui paraît être parfaitement  dans l'air du temps. Il s'agit encore d'un jeu de tir spatial comme ceux qui cartonnent alors, *Space Invaders*, en tête. Mais la borne est trop chère et peu originale. Les clients se font rares et Nintendo se retrouve avec un hangar rempli d'invendus. Pour limiter la casse, Hiroshi Yamauchi, président de Nintendo Japan, demande à l'un de ses plus talentueux éléments, Gunpey Yokoi, de trouver un moyen de recycler les bornes invendues avec un autre jeu. Débordé, le génial inventeur des Game and Watch et du futur Game Boy délègue la tâche à un jeune illustrateur : Shigeru Miyamoto. Pour le premier jeu qu'il doit concevoir en totalité, Miyamoto choisit de mettre en scène le « triangle amoureux » Popeye - Brutus - Olive. À cette époque, Nintendo en possède la licence.

Pourtant, « Popeye et l'attaque des tonneaux de bière » ne sortira jamais. D'obscurs problèmes de droits obligeront Miyamoto à modifier le jeu avec des personnages originaux. C'est ainsi qu'est créé *Donkey Kong*. Il met en scène l'anonyme Jumpman, qui deviendra quelques années plus tard Mario, la célébrissime mascotte de Nintendo. Le gorille sera quant à lui la vedette de nombreux autres titres sur plusieurs machines différentes.

Donkey Kong est en effet un énorme succès. Suivis rapidement par *Donkey Kong Jr* et *Mario Bros*, ces jeux propulsent Nintendo parmi les acteurs majeurs du monde de l'arcade. Parallèlement, dès 1977, Nintendo tente des incursions dans le monde des « consoles de salon » avec ses « Color Tv Game » qui remportent un succès encourageant. Ce sont des consoles sans port cartouche ni microprocesseur, à l'image des consoles *Pong* d'Atari. Elles permettent seulement de choisir entre un certain nombre de variantes de *Pong* et *Breakout*. De plus, Nintendo jouit en ce début des années 80 d'une excellente santé financière grâce au succès de ses jeux électroniques « Game and Watch ». De l'autre côté de l'atlantique, le succès de la VCS fait réfléchir Yamauchi qui voit une opportunité à saisir.

En 1981, le président de Nintendo fait un pari qui paraissait bien ambitieux à l'époque : amener des jeux de qualité arcade dans les foyers Japonais. Le but avoué est même de reproduire *Donkey Kong* à l'identique sur console de salon. Il faut dire que les salles d'arcades ont une très mauvaise réputation dans le Japon des années 80. On les perçoit (pas complètement à tort) comme des lieux enfumés et violents totalement inadaptés aux jeunes enfants qui sont pourtant friands de jeux vidéo.

Figure IV-1: La Famicom

Créer une console de jeu suffisamment puissante pour amener l'arcade à la maison est parfaitement envisageable. Mais Yamauchi veut également que la machine s'impose comme numéro un du marché en étant tout simplement la moins chère. L'objectif est de ne pas dépasser 10 000 yens. L'équation semble insoluble, et sans Ricoh, elle le serait sans doute restée. Le fabricant de composants électroniques vient d'ouvrir une nouvelle usine et souhaite la rentabiliser rapidement. Yamauchi leur propose alors de produire les puces de sa nouvelle console. Mais les prix qu'il demande sont tellement bas que Ricoh refuse dans un premier temps. Le président de Nintendo va alors jouer gros, mettant même en péril l'entreprise dans son ensemble en cas d'échec, puisqu'il passe une commande ferme pour trois millions de machines. Avec un tel volume, Ricoh s'y retrouve, il s'assure des rentrées d'argent régulières et prévisibles. Nintendo devient son principal client, le rêve du « Family Computer » va se réaliser.

La Famicom

La console que les Européens et les Américains connaissent sous le nom de « Nintendo Entertainment System » ou « NES » n'existe pas encore en juillet 1983 quand Nintendo sort son « Family Computer » (cf. figure 1). Ce sont les clients japonais eux-mêmes qui contracteront son nom en « Famicom ». Ce n'est d'ailleurs pas du goût de Yamauchi, en partie parce que le nom Famicom est déjà la propriété de Sharp.

C'est néanmoins sous ce nom que la console phénomène va bientôt être connue de tous. Elle débute sa carrière de manière assez calme cependant, car elle ne profitera pas d'une campagne de publicité d'envergure. Nintendo comptant bien sur le bouche à oreille pour lui économiser un gros budget promotionnel. Ils ont bien raison : la console est puissante et ça se voit. Elle est lancée avec *Donkey Kong*, *Donkey Kong Jr* et *Popeye*. Des conversions de jeux d'arcade presque indiscernables des originaux. Le prix proposé de 14800 yens est un peu supérieur aux prévisions, mais il reste très agressif. En fait, la machine est même dix fois moins chère que certains ordinateurs de l'époque à configuration équivalents, le pari a été tenu.

La console japonaise est rouge et blanche et possède deux manettes directement connectées à la machine. L'une d'elle possède un micro qui ne sera que très peu exploité. Il disparaîtra sur les versions occidentales. Les cartouches ont un format plus petit que celui que connaissent les (cf. figure 3) européens et se chargent par le haut.

Figure IV-2 : *Rockman 3* sur **Famicom**

La Famicom n'est pas une console importante dans l'histoire du jeu vidéo, c'est une console essentielle. On ne compte plus le nombre de licences vidéoludiques phares qui ont vu le jour sur Famicom : *Mario*, *Zelda*, *Metroid*, *Castlevania*, *Megaman*, *Dragon Quest*, *Final Fantasy*, *Fire Emblem*, *F - Zero*, etc.

Véritable phénomène de société, elle sera la pionnière d'innombrables d'innovations, parfois bien en avance sur leur temps : sauvegarde de la progression, jeux en téléchargement, tableaux de score nationaux, prémisses de l'e-sport, publicité in-game, modem, reconnaissance des mouvements, zonage et puce de protection contre le piratage, etc.

La Famicom arrivera sur le marché américain en octobre 1985, sous un autre nom et une autre forme. Souhaitant se positionner davantage sur le segment du « high-tech » que sur celui du jouet, elle est rebaptisée « Nintendo Entertainment System ». On la dote d'une coque grise, plus sobre, ainsi que d'un système de chargement des cartouches par l'avant qui rappelle celui d'un magnétoscope. Les manettes, relookées aux nouvelles couleurs de la machine, peuvent désormais être débranchées de la console. Une manette défectueuse n'est désormais plus un drame.

Figure IV-3 : Le « Nintendo Entertainment System »

Hormis ces différences principalement cosmétiques, l'architecture interne des deux machines est la même, et c'est un avatar de la NES américaine, adapté aux télévisions PAL, que les Européens accueilleront en septembre 1986. Prévue au départ pour durer 2 ou 3 ans, la Famicom sera produite jusqu'en 1995 et elle sera supportée par Nintendo jusqu'en 2003 au Japon (réparation et copies « Famicom Disk System »).

Architecture

Bien que six ans séparent la sortie de la Famicom de celle de l'Atari VCS, c'est autour du même type de processeur que s'architecture la machine de Nintendo : le 6502. Ce choix est bien compréhensible. Opter pour un cœur de processeur relativement ancien permet de faire de substantielles économies. Ce sera un leitmotiv dans la conception de la Famicom.

Quand on considère la carte mère d'une NES (ou d'une Famicom), il saute aux yeux que la machine s'organise autour de deux puces principales. Les deux plus gros composants sur la photo ci-dessous sont les Ricoh 2A03 (à gauche) et 2C02 (à droite). Le 2A03 est le CPU de la console alors que le 2C02 est sa puce graphique, surnommée PPU pour « Picture Processing Unit ».

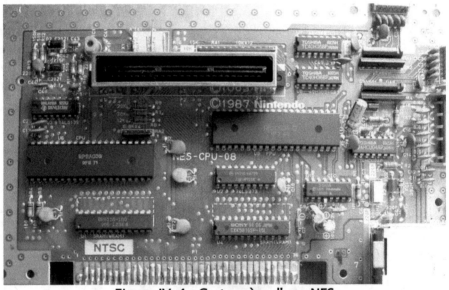

Figure IV-4 : Carte mère d'une NES

Le CPU

Le 2A03 est en fait une puce personnalisée, conçue par Nintendo. Il s'agit à la base d'un processeur 6502 auquel on a enlevé la possibilité de calculer en BCD. Assez pratique parce qu'il facilite l'affichage des données numériques (cf. Annexe 4), le mode BCD (« Binary Coded Decimal ») est cependant non essentiel au fonctionnement du CPU. Son omission fait de la place sur le die pour intégrer d'autres fonctions au premier rang desquelles on trouve la gestion du son. Une unité dite « pAPU » (pour « pseudo Audio Processig Unit ») se trouve ainsi directement intégrée dans le 2A03. Cela économise du même coup une autre puce sur la carte mère. Le 2A03 offre aussi une horloge programmable (basse fréquence) et une fonction DMA (Direct Memory Access) rudimentaire.

Bien qu'il lui manque le mode BCD, le 2A03 est un 6502 bien moins mutilé que ne l'était le 6507 de la l'Atari 2600. Sur le diagramme des connexions du 2A03 en figure 5, que l'on peut comparer à ceux des 6502 et 6507, on constate premièrement que le processeur conserve toutes ses pattes d'adresses. Il peut donc accéder à 64 Ko de mémoire. La présence des pattes NMI / IRQ / RES atteste aussi de sa capacité à traiter des interruptions. C'est un mécanisme très utile de gestion des évènements dont le 6507 était également privé. Nous en reparlerons en détail plus loin.

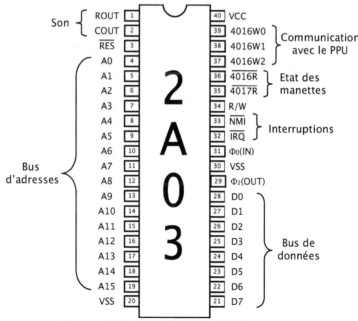

Figure IV-5 : Schéma du 2A03

Les pattes COUT et ROUT sont dédiées à la sortie des canaux sonores. Les pattes 4016R / 4017R sont utilisées pour lire l'état des manettes. Enfin, les pattes 4016W constituent un bus spécifique de communication avec les autres composants de la machine. Hormis ces différences, le 2A03 est très proche d'un 6502 et son jeu d'instructions est d'ailleurs exactement le même. Toutes les communications avec l'extérieur, en particulier avec le PPU, se feront via des adresses mémoires fixées, exactement comme pour l'Atari VCS.

Par rapport au CPU de cette dernière, le 2A03 de la NES est néanmoins cadencé à une fréquence légèrement supérieure. D'ailleurs, pour la  même raison que précédemment, les puces des consoles PAL et NTSC ont des fréquences légèrement différentes. Le processeur graphique, le PPU, est synchronisé avec le téléviseur et sa fréquence dépend du standard qu'il utilise : PAL ou NTSC. Le format NTSC rafraichissant l'image 60 fois par seconde, le PPU est légèrement plus rapide dans ce cas avec une fréquence de 5,37 Mhz contre 4,98 Mhz pour le PAL. Même si une précision au cycle et à la scanline prêt n'est plus vraiment de mise avec la NES, le CPU doit toujours être synchronisé précisément avec le téléviseur et sa fréquence est liée à celle du PPU. Concrètement, la fréquence du PPU est le triple de celle du CPU ce qui donne des fréquences de 1,79 Mhz en NTSC et 1,66 Mhz en PAL. Cela représente un gain de vitesse de 50 % par rapport au 6507 utilisé dans l'Atari 2600. On notera aussi que les versions PAL du CPU sont estampillées RP2A07 au lieu de RP2A03.

Au niveau de la mémoire, c'est pléthorique comparé au régime sec de la 2600. L'espace d'adressage du CPU étant bien plus spacieux, le processeur lui-même se voit octroyé une RAM de 2 ko, soit 16 fois plus que la VCS. Les ROM peuvent atteindre 32 Ko. Même si une petite partie de l'espace restant est utilisé pour les registres en mémoire, la plupart des autres adresses ne contiennent que des répétitions des données RAM et ROM.

À ces 32 Ko néanmoins, il faut rajouter la ROM graphique, souvent appelée CHR-ROM pour « Character ROM », nous verrons bientôt pourquoi. Elle est directement gérée par le PPU et peut aller jusqu'à 8 Ko. Au total, les jeux peuvent utiliser un espace 10 fois plus gros que les maigres 4 Ko des jeux Atari 2600. Néanmoins, en 1983, 40 Ko est un volume de données convenable mais sans plus. C'est là que les limites d'un processeur 8 bits se font cruellement sentir. Si la console eut une longévité aussi spectaculaire (12 ans), c'est que ces contraintes furent rapidement contournées. Avec le Famicom Disk System d'abord, puis avec les diverses puces additionnelles directement intégrées aux cartouches. Ces fameux « mappers » ou MMC (pour « Memory Management Chip ») permettront aux jeux NES d'atteindre des tailles de ROM impressionnantes, jusqu'à 1 Mo via le bankswitching. Sur le long terme, on peut dire que les MMC ont littéralement sauvé la machine.

Tous ces progrès côté CPU et mémoire sont très appréciables, mais seuls, ils ne mèneraient pas la Famicom bien loin. C'est le PPU qui constitue véritablement le cœur de la machine.

Le PPU

Généralités

Parce que l'univers du TIA de l'Atari 2600 se limitait à une unique scanline, on l'avait taxée de « puce graphique 1D » (unidimensionnelle). A l'inverse le PPU, de nomenclature « 2C02 », est un vrai processeur graphique 2D (bidimensionnel). La principale différence vient du fait que le PPU possède une mémoire, ce qui lui permet d'avoir à tout moment une représentation de l'image à afficher sur l'écran. Il va gérer non seulement le timing horizontal du faisceau d'électrons, mais aussi son timing vertical, ce qui décharge le processeur central d'un lourd fardeau. On se souvient qu'une bonne moitié du temps CPU passait uniquement dans la gestion de l'affichage sur la machine d'Atari. Désormais, le programmeur ne travaille plus ligne à ligne, mais image par image, un bond de géant.

La Famicom n'est pas la première console à offrir les services d'une « puce 2D ». L'Intellivision de Mattel, sortie en 1980, avait aussi une mémoire vidéo. Elle gérait déjà un décor, des sprites et même une fonction de scrolling rudimentaire. Deux ans plus tard, c'est la Colecovision qui promettra « l'arcade à la maison » en adoptant un circuit graphique Texas Instrument. On le retrouvera d'ailleurs dans la SG – 1000 de Sega ainsi que dans le MSX. Cette puce ne gère néanmoins pas les scrollings au pixel près. Il faudra attendre la génération suivante, qui sera en 1985 au cœur de la Sega Mark III. En 1983 néanmoins, le PPU de la Famicom est sans doute une des puces graphiques pour console de salon les plus évoluées.

Taillé spécifiquement pour le jeu, le PPU est un circuit aussi sophistiqué que le processeur central. Il se présente d'ailleurs également sous la forme d'un circuit intégré à 40 pattes, comme on peut le voir en figure 6. On y reconnaît un bus de données de 8 bits (les pattes D0, ..., D7) mais son bus d'adresse est rétréci. Seules les huit pattes AD0, ..., AD7 y sont consacrées. Elles sont néanmoins complétées par les 6 pattes A8, ..., A13 qui sont à usages multiples. Au total, on a un bus de 14 bits qui permet d'adresser 16 Ko de mémoire au maximum. Cela suffit néanmoins au PPU pour stocker les éléments graphiques dont il a besoin.

Il est capable de gérer un décor et 64 sprites en 2D, avec un couple de coordonnées abscisse / ordonnée. Il prend aussi en charge les scrollings verticaux et horizontaux. On devine ainsi la NES bien plus simple à programmer que l'Atari VCS. C'est vrai, dans une certaine mesure.

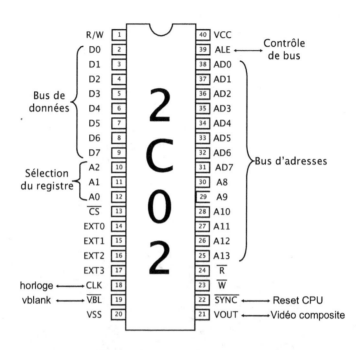

Figure IV-6 : Schéma du 2C02, le PPU de la NES

Si le PPU possède une mémoire rien qu'à lui, elle n'est pas énorme : 2 Ko. Or, la résolution d'une image NES est de 256 x 240. Même si les 8 lignes du haut et les 8 lignes du bas de l'image ne sont pas visibles sur la majorité des téléviseurs, on se retrouve quand même avec 57344 points à afficher. Qu'on utilise 8, 4 ou même 1 bit pas pixel, rien à faire, cela ne rentre pas dans les 2 Ko de mémoire vidéo. Alors, comment faire ?

Représentation de l'image

Principe

Le principe est de représenter l'image non pas pixel par pixel, mais bloc par bloc. Une bonne idée s'il n'y a qu'un nombre limité de blocs différents qui se répètent de nombreuses fois. Considérons l'image en figure 7, tirée de la conversion Famicom de *Pacman*. Elle est recouverte d'une grille de 32 x 30 cases faisant chacune 8 x 8 pixels. On remarque immédiatement que la plupart des cases sont noires et que de nombreux motifs se répètent : morceaux de labyrinthe, pac gommes, chiffres, lettres, etc. Au total, sans compter les sprites, l'aire de jeu de *Pacman* peut se construire avec seulement une quarantaine de blocs différents que l'on dispose sur notre grille. Des décors plus complexes peuvent être traités de la même façon en utilisant, le cas échéant, une plus grande variété de blocs. Par exemple, la figure 8 est tirée d'un niveau de *Megaman*.

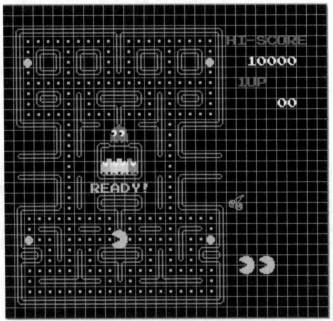

Figure IV-7 : *Pacman* **sur NES**

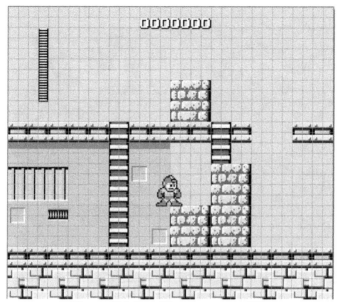

Figure IV-8 - *Megaman* **sur NES**

Nous avons ainsi réduit le problème de 57344 pixels à 960 « cases ». Chaque case va contenir une référence à un bloc graphique de 8 x 8 pixels qui sera stocké en ROM. Un jeu possède plusieurs « banques » de 256 motifs chacune dans lesquelles il va piocher tous ses éléments graphiques : décor, sprites, textes, etc. La console peut gérer simultanément deux banques de 256 motifs (les « pattern tables ») qui vont typiquement contenir tous les éléments graphiques du niveau en cours. En figure 9, on peut voir les deux banques de motifs utilisés par *Megaman* dans le niveau de Cutman. Dans celle de gauche, on distingue les étapes d'animation de Megaman, des fragments d'ennemis et de barre de vie. La banque de droite contient principalement des fragments de décor : texture de brique, barreaux, des caractères alphanumériques pour le score, etc.

Ainsi, une image complète peut s'encoder à l'aide de seulement 960 octets ! Cette méthode de représentation de l'image est en fait une manière de faire de la compression de données. La RAM vidéo du PPU étant de 2 Ko, elle permet de conserver 2 grilles en mémoire, ce qui est extrêmement utile pour les scrollings. En anglais, ces grilles se nomment des « name tables », pour « table de nommage » ou « table des noms ».

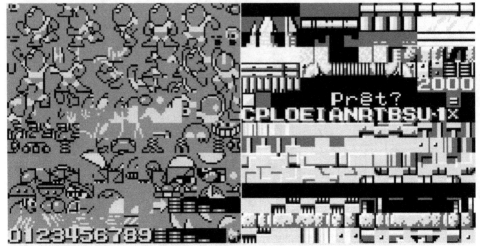

Figure IV-9 : Exemples de banques de motifs pour _Megaman_

Chaque motif, appelé « tile » en anglais, est une grille carrée de 8 x 8 pixels. Sur une NES, seules quatre couleurs différentes sont autorisées par motif, nous y reviendrons. Un motif se représente donc comme un tableau de 8 x 8 nombres entre 0 et 3. Ces nombres sont des références à des couleurs choisies dans une palette fixe. Il suffit de 2 bits pour encoder chaque pixel, chaque motif prend ainsi 16 octets de mémoire. Une banque de 256 motifs occupe donc 4096 octets, soit 4 Ko de ROM. Ces banques de motifs sont stockées en « CHR – ROM » pour « Character ROM ». Le terme de « Character » fait référence à l'analogie entre les motifs graphiques utilisés ici et les « caractères » qui s'affichent lorsqu'on tape un texte sur un ordinateur personnel. Le principe est exactement le même. L'écran peut être considéré comme une grande grille dans laquelle s'insèrent les chiffres et lettres. Leurs dessins sont souvent stockés dans une « table des caractères », dans une ROM intégrée à la machine.

Au plus le jeu nécessite un grand nombre de banques, au plus sa ROM sera grosse et chère à produire. C'est pourquoi la plupart des jeux NES, et plus généralement des jeux 8 bits, tentent de réutiliser au maximum un nombre limité de motifs différents. C'est ce qui donne cet aspect caractéristique aux graphismes de cette époque.

Les Sprites

Les sprites font partie d'une banque de motif comme tous les autres éléments graphiques. Pour le PPU, un sprite à une taille de 8 x 8 ou 8 x 16. C'est plutôt petit, car même le sprite de Link (figure 10) dans *The Legend of Zelda* fait déjà 16 pixels de haut, comme petit Mario dans *Super Mario Bros* d'ailleurs. En fait, presque tous les éléments que l'on considère comme des « sprites » dans un jeu lambda sont constitués de plusieurs « sprites matériels », plus petits. Ces derniers doivent être gérés ensemble et synchronisés par le

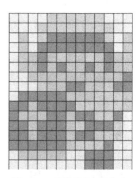

Figure IV-10 : Link

programmeur. La console ne peut gérer plus de 64 sprites au total et pas plus de 8 par ligne.

La scène typique de *The Legend of Zelda*, en figure 11, compte déjà 29 sprites : 4 par personnages, 2 pour l'épée et un pour l'indicateur sur la carte. Animer de très gros ou de très nombreux objets graphiques n'est donc très facile sur une NES. Une astuce courante est d'utiliser le décor, si l'animation ne doit pas être trop rapide ou trop fluide. Il faut alors mettre à jour périodiquement la table des noms. C'est ce qui est fait pour animer l'imposant gorille dans *Donkey Kong* en figure 12. Curieusement, Pauline n'utilise pas cette technique et est constituée de plusieurs sprites.

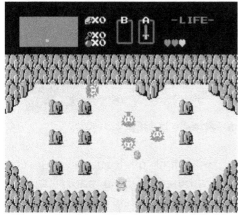

Figure IV-11 : *The Legend of Zelda*

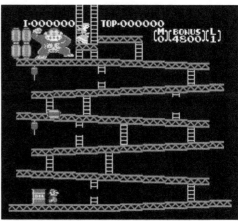

Figure IV-12 : *Donkey Kong*

Représentation des Couleurs

La NES ne connaît en tout et pour tout que les 52 couleurs différentes représentées en figure 13. Réparties en 15 teintes ayant chacune 4 nuances, elles ont été soigneusement choisies à la main pour couvrir un maximum de situations différentes. Chaque couleur affichée à l'écran est représentée en mémoire par une référence à une entrée de cette « palette ».

Cependant, la console ne peut pas afficher toutes ces couleurs simultanément à l'écran. La faute à des limitations mémoires, une fois encore. Si chaque pixel fait librement référence à une des 52 couleurs de la palette, il faudra 6 bits pour le représenter. Ainsi, deux banques de 256 motifs de 8 x 8 pixels représenteraient 24 576 octets de ROM ou de RAM, c'est trop. On est en 1982 et le prix des mémoires, même s'il est moins prohibitif qu'en 1977, ne permet tout de même pas ce genre de folie dans une machine qu'on souhaite commercialiser à 10 000 yens... C'est là que les choses se compliquent.

Ainsi, la NES utilise un système de deux « sous-palettes » de 16 couleurs : une pour les sprites et une pour le décor. Sur ces 16 couleurs, qui sont des références aux couleurs de la palette globale, une teinte spécifique est choisie comme étant « transparente ». Elle permet d'afficher les sprites proprement, sans rebords.

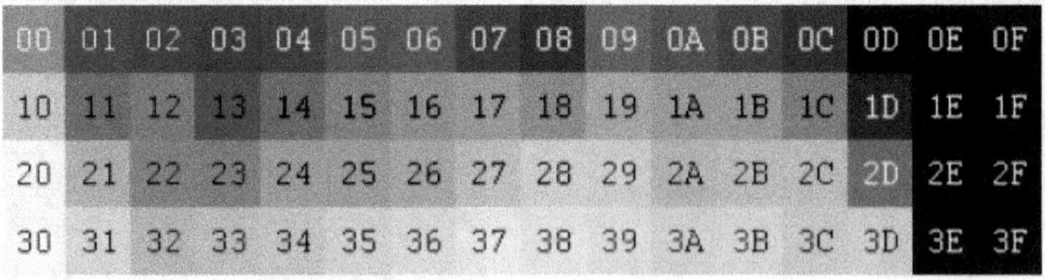

Figure IV-13 : La palette de la NES

Avec seulement 16 teintes possibles, un pixel quelconque peut être représenté avec seulement 4 bits. Cela donnerai 16 Ko pour les deux banques de motifs, les concepteurs ont jugé que c'était encore deux fois trop ! Deux ans plus tard, Sega pourra se le permettre dans sa Master System.

Palettes de sprite

Il faut donc passer à seulement 2 bits par pixel. Mais alors, on se retrouve avec seulement quatre couleurs possibles. C'est peu, et surtout, cela donnerait aux graphismes une trop grande uniformité. Par exemple, Link est vert et marron, un octorock (cf. figure 14) est rouge et blanc, cela améliore sensiblement la lisibilité du jeu. Comment économiser au maximum la mémoire tout en permettant une variété chromatique raisonnable ?

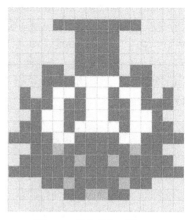

Figure IV-14 : Un « Octorock »

En introduisant des « sous-sous palettes ». Intéressons-nous tout d'abord aux sprites. On va subdiviser leur palette de 16 couleurs en 4 minipalettes de 4 couleurs. Du coup, la couleur « transparente », qui devra être toujours la même, sera répétée dans chaque minipalette. Finalement, on a plus que 13 couleurs différentes au maximum pour l'ensemble des sprites.

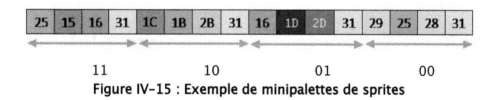

Figure IV-15 : Exemple de minipalettes de sprites

La figure 15 donne un exemple de quatre minipalettes pour les sprites. Les nombres font référence aux numéros des couleurs de la palette globale. La couleur 31 (bleu ciel) est choisie comme couleur transparente, elle est ainsi répétée dans chaque minipalette. On note que d'autres couleurs peuvent éventuellement se répéter (comme les couleurs 25 ou 16), car des sprites différents peuvent avoir recours à la même teinte si besoin. En dessous, on donne les numéros (en binaire) de chaque minipalette, ce sont ces deux bits supplémentaires qui seront fournis par la « SPR-RAM ».

Un sprite étant ce qu'il est, il bouge. Il possède des attributs variables (positions, transformations) qui sont stockés dans une partie spécifique du PPU : la SPR-RAM (sprite RAM) d'une taille de 256 octets. Souvenez-vous que le PPU gère 64 sprites (en tant que motifs 8 x 8) et que donc, la SPR-RAM contient 4 octets par sprites. Deux de ces octets vont donner la position (x , y) du sprite et un troisième va être le numéro du motif dans la banque.

Le dernier octet va être scindé en 6 + 2 bits. Les 6 premiers octets vont déterminer la priorité du sprite (avant plan ou arrière-plan) et sa transformation en miroir horizontal ou vertical. Une fonctionnalité précieuse qui permet d'économiser de la place en ROM. Par exemple, seules deux positions de Pacman sont nécessaires : vers la gauche et vers le bas. Les deux autres positions sont calculées à la volée par la console. C'est la même chose pour Link dans *The Legend of Zelda*, à ceci près que notre héros n'est pas aussi symétrique que Pacman. Vu le sprite de face, il est clair que Link est gaucher (cf. figure 16). Mais comme les sprites latéraux sont parfaitement symétriques, il en est forcément un des deux qui n'est pas cohérent. De fait, celui de droite montre un Link droitier. C'est toutefois un détail qui ne pèse pas bien lourd quand on a l'opportunité d'économiser de précieux octets.

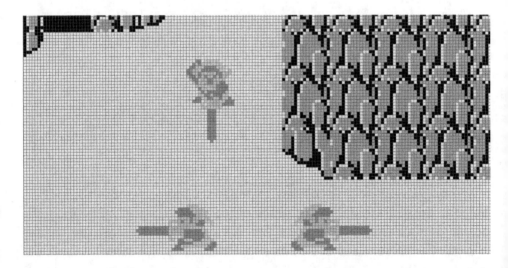

Figure IV-16 : Symétries dans *The Legend of Zelda*

Revenons à notre dernier octet d'attribut du sprite. Il nous reste 2 bits qui codent un nombre de 0 à 3. Pour chaque sprite, ce nombre va sélectionner la minipalette dans laquelle il va piocher ses 4 couleurs. Ainsi, deux sprites vont pouvoir arborer des couleurs totalement différentes, comme Link et l'octorock.

Palette d'arrière-plan

La gestion des couleurs des sprites n'est pas complètement évidente, qu'en est-il pour l'arrière-plan ? Le principe va être le même. Nous avons aussi une palette de 16 couleurs pour ces motifs et elle va également être subdivisée en 4 minipalettes. Elles vont chacune avoir la même couleur « transparente ». Du coup, même punition : seulement 13 couleurs distinctes sont disponibles pour l'arrière-plan. Et nous pouvons enfin déterminer combien de couleurs une NES peut afficher simultanément. Avec 13 couleurs pour les sprites et 13 pour le décor nous avons... 26 couleurs différentes ? Non : 25, car les deux palettes contiennent la même couleur de transparence.

Revenons à nos motifs d'arrière-plan. Rappelons que le décor est construit en remplissant une grille de 32 x 30 cases, appelée une « name table », avec des motifs (« tiles ») piochés dans une banque de motifs (« pattern tables »). Une NES possède deux « name tables » de 960 octets chacune qui référencent les motifs. Il va également falloir des données additionnelles pour déterminer la mini palette propre à chacun. Ce seront les « tables d'attributs » ou « attribute tables ». Il y a une « attribute table » de 64 octets par « name table ».

On a 64 octets pour 960 cases ? Comme il nous faut des couples de bits, on se retrouve avec 256 couples de bits pour 960 cases. Ne cherchez pas, ça ne tombe pas juste. Mais on peut avoir un couple de bits pour 4 cases. En fait, c'est (encore) un peu plus compliqué que ça, mais c'est aussi assez malin.

Étant donné que nous considérons l'image d'un décor, il va s'agir de données fondamentalement bidimensionnelles. C'est-à-dire qu'il est plus judicieux de favoriser les corrélations spatiales. Ainsi, au lieu de considérer tout simplement les motifs linéairement, les uns après les autres, et de leur attribuer une même mini palette, on va plutôt considérer que les zones qui vont partager une unité chromatique vont occuper une certaine surface de l'écran. D'où l'idée d'attribuer la minipalette à un ensemble de 16 motifs répartit en un carré de 4 x 4.

Par exemple, en figure 17, dans l'octet 01010110 on a coloré les couples de bits en fonction des minipalettes qu'ils déterminent sur l'ensemble des 16 motifs représentés ensuite. Les bits verts indiquent que les motifs du carré « vert » vont avoir la palette numéro 2 (10). Les bits rouges indiquent que les motifs du carré « rouge » vont avoir la palette numéro 1 (01) et ainsi de suite…

Codage des motifs

Voyons maintenant un exemple concret de motif tel qu'il est effectivement représenté en mémoire. Disons que c'est un sprite. Il fait 8 x 8 pixels qui occupent chacun 2 bits, ce qui nous fait donc 16 octets par motif. Mais attention : les 2 bits / pixels sont représentés en « deux couches ». Les huit premiers octets donnent le premier bit de l'index dans la minipalette et les huit suivants donneront le second. Admettons qu'on ait défini en mémoire les quatre minipalettes de l'exemple donné plus haut et qu'on souhaite utiliser la seconde minipalette de la figure 18. C'est la seconde en partant de droite, car le 6502 est « petit-boutiste » (little-endian). Ainsi, les deux derniers bits du dernier octet des attributs du sprite en SPR-RAM seront 0 1.

On veut alors dessiner le motif en figure 19, représenté avec les références des couleurs dans la palette en figure 20 (on utilise la palette de la figure 18).

0	1	0	1	0	1	1	0

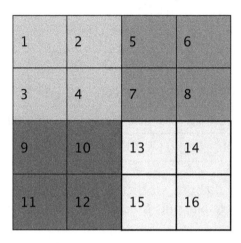

Figure IV-17 : Répartition des couleurs pour les palettes d'arrière plan.

Figure IV-18 : La minipalette à utiliser

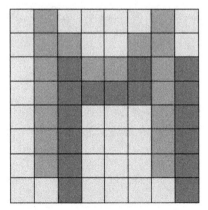

0	3	0	0	0	0	3	0
0	3	3	0	0	3	3	0
0	3	1	3	3	1	3	1
0	3	1	1	1	1	3	1
0	3	1	0	0	0	3	1
0	3	1	0	0	0	3	1
0	3	1	0	0	0	3	1
0	0	1	0	0	0	0	1

Figure IV-19 : Le motif   **Figure IV-20 : Entrées de la palette**

Si on traduit en binaire, on veut donc représenter le tableau suivant :

00	11	00	00	00	00	11	00
00	11	11	00	00	11	11	00
00	11	01	11	11	01	11	01
00	11	01	01	01	01	11	01
00	11	01	00	00	00	11	01
00	11	01	00	00	00	11	01
00	11	01	00	00	00	11	01
00	00	01	00	00	00	00	01

En mémoire, on va d'abord stocker 8 octets qui donneront les bits de droite, dits de poids faible, puis 8 octets pour les bits restants.

0	0	0	0	0	0	0	0
0	0	0	0	0	0	0	0
0	0	1	0	0	1	0	1
0	0	1	1	1	1	0	1
0	0	1	0	0	0	0	1
0	0	1	0	0	0	0	1
0	0	1	0	0	0	0	1
0	0	1	0	0	0	0	1

puis

0	1	0	0	0	0	1	0
0	1	1	0	0	1	1	0
0	1	0	1	1	0	1	0
0	1	0	0	0	0	1	0
0	1	0	0	0	0	1	0
0	1	0	0	0	0	1	0
0	1	0	0	0	0	1	0
0	0	0	0	0	0	0	0

Ce qui correspond à la séquence de nombres (décimaux) : 0, 0, 37, 61, 33, 33, 33, 33, 66, 102, 90, 66, 66, 66, 66, 0. C'est ainsi que les données graphiques sont stockées dans la mémoire de la NES. Où exactement ? C'est ce que nous allons voir.

Organisation de la Mémoire

Espace d'adressage du CPU

Le CPU et le PPU ont tous deux des espaces d'adressages de 64 Ko chacun, mais ils sont rigoureusement séparés. Le PPU ne possède d'ailleurs qu'un espace utile de 16 Ko, le reste ne contenant que des copies. Le CPU n'accède pas directement à la mémoire du PPU, il va devoir piloter ce coprocesseur en modifiant ses registres, de la même manière que le 6507 de l'Atari VCS pilotait le TIA. L'espace d'adressage du CPU se divise ainsi en plusieurs zones de tailles et de positions prédéfinies. Il y en a 4 principales :

- La RAM de la console : 2 Ko.
- Les registres d'entrée / sortie (PPU, Audio et manettes).
- La S-RAM (8Ko max), apportée par la cartouche de jeu.
- La ROM du programme (32 Ko max), apportée par la cartouche de jeu.

La RAM correspond à un espace de stockage physique intégré à la console. La S-RAM n'est présente que dans certaines cartouches de jeu et constitue un espace mémoire « non volatile ». C'est-à-dire qu'il est conservé même une fois que la console s'éteint. C'est ce qui va permettre au joueur de sauvegarder sa progression. C'est une avancée majeure qui va permettre la création de jeux pensés pour être consommés sur la durée. Une rupture importante vis-à-vis du modèle « arcade » qui avait modelé tous les jeux vidéo jusqu'alors.

Gardons à l'esprit que la S-RAM comme la ROM du programme, aussi nommée PRG-ROM sont des puces que se situent dans les cartouches de jeu et non pas dans la console. Une cartouche de jeu est une carte électronique munie de circuits intégrés qui vont en quelque sorte compléter l'électronique de la console. C'est d'ailleurs une source de flexibilité précieuse pour Nintendo qui utilisera largement les cartouches elles-mêmes afin d'augmenter les capacités initialement trop limitées de la machine.

En plus d'apporter les données du jeu, elles pourront fournir de la mémoire supplémentaire, la possibilité d'adresser un espace mémoire plus grand via le bank switching, etc. En fait, à vide, la console est en quelque sorte incomplète. C'est le couple quelle forme avec la cartouche de jeu qui constitue une machine fonctionnelle et parfois unique. Ce sera encore vrai avec la Super Nintendo. Par exemple, une console exécutant « Star Wing » possède un microprocesseur RISC accélérateur 3D à 11 Mhz, le SuperFX. Doom bénéficie même d'une puce encore plus puissante, le Super FX 2. Ce n'est absolument pas le cas d'une console exécutant Super Mario World, qui fonctionne avec le processeur 16 bits 65C816 d'origine.

En figure 21, on donne une cartographie plus détaillée de l'espace d'adressage du CPU en spécifiant si le contenu est intégré à la console ou à la cartouche. A gauche, les adresses (en hexadécimal) de début et de fin des zones importantes.

La dernière section ne fait que 6 octets de long, mais elle est très importante, car va nous permettre d'introduire le concept d'interruption que presque tous les ordinateurs du monde, dont la NES, utilisent.

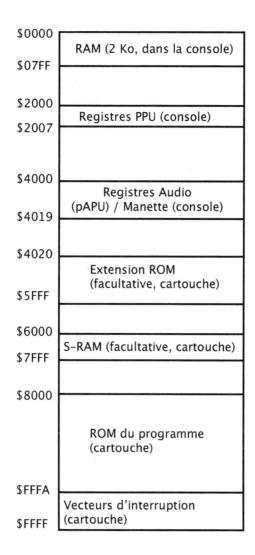

$0000	
$07FF	RAM (2 Ko, dans la console)
$2000	
$2007	Registres PPU (console)
$4000	
$4019	Registres Audio (pAPU) / Manette (console)
$4020	
$5FFF	Extension ROM (facultative, cartouche)
$6000	
$7FFF	S-RAM (facultative, cartouche)
$8000	
	ROM du programme (cartouche)
$FFFA	
$FFFF	Vecteurs d'interruption (cartouche)

Figure IV-21 : Cartographie de l'espace d'adressage du CPU

De l'art d'être interrompu

Pour illustrer le mécanisme d'interruption, prenons un exemple relatif à la console de Nintendo. Quand on programme un jeu vidéo, on doit être très attentifs à la manière dont les images s'affichent et au moment précis où elles s'affichent. En particulier, il vaut mieux éviter de déranger le PPU pendant qu'il dessine une image sur la télévision sous peine d'avoir des résultats inattendus. Vous vous souvenez sans doute qu'à chaque fois qu'une image est terminée, le canon à électrons s'éteint pendant qu'il remonte en haut de l'écran, c'est le vblank. Cela arrive 60 fois par seconde et c'est une période idéale pour mettre à jour les graphismes du jeu sans danger. Détecter le vblank est donc une nécessité pour un jeu vidéo.

Il y a globalement deux manières de traiter ce problème. La première est simplement de vérifier constamment si le vblank est en train d'avoir lieu ou pas. Dans ce cas, si le processeur veut être précis, il va devoir faire des vérifications très fréquentes et il va y passer beaucoup de temps. Un temps qu'il aurait peut-être mieux utilisé ailleurs. Il peut être compliqué d'arbitrer entre la précision de la détection et le temps machine à y investir.

L'idéal serait sans doute de pouvoir vaquer à ses occupations tranquillement et d'être prévenu lorsque l'évènement se produit. C'est possible, mais cela nécessite du câblage supplémentaire. Par exemple, le CPU 6507 de l'Atari VCS était dépourvu des connexions nécessaires. Le composant à l'origine de l'évènement va envoyer un signal électrique directement sur une patte du microprocesseur, c'est une « requête d'interruption ». Lorsque cela se produit, le CPU sait quoi faire. Il interrompt le programme en cours et va aller lire une adresse spécifique, fixée pour un type de processeur donné. À cette adresse se trouve... une autre adresse. C'est à cette dernière que le processeur va aller exécuter le morceau de programme qui convient au type d'évènement qui s'est produit.

Sur une NES, il existe trois types d'interruptions différentes, qui correspondent à trois pattes spécifiques sur la puce : RESET, IRQ et NMI. On peut les remarquer sur le schéma de connexion du 2A03 plus haut.

- RESET est l'interruption qui est systématiquement déclenchée lors du démarrage de la console et ... d'un RESET bien sûr.

- IRQ (pour « Interruption Request ») peut être déclenchée par divers périphériques (le pAPU, les MMC, etc.), elles peuvent être désactivées.
- NMI signifie « Non Maskable Interrupt ». C'est un type d'interruption analogue à une IRQ mais qui ne peut être désactivée.

Par exemple, pour la NES, les octets aux adresses $FFFC et $FFFD constituent l'adresse (une adresse fait toujours 16 bits) du programme à exécuter en cas d'interruption RESET. Ce type de double référence est appelé un « vecteur », les familiers du langage C connaissent sans doute bien cette notion.

En l'occurrence, $FFFC est donc le vecteur de l'interruption RESET. Concrètement, les octets en $FFFC et $FFFD contiennent tout simplement l'adresse du début du programme principal, qu'on exécute au démarrage. Sur une NES ce sera $8000 comme on peut le voir sur la « carte mémoire » plus haut.

L'adresse $FFFA est le vecteur de la NMI. Sur la console de Nintendo, la NMI est activée par le processeur graphique, le PPU, lors du vblank. Ainsi, le programmeur peut demander à être prévenu quand le vblank se produit. Le vecteur va alors contenir l'adresse de la routine à exécuter lors d'un changement d'image. Elle va par exemple modifier la position des sprites en mettant à jour la SPR – RAM, etc.

Néanmoins, l'utilisation de ce mécanisme n'est pas obligatoire. Le programmeur peut demander au PPU de ne pas activer de NMI et de signaler le vblank en modifiant un simple bit d'un de ses registres. Il sera alors complètement responsable du bon timing de son logiciel.

Espace d'adressage du PPU

L'espace d'adressage du PPU fait aussi 64 Ko, dont 16 Ko « utile », qui doivent contenir tout ce qui concerne les éléments graphiques. On a vu que cela constitue un ensemble de données assez variées :

- Deux banques de 256 motifs de 8 x 8 pixels (CHR–ROM).

- Les deux palettes pour les sprites et le décor.
- Jusqu'à 4 tables de nommages de 32 x 30 motifs pour dessiner le décor.
- Les 4 tables d'attributs qui accompagnent les tables de nommages.

En outre, l'espace mémoire supplémentaire de 256 octets qui constitue la « SPR – RAM » est séparé de la mémoire vidéo principale.

Une fois encore, certains de ces éléments peuvent être intégrés à la console, comme la mémoire contenant les palettes, les attributs des sprites ou les deux premières tables des noms. Ou bien apportés par les cartouches, comme les banques de motifs, la mémoire pour les tables de nommages supplémentaires, etc. Connaître l'organisation de la « mémoire vidéo » (ou V–RAM) dans son ensemble est indispensable pour le programmeur. Il va devoir y expédier beaucoup de données : organisation du niveau, positions des sprites, etc. Cf. la figure 22 pour une cartographie de la mémoire vidéo.

Les banques de motifs sont apportées par la ROM de la cartouche et « apparaissent » donc spontanément à l'allumage de la console. Pour les espaces de la V–RAM qui doivent être modifiés, par exemple une table des noms, c'est un peu plus compliqué, on procède comme suit.

Le programmeur doit utiliser deux registres du PPU auxquels il accède via les adresses $2006 et $2007 de l'espace d'adressage du CPU. Il doit d'abord écrire en $2006 l'adresse de la V–RAM à laquelle il veut accéder. Il doit le faire en deux fois puisque l'adresse est en 16 bits alors que le registre n'en fait que 8. Par exemple, ce pourrait être l'adresse $2000 de la table des noms 0 (dans l'espace mémoire du PPU). Une fois l'adresse fournie, on fait une boucle qui écrit chacun des 960 octets décrivant l'écran de jeu dans le registre à l'adresse $2007 (de l'espace mémoire du CPU). Le PPU incrémente tout seul l'adresse qui lui a été donnée au départ (ici $2000).

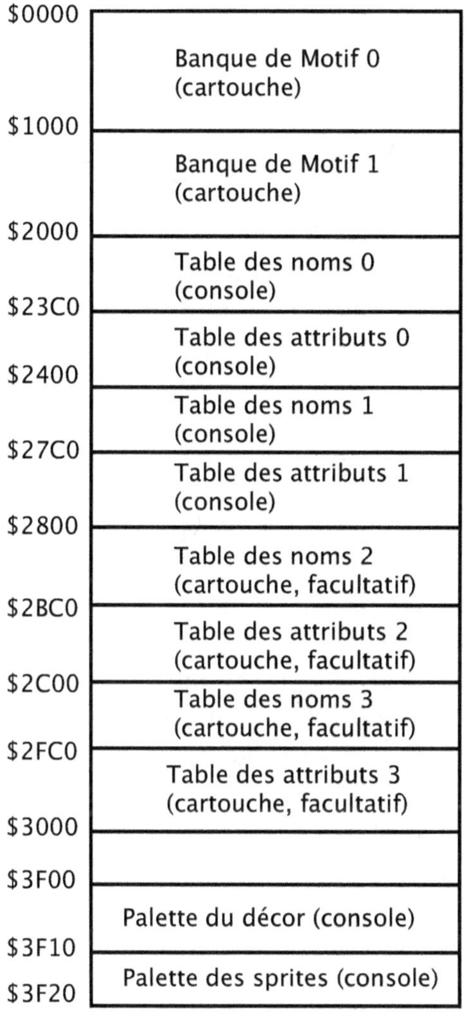

$0000	Banque de Motif 0 (cartouche)
$1000	Banque de Motif 1 (cartouche)
$2000	Table des noms 0 (console)
$23C0	Table des attributs 0 (console)
$2400	Table des noms 1 (console)
$27C0	Table des attributs 1 (console)
$2800	Table des noms 2 (cartouche, facultatif)
$2BC0	Table des attributs 2 (cartouche, facultatif)
$2C00	Table des noms 3 (cartouche, facultatif)
$2FC0	Table des attributs 3 (cartouche, facultatif)
$3000	
$3F00	
$3F10	Palette du décor (console)
$3F20	Palette des sprites (console)

Figure IV-22 : Cartographie de la mémoire vidéo (du PPU)

L'écriture des palettes et des tables d'attributs se fait exactement de la même manière. On donne au départ l'adresse adaptée ($3F00 pour les palettes, etc.) dans le registre $2006 puis on écrit le nombre d'octets requis dans le bon ordre.

Initialiser un écran de jeu prend donc un certain temps : il faut faire transiter au minimum 32 + 960 + 64 octets de la RAM au CPU puis du CPU à la V-RAM. C'est assez inefficace (dans les 20 000 cycles pour un seul écran) mais heureusement, ça ne doit être fait à priori qu'une fois au début d'un niveau.

Fonction DMA

Le problème devient critique quand il s'agit de données qui doivent être mise à jour à chaque image, 60 fois par seconde. C'est le cas des données relatives aux sprites. Le CPU doit tenir à jour leurs informations dans sa propre mémoire, afin de gérer tout le petit monde du jeu : détecter les collisions, faire agir la physique, etc. Ainsi, à chaque image, le CPU doit potentiellement copier 256 octets de sa propre mémoire dans la SPR – RAM du PPU.

Il peut parfaitement le faire octet par octet, comme précédemment, en utilisant les registres $2003 et $2004. Ça peut être utile si on ne souhaite modifier qu'une poignée de sprites par exemple. Mais avec beaucoup de monde à l'écran, le temps perdu avec cette méthode devient gênant. C'est pour cette raison que les concepteurs ont séparé la SPR – RAM du reste de la mémoire vidéo. Le CPU peut alors utiliser une fonctionnalité spécifique, s'apparentant à un canal « DMA », qui lui permet d'accélérer les choses.

L'acronyme DMA signifie « Direct Memory Access » ou « accès direct à la mémoire ». Avec cette fonction, le processeur n'a pas besoin de prendre en charge la totalité du transfert. Il n'a qu'à l'initialiser et il se fait tout seul, d'où une économie de temps machine et potentiellement de bande passante.

Pour la NES, ce « DMA » est très limité puisqu'il se destine uniquement aux données des sprites. En plus, le CPU se bloque pendant la durée de la communication. Heureusement, ce temps mort est beaucoup plus court qu'un transfert octet par octet. Au final, le temps gagné chaque seconde peut être significatif.

L'intérieur d'une cartouche

A l'intérieur d'une cartouche, les banques de motifs et la ROM du programme sont séparées en deux circuits intégrés. Si on observe l'intérieur d'un jeu typique des débuts de la NES, comme *Super Mario Bros* (1985) ci-dessous, on constate principalement la présence de trois puces.

Figure IV-23 : Intérieur de la cartouche de *Super Mario Bros*

Les deux plus grosses portent les mentions « PRG » et « CHR ». La puce PRG – ROM contient ainsi le code du programme et est directement connectée au CPU. La banque de motifs dans la puce CHR – ROM est quant à elle connectée au PPU. En l'occurrence, *Super Mario Bros* ne comporte que 8 Ko de données graphiques et 32 Ko de code. Il ne nécessite ainsi aucune puce MMC additionnelle, se contentant d'exploiter pleinement les capacités initiales de la console.

La troisième puce, plus petite, est là pour interagir avec la célèbre puce NES-10 et assurer l'authenticité du jeu. C'est une protection contre le piratage. Nintendo a toujours souhaité contrôler très étroitement les logiciels publiés sur sa machine. Sa pire crainte étant de se retrouver rapidement dans la même position qu'Atari dont la machine était pour ainsi dire ouverte. Ce dernier avait pâti de la présence de nombreuses cartouches de qualité douteuse à son « catalogue ». Nintendo, à l'inverse, avait initialement décidé de développer tous ses logiciels en interne. Une posture intenable devant l'engouement suscité par la console. Après un premier cercle très restreint de six éditeurs (Konami, Namco, Taito, Jaleco, Hudson et Capcom) soumis à certaines restrictions, le « Nintendo Seal of

Quality » sera ouvert à tous. En tout cas, à ceux qui ont les moyens de se le payer.

La puce NES-10 est aussi responsable du zonage de la machine. C'est à cause d'elle que les cartouches américaines ne s'exécutent pas sur les machines européennes dont les connecteurs sont pourtant compatibles. Pour les Famicom la question ne se pose pas, les cartouches n'ont pas les mêmes nombres de connexions.

Une cartouche NES possède 72 connexions : 30 pour la ROM graphique, 30 pour la ROM de programme et 12 pour la puce de verrouillage. Cette dualité CHR-ROM / PRG - ROM est systématique, mais il existe des variations. Par exemple en remplaçant la CHR - ROM par 8 Ko de RAM. Dans ce cas, la console les remplit avec les données qu'elle souhaite. Tout est alors stocké dans la puce de PRG-ROM.

Diagramme de la NES

Pour résumer, on donne en figure 24 un schéma simplifié de l'architecture de la NES / Famicom. Comme dans le schéma du VCS 2600, les flèches représentent les flux de données entre les divers composants représentés en bleu. La télévision sert de périphérique de sortie audio et vidéo. Un composant analogique mixe ces signaux et les adapte à des standards différents selon la machine ou le pays : RF, composite, etc. Ces détails sont omis.

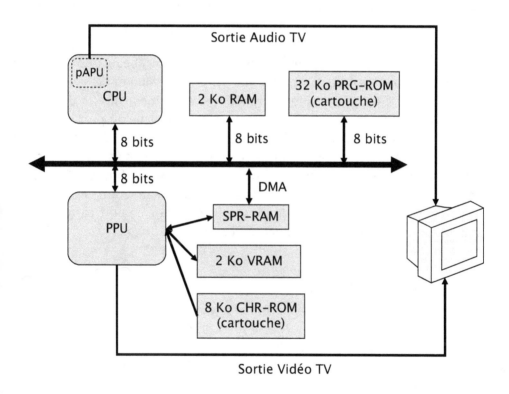

Figure IV-24 : Diagramme synthétique de la NES

Le Famicom Disk System

Le renouveau de la Famicom

Dès 1984, avec des titres comme *Xevious* par exemple, la NES est pleinement exploitée dans  ses limites initiales. Nintendo est bien conscient que la pérennité de sa console passe par une extension de ses capacités. Fabriquer des ROM de grandes tailles et des circuits intégrés permettant à la console de les exploiter reste une solution techniquement difficile et très onéreuse.

Or, il existe depuis longtemps une façon d'avoir beaucoup d'espace disponible à peu de frais. En prime elle offre la possibilité de sauvegarder ses données : c'est le stockage magnétique. Autrement dit : la disquette. Nintendo proposera dès 1986 un lecteur qui se branche au port cartouche et qui accepte des disques réinscriptibles 2,8 pouces. C'est ainsi que naquit le « Famicom Disk System », qui ne sortira jamais en dehors du Japon et qui reste un peu méconnu en occident. Sur la figure 25 on peut voir le lecteur de disquette rouge sous la console Famicom. On distingue également très bien l'interface noire s'enfichant dans le port cartouche de la console. Le lecteur pouvait fonctionner sur piles.

Des jeux célèbres

C'est sur ce support que les premiers jeux Famicom à permettre une sauvegarde vont voir le jour : *The Legend of Zelda*, *Castlevania*, *Kid Icarus* et *Metroid*. Le Famicom Disk System possède 32 + 8 Ko de RAM, afin d'émuler les deux puces ROM d'une cartouche standard. Ils peuvent être remplis à loisir avec des données issues de la disquette. Cette dernière peut offrir jusqu'à 112 Ko de stockage, soit presque trois fois la taille maximale d'un jeu sur cartouche.

Figure IV-25 : Le lecteur Famicom Disk System sous une console Famicom

Le périphérique intègre aussi un BIOS (« Basic Input Output System »). C'est un mini-système d'exploitation, intégré dans la ROM du périphérique, qui se lance à l'allumage de la console. Il affiche un écran d'accueil (figure 26) et attend que le joueur insère une disquette de jeu. Il charge alors le programme dans les 32 Ko de RAM, puis lui passe le relai. Ce dernier a tout loisir de charger le reste des données dont il a besoin, par exemple de garnir les 8 Ko de RAM qui jouent le rôle des 8 Ko de CHR-ROM avec les motifs graphiques. Sur la disquette, les données se présentent sous forme de fichiers, comme sur un ordinateur personnel. Le BIOS apparaît au processeur à des zones d'adresses d'ordinaire inutilisées, à partir de $E000. Il fait 8 ko et ne se contente pas du lancement initial du jeu, il offre aussi une large bibliothèque de fonctions. Ainsi, il reste accessible, même après qu'il ait passé le relai au programme principal. Des douzaines de sous-routines sont là pour faciliter la vie aux programmeurs Disk System. Beaucoup sont destinées à la gestion des fichiers sur la disquette, mais on trouve aussi des fonctions d'usage courant. Remplissage de zones mémoire, générateur de nombres aléatoires, transfert de données entre CPU et PPU, polices de caractères, etc.

Figure IV-26 : L'écran de démarrage du FDS.

Figure IV-27 : Disquettes Famicom Disk System

Un microcontrôleur (le 2C33) s'occupe de piloter le moteur et la tête de lecture. Il est aussi capable d'étendre les capacités sonores de la console. Les connaisseurs savent bien que la musique de *The Legend of Zelda* est légèrement différente, voire un peu meilleure, dans sa version Disk System que dans sa version cartouche.

Le périphérique eut un succès retentissant durant sa courte vie, malgré une grande lenteur de chargement. Car en plus de proposer des jeux plus complexes, plus longs et de dispenser les joueurs de noter des mots de passe improbables, les disquettes Famicom Disk System (en figure 27) étaient réutilisables. Une fois lassé du jeu que contient votre disquette, il suffit de l'amener dans une boutique proposant une borne « Disk Writer » pour le remplacer par un autre titre. Tout cela pour une fraction du prix neuf. Les prémisses du jeu dématérialisé en somme.

Si les consommateurs plébiscitèrent le Disk Writer, les éditeurs firent grise mine, car les prix pratiqués par Nintendo diminuaient drastiquement leurs marges. Finalement, les prix en constante baisse des circuits intégrés, la désaffection des éditeurs et des problèmes de piratages marginalisèrent le Famicom Disk System, qui ne s'exportera finalement jamais. Officiellement toutefois, le produit fut suivi jusqu'en 2003, même si peu de jeux sortiront sur ce format après 1989.

Super Mario Bros

Revenons en 1985. Pour Nintendo, la console Famicom « de base » est pour ainsi dire en fin de vie, l'avenir appartenant au Disk System. Un jeu fait alors figure de « chant du cygne » de la Famicom. C'est *Super Mario Bros*, conçu par Shigeru Miyamoto et Takashi Tezuka. Ce jeu, qui connaitra un certain succès, exploite très bien les capacités nominales de la console. Il constitue une bonne illustration pour récapituler ce que l'on sait du fonctionnement de la machine.

Plantons le Décor

Le jeu fait au total 40 Ko et n'utilise aucune puce additionnelle. Tous ses graphismes sont constitués par les 2 x 256 motifs illustrés en figure 28, qui occupent exactement 8 Ko. On distingue des fragments de personnages bien connus dans la banque de gauche, qui va contenir les sprites. La banque de droite contient les éléments du décor et on y reconnaît des fragments de tuyaux, de nuages ou d'arbres. Les motifs sont représentés en niveaux de gris, car les couleurs de chacun vont dépendre de la palette qui leur est attribuée.

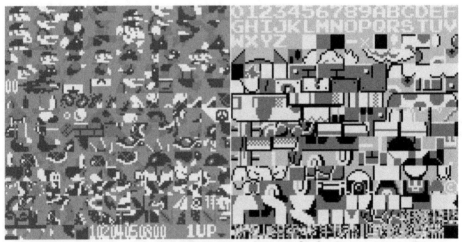

Figure IV-28 : Les deux banques de motifs de *Super Mario Bros*

D'ailleurs, afin d'optimiser la réutilisation des éléments graphiques, le jeu utilise plusieurs palettes selon les niveaux. La figure 29 montre les palettes utilisées dans le niveau 1-1 par exemple.

Figure IV-29 : Palette du niveau 1-1 de _Super Mario Bros_

On remarque immédiatement que la couleur bleu ciel est répétée dans chaque minipalette de 4 couleurs. C'est donc la « couleur transparente ». Les 4 minipalettes du bas sont celles des sprites et les 4 du haut celles du décor. On reconnaît les teintes caractéristiques de Mario dans la première palette du bas, celle des tortues dans la deuxième, celle des goombas dans la quatrième, etc.

Le décor affiché à l'écran est constitué en remplissant ce fameux tableau de 32 x 30 cases appelé « table des noms » ou « name table ». Chaque case nécessite en fait deux informations : la référence d'un motif (dans la banque numéro 1) et deux bits pour sa palette. Ces deux derniers bits, communs à 4 cases adjacentes sont fournis par la table des attributs ou « attribute table », associée à la table des noms. La figure 30 montre le décor du premier écran du niveau 1-1 (à droite) et comment les motifs peuvent être associés à des palettes différentes.

Le système de palette est certes assez complexe, mais il possède également un avantage de taille. Si on change une seule couleur dans une palette, tous les pixels à l'écran qui portent cette couleur seront instantanément modifiés.

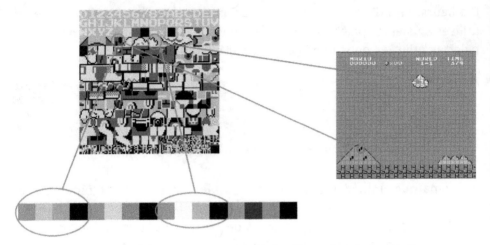

Figure IV-30 : La composition du décor du niveau 1-1

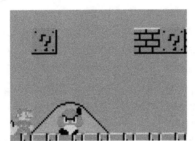

Figure IV-31 : Blocs « mystères »

Super Mario Bros utilise cet effet pour faire clignoter les blocs notés d'un point d'interrogation (cf. figure 31). Leur couleur est la seconde de la dernière palette des décors. En faisant alterner cette teinte entre trois variations de jaune et de marron, on fait clignoter toutes les « blocs mystères » à l'écran sans effort.

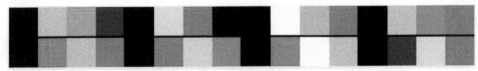

Figure IV-32 : Palette du niveau 1-2

Les palettes du niveau 1-2 (figure 32 et 33), qui est souterrain, comprennent beaucoup plus de bleu. Ce simple changement permet de donner une ambiance totalement différente tout en conservant exactement les mêmes motifs. En tout, *Super Mario Bros* comprend 4 palettes principales (niveaux en rase campagne, sous-marin, sous-terrain et châteaux) et 4 palettes alternatives (changements mineurs pour les niveaux de nuit et sous la neige).

Figure IV-33 : Le niveau 1-2

Il est aussi très courant dans les jeux de cette époque, et *Super Mario Bros* ne fait pas exception, de définir des « métamotifs ». Ce sont des éléments de décor fréquemment utilisés et composés d'un assemblage de plusieurs motifs élémentaires. Comme ce que nous percevons comme un « sprite » à l'écran (Mario, un goomba...) peut être constitué de plusieurs « sprites » matériels de 8 x 8 pixels, de nombreux éléments répétitifs du décor nécessitent aussi plusieurs motifs élémentaires. Un nuage, un buisson ou encore les blocs carrés « en carreau de chocolat » sont des métamotifs. Très prisés des designers pour créer rapidement l'architecture d'un niveau, ils sont en fait souvent indispensables. Ils permettent d'économiser une place considérable en ROM.

Prenons l'exemple simple d'un métamotif de 2 x 2 motifs, ce qui nous fait une taille effective de 16 x 16 pixels. En théorie, on peut avoir un nombre énorme de métamotifs différents. Si chacun des quatre motifs qui le constituent peut être librement choisi parmi 256 possibilités, c'est plus de 4 milliards de métamotifs différents qui sont possibles. Or, en pratique, on en a largement moins : morceaux de mur, buissons, nuages, blocs, etc. Même si on suppose qu'on a jusqu'à 256 métamotifs différents dans tout le jeu, un octet suffit à les référencer tous. Un seul octet au lieu des quatre qui sont à priori nécessaires. Cette méthode nous permet donc de diviser par 4 l'espace mémoire nécessaire pour stocker nos niveaux.

Spectaculaire ? Peut-être, mais est-ce suffisant pour *Super Mario Bros* ? Faisons un calcul rapide. Le jeu comporte 8 x 4 niveaux d'une douzaine d'écrans chacun, en moyenne. Chaque écran nécessite, à priori, de remplir les 960 cases d'une « name table » et pèse donc 1 Ko, palette comprise. Ainsi, rien que la description des niveaux occuperait 384 Ko de PRG-ROM !

Or, *Super Mario Bros* ne dispose que de 32 Ko de PRG-ROM, laquelle doit contenir en plus le programme lui-même et les musiques. Au total, on sera content si on dispose de 16 Ko pour stocker les niveaux. La problématique de la compression des données s'impose alors d'elle-même. Et c'est un problème de taille, car nous devons faire rentrer 384 Ko dans notre ROM qui n'en fait que 16. Mais comment compresser les données suffisamment pour atteindre ce facteur 24 ? Si on regarde attentivement la totalité d'un niveau de Super Mario Bros, comme le niveau 1-3 en figure 34, on remarque deux choses : il y a beaucoup de bleu et de grandes surfaces de motifs qui se répètent.

Figure IV-34 : Le niveau 1-3 en totalité

La première mesure à prendre est de définir une couleur pour le fond (ici, bleue ou noire) sur laquelle on va dessiner et qui ne nécessitera plus de données additionnelles. La couleur de fond prenant environ la moitié de la surface-écran en moyenne, nous n'avons plus qu'un facteur 12 à atteindre. Pour ce faire, *Super Mario Bros* utilise une centaine de métamotifs de tailles variables, organisés de manière hiérarchique. Un nuage à l'arrière-plan peut faire 8 x 6 motifs, comme un arbre avec sa barrière. Certains métamotifs ne font que 3 motifs de haut et certains détails du premier plan (mur, sol) peuvent en faire 7 de long.

Toujours en moyenne, on s'attend à ce que les métamotifs de *Super Mario* fassent 12 motifs, ce que donnerait par exemple un arrangement en un rectangle de 4 x 3. Ces calculs ne prétendent pas être précis, ils sont là pour donner des ordres de grandeur et pour montrer à quel point les développeurs doivent être vigilants et économes.

Le recours à la compression de données n'est pas rare et les techniques employées varient d'un jeu à l'autre. Celle des métamotifs est conceptuellement proche des techniques à dictionnaire, à la « Lempel-Ziv-Welch ». La méthode RLE (Run Length Encoding) est aussi très courante. Son principe est simplement d'éviter les longues répétitions d'un même caractère. Dans tous les cas, la « décompression » doit être rapide et suffisamment simple pour un petit processeur 8 bits, ce qui limite les options. Une décompression audio digitale efficace, par exemple, est hors de sa portée. De fait, les jeux Famicom utilisant des échantillons de voix ou d'instruments de musique sont très rares.

Les Sprites

Pratiquement tous les personnages du jeu sont représentés par plusieurs « sprites ». Petit Mario est constitué de 4 motifs 8 x 8, comme un goomba. Grand Mario en consomme 8 à lui tout seul (ci-contre). La console peut suivre jusqu'à 64 sprites simultanément. Mais ça n'est pas énorme si on considère que cela ne représente que 16 goombas ou seulement 8 grands Mario, par exemple. Chaque sprite (de 8 x 8 pixels) est complètement caractérisé par 4 octets : numéro du motif, position X, position Y et propriétés d'affichage. Animer grand Mario revient donc à mettre à jour 32 octets à chaque image. Les 16 octets de positions

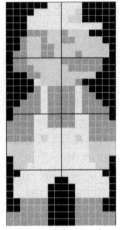

seront communs pour assurer la cohésion du personnage, mais les références des motifs devront changer suivant le cycle d'animation. On rappelle que les attributs des sprites sont en SPR-RAM.

Avant de dessiner chaque scanline, le PPU détermine quels sprites y seront visibles. Il n'a pas assez de mémoire interne pour plus de 8 sprites par ligne. Au-delà, ils seront ignorés. C'est la source des clignotements que l'on remarque fréquemment dans les jeux NES. Dans *Super Mario Bros*, on n'en retrouve pas plus tard qu'à la fin du niveau 1-1 dans la scène illustré en figure 35. Elle a été reproduite sur un émulateur capable d'excéder la limite des huit sprites. Petit Mario, comme les goombas font deux sprites de large. Donc sur la ligne matérialisée en rouge, par exemple, le PPU devrait afficher 10 sprites. Sur une machine réelle, on aurait ainsi droit à un effet de scintillement.

En fait, la limite des 8 sprites par ligne devrait simplement avoir pour effet de ne pas du tout afficher le dernier Goomba. Un ennemi invisible, voilà qui serait catastrophique. Pour éviter cela et afficher plus d'ennemis au prix de l'effet de scintillement, beaucoup de jeux NES utilisent un algorithme qui change continuellement l'ordre des sprites dans la table des attributs. Ainsi, le dernier goomba sur l'écran n'est pas forcément le dernier de la liste en mémoire et ne sera donc pas forcément le « goomba de trop » pour le PPU. À chaque image, la console omettra un goomba différent, ce qui aura pour effet de les faire tous scintiller.

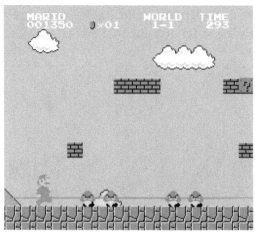

Figure IV-35 : Le nombre limite de sprites est rapidement atteint

Le Scrolling

À l'époque, *Super Mario Bros* est un des premiers jeux à utiliser un scrolling. Le décor défile horizontalement et toujours dans le même sens, de gauche à droite. L'implémentation d'un scrolling horizontal ou vertical est facilitée par la NES. On sait que la machine supporte jusqu'à 4 tables de noms et qu'elle intègre la mémoire nécessaire pour en conserver deux. Cela signifie en clair qu'on peut avoir en mémoire un décor plus grand que celui affiché à l'écran, réparti sur deux tables de noms. La console supporte deux représentations différentes pour ses deux tables de noms : horizontale et verticale. Dans le premier cas les tables seront traitées comme si elles étaient juxtaposées l'un à côté de l'autre formant un écran « virtuel » de 512 x 240 pixels. Dans l'autre, les tables seront considérées comme étant l'une au dessus de l'autre et formant un écran virtuel de 256 x 480 pixels. Effectuer un scrolling dans une direction reviendra alors à faire coulisser une « fenêtre » sur cet écran virtuel, qui correspondra à la partie visible sur l'écran. Le PPU possède un registre spécifique pour le scrolling situé à l'adresse $2005. On doit y écrire deux octets successivement, le premier spécifie le décalage en x (cf. figure 36) et le second le décalage en y de la fenêtre.

Si le décalage en x est égal à 255 alors la totalité de la deuxième table sera visible. Toute incrémentation supplémentaire de x le fera revenir à 0 et la console affichera tout le contenu de la première table. Il faut donc veiller à constamment mettre à jour les tables de noms aux bons endroits, que ce soit en avant de la fenêtre ou en arrière.

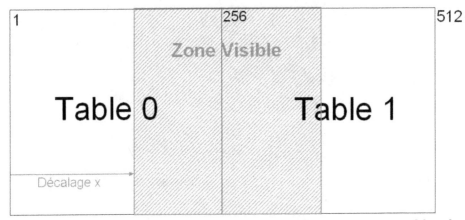

Figure IV-36 : Glissement de la fenêtre de scrolling entre deux tables des noms

Prenons un exemple avec l'écran de départ du niveau 1-1. La figure 37 représente les deux tables de noms arrangées horizontalement. Initialement, seule la table 0 (délimitée par la ligne rouge) est visible. On remarque que le décor se poursuit dans la table 1 mais n'est pas achevé. Il sera complété au fur et à mesure.

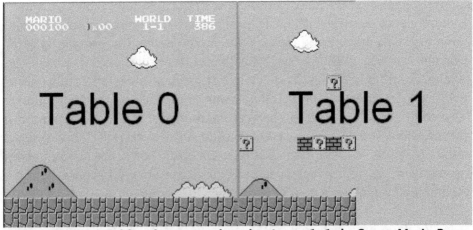

Figure IV-37 : Tables des noms dans le niveau 1-1 de *Super Mario Bros*

Quand Mario se déplace vers la droite, la fenêtre le suit et les motifs manquants sont complétés colonne par colonne. Quand la table 1 est pleine (comme dans la figure 38), c'est la table 0 qui va devoir être mise à jour.

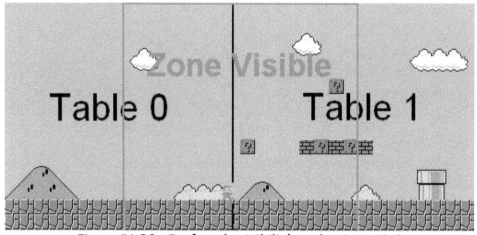

Figure IV-38 : Fenêtre de visibilité sur le niveau 1-1

Quand la fenêtre arrive en bout de course, à la limite de la table 1, la table 0 doit contenir la totalité du prochain écran (figure 39). Mais un problème se pose alors. Comme on l'a mentionné plus haut, si on incrémente un décalage qui est déjà à 255 il va tout simplement repasser à zéro. Donc le contenu de l'écran va passer brutalement de celui de la table 1 à celui de la table 0.

Cette discontinuité dans le scrolling est inacceptable, il va falloir avoir recours à une astuce. La NES permet de changer à la volée les références des tables de noms en passant par le registre $2000. En mémoire, rien ne change, mais le premier bloc de 960 octets peut être appelé table 0 ou table 1 selon le bon vouloir du programmeur.

Figure IV-39 : Fenêtre de visibilité en butée

L'astuce consiste alors à échanger les références des deux tables 0 et 1 au moment exact où le décalage excède 255 et repasse à 0. Ce faisant, la table 1 va devenir la table 0, qui sera donc dans la fenêtre de visibilité. La table 0, qui contient le prochain écran devient la table 1 vers laquelle la fenêtre pourra se remettre à avancer. Le schéma en figure 40 illustre le processus.

Il est notable que toutes ces considérations à propos du scrolling ne concernent absolument pas les sprites. Leurs mouvements sont complètement indépendants. Ainsi, il faudra penser à ajuster constamment leurs vitesses de déplacement pour compenser celle du défilement de l'écran.

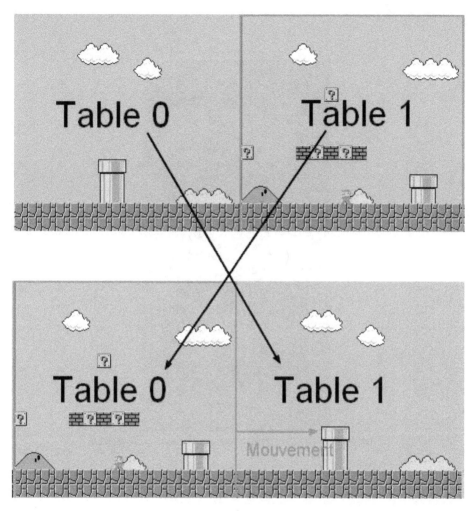

Figure IV-40 : Echange des références des tables des noms

Le scrolling vertical

Implémenter un scrolling vertical se fait de manière similaire, en demandant à la console de considérer que les deux tables de noms sont « l'une au dessus de l'autre ». On dispose alors d'un espace virtuel de 256 x 480 pixels sur lequel on fait glisser « verticalement » notre fenêtre de visibilité. Le fameux *Kid Icarus*, (figure 41), sorti en 1986 sur Famicom Disk System, est un exemple de jeu utilisant uniquement le scrolling vertical. Il est unidirectionnel, on ne peut pas descendre et Pit meurt s'il tombe.

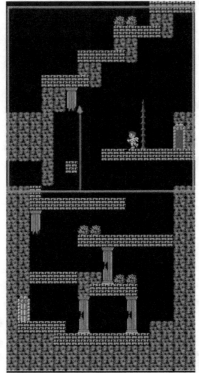

Figure IV-41 : Scrolling vertical dans *Kid Icarus*

Il possède aussi la propriété étonnante au premier abord, de « boucler horizontalement », comme si le jeu se passait sur un cylindre. Si Pit disparaît à gauche de l'écran, il réapparaît à droite, une particularité qui fait partie intégrante du level design du jeu.

On retrouve cette particularité dans un autre jeu qui utilise le scrolling vertical : *Super Mario Bros 2*. Ce dernier utilise en fait les deux types de scrolling, mais séparément, il n'y a pas de défilement possible en diagonale.

Quand je mentionne *Super Mario Bros 2*, je sous-entends qu'il s'agit de celui que les Européens et les américains connaissent comme tel et pas du

« vrai » *Super Mario Bros 2*. Ce dernier étant sorti uniquement au Japon sur le Famicom Disk System en 1986 (figure 42).

Il s'agit d'une histoire bien connue, mais rappelons que la suite officielle de *Super Mario Bros* utilisait exactement le même moteur que le premier épisode et en reprenait la plupart des éléments graphiques. Le jeu n'offre que peu de nouveautés, mais l'agencement des niveaux et le nombre d'ennemis le rend particulièrement difficile.

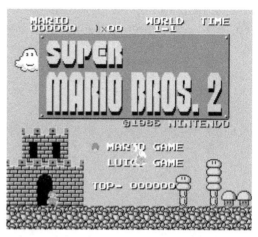

Figure IV-42 : Le "vrai *Super Mario Bros 2*

Lorsqu'il fut question de l'exporter, Nintendo of America jugea (à raison ?) le challenge trop corsé pour le public occidental. La popularité de Mario et celle de Nintendo étant fortement liées, un jeu frustrant les joueurs aurait pu avoir de fâcheuses répercussions, aussi bien pour les ventes du titre qu'en termes d'image pour la marque. Il fallait néanmoins trouver un jeu pour remplacer *Super Mario Bros 2* sur le sol américain. Or, Shigeru Miyamoto travaillait en 1987 sur une commande de Fuji TV : *Doki doki panic*.

Le contexte économique du Japon dans les années 80 est florissant et il le restera jusqu'au début des années 90. C'est un âge d'or pour les entreprises japonaises et d'immenses salons, aux allures de parcs d'attractions, sont organisés à travers le pays. Ces évènements médiatiques majeurs sont retransmis par toutes les chaines de télévision et en particulier Fuji TV. C'est ainsi qu'à l'été 1987 va se tenir le « Communication Carnival : Yume Kojo » à Tokyo et Osaka. « Yume Kojo » signifie « Usine à rêve » et l'appellation « Carnival » trahit une volonté cosmopolite qui se retrouve dans le décorum du salon. Ses mascottes forment une famille de petits personnages à l'esthétique indienne et moyenne orientale.

Cette immense manifestation, qui va durer deux mois et qui regroupe entre autres : Sega, Pioneer, NTT, etc., aura droit à une promotion énorme et multimédia. Des groupes de pop seront formés en prévision de l'évènement et Fuji TV passe même commande auprès de Nintendo d'un jeu vidéo promotionnel qui mettrait en scène les 4 mascottes du salon.

Figure IV-43 : *Doki Doki Panic*

C'est ainsi que nait *Yume Kojo : Doki Doki Panic* avec les personnages de Papa, Mama, Imajin (le fils) et Linda (la sœur). Ensemble, ils vont aller secourir deux petites filles prisonnières d'un livre magique (figure 43). Rien à voir avec *Super Mario* ? Absolument rien. Mais c'est tout de même un jeu de plateforme original et de qualité, dans lequel Shigeru Miyamoto a été fortement impliqué, plus même que dans *Super Mario Bros 2*. Alors c'est décidé, le temps de changer les sprites et voilà qu'en 1988 sort *Super Mario Bros 2* aux États-Unis et au Canada. En figure 44, *Doki Doki Panic* est à droite et *Super Mario Bros 2* à gauche. Originellement, *Doki Doki Panic* est sorti sur le Famicom Disk System, mais *Super Mario Bros 2* doit être converti au format cartouche. Il devra utiliser une puce supplémentaire de gestion mémoire (le MMC3) car il ne fait pas moins de 256 Ko. Finalement, il aura un tel succès dans les pays occidentaux qu'il ressortira au Japon sous le titre *Super Mario USA* en 1992.

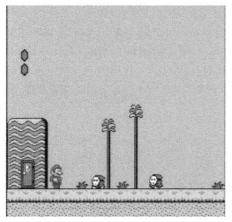

Figure IV-44 : *Super Mario USA* et *Doki Doki Panic*

Scrolling Multidirectionnel

Par rapport aux consoles antérieures, la prise en charge par la NES du scrolling horizontal et vertical est un immense progrès. Néanmoins, faire défiler l'écran en diagonale reste délicat.

Des jeux comme *Gauntlet II* et *Super Mario Bros 3* le permettront pourtant, mais avec une aide extérieure. *Gauntlet*, par exemple, utilise de la mémoire supplémentaire incluse dans la cartouche pour pouvoir se servir de quatre tables de noms. Il dispose ainsi d'un espace virtuel de 512 x 480 pixels sur lequel il peut librement déplacer sa « caméra » (cf. figure 45). Cette taille de quatre écrans constitue aussi une taille limite pour les niveaux du jeu. Dans *Super Mario Bros 3*, le

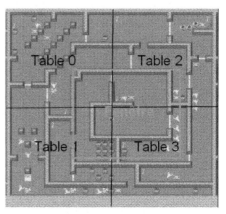

Figure IV-45 : *Gauntlet 2*

scrolling vertical est limité à deux écrans alors que le scrolling horizontal est illimité. D'ailleurs, on note l'apparition d'une mince bande d'artefacts graphiques à l'extrémité gauche ou droite de l'écran dans la direction du scrolling. Cet effet désagréable vient du fait que *Super Mario Bros 3* n'utilise que deux tables de noms (bien qu'il dispose aussi du MMC3) et qu'il a choisi de les empiler verticalement. Le scrolling vertical ne présente ainsi pas d'artefact. Lors du scrolling horizontal, vers la droite par exemple, des bandes de motifs doivent être perpétuellement misent à jour à l'extrémité droite de l'écran. L'espèce de « clignotement » des couleurs sur cette bande vient principalement de la mise à jour tardive de leurs palettes.

La nécessité d'un bon timing

Les manipulations concernant la mise à jour des registres de scrolling et celles des tables de noms doivent impérativement se faire entièrement durant le vblank, quand le canon à électrons ne dessine pas sur l'écran. C'est une règle générale du développement sur NES comme sur toutes les consoles de jeux. Les opérations de type « logiques », c'est-à-dire la mise à jour de l'état du jeu, doivent être séparées des opérations de dessins proprement dites. Le temps de vblank pendant lequel on peut communiquer avec le PPU sans risquer de bug graphique nous est compté. Il dure entre 4000 et 5000 cycles CPU seulement. C'est la raison d'être de la fonctionnalité DMA que l'on a détaillée plus haut. Les sprites changent typiquement de position et d'étape d'animation en permanence. Il va donc falloir potentiellement rafraichir la SPR-RAM à chaque image. Comme toute intervention sur le contenu de la mémoire vidéo, cela doit être fait pendant le court temps de vblank. Sans le gain de temps procuré par le DMA, la cadence est quasiment intenable.

D'ailleurs, si la durée du vblank suffit pour bouger les sprites et mettre à jour une colonne (ou une ligne) de motif en vue d'un scrolling, ce n'est souvent pas le cas pour un écran complet. C'est pourquoi on a souvent droit à des écrans noirs lors des transitions entre niveaux ou bien intérieurs / extérieurs.

Aussi, *Super Mario Bros* fait-il bon usage de la NMI de la NES. La NMI est une requête d'interruption qui est envoyée par le PPU au début du vblank. Lorsqu'elle se produit, le cours du programme est interrompu et une sous-routine se lance automatiquement. Son adresse est désignée par le programmeur. C'est là que va se trouver le code mettant à jour la mémoire vidéo en vue d'afficher l'image suivante. La NMI est extrêmement importante, car elle est le seul repère temporel absolument fiable dont dispose le programmeur. Il en existe pourtant un autre, un peu moins pratique il permet néanmoins de savoir avec précision à quel moment le pinceau d'électrons arrive à une position donnée, c'est l'astuce du sprite 0.

Et le score ?

Par souci de clarté, on les a retirés des illustrations ci-dessus. Néanmoins, les joueurs savent bien qu'il existe des textes en haut de l'écran qui nous indiquent le score, le niveau, le nombre de pièces empochées, etc. Cette barre de texte (figure 46) est fixe, elle ne défile pas. Pourtant, elle est bien constituée de motifs (lettres et chiffres en l'occurrence) référencés dans une table de noms, comme tous les autres éléments graphiques. Quand on fait « coulisser » la fenêtre entre les tables 0 et 1, comment se fait-il qu'elle ne bouge pas ?

Figure IV-46 : Barre de score

Le PPU réserve un petit traitement de faveur au premier sprite de sa liste, le numéro 0. Il existe un bit spécifique du registre d'état du PPU qui se met à 1 au moment précis où au moins un pixel de ce sprite recouvre un pixel du décor.

Figure IV-47 : Le Sprite zéro

Ces pixels sont sous-entendus « non transparents ». Cette particularité nous permet de détecter le moment où certaines parties de l'écran finissent de se dessiner. La technique est la suivante. On insère le sprite 0 de manière à ce qu'il signale la fin de la zone qui ne doit pas bouger. Les plus observateurs auront peut-être remarqué que la petite pièce devant le compteur dépasse très légèrement (un pixel) de la barre de texte (cf. figure 47). Il ne se voit pas, mais c'est là que se cache le sprite 0 dans *Super Mario Bros*. Une fois le sprite placé :

- On met le scrolling à 0 ainsi que le bit du sprite 0.
- On met à jour le score, le temps, etc., dans les trois premières lignes de la table 0.
- On attend que le bit du sprite 0 se mette à 1 ce qui indique que la barre de texte à fini de se dessiner.
- On attend la prochaine scanline.
- On met à jour le scrolling pour qu'il soit appliqué sur le reste de l'écran.

Bien sûr, pendant la mise à jour des tables de noms en prévision du scrolling, il faut faire attention de ne jamais écraser la barre de score. En particulier, les trois premières lignes de la table 1 ne sont jamais mises à jour, car elles sont inutiles. Cette méthode a été utilisée assez souvent aux débuts de la console, car c'est une des rares méthodes de repérage temporel fiable pendant le dessin d'une trame. Elle est tombée en désuétude quand des puces intégrées aux cartouches ont fourni de vrais compteurs de lignes.

Le Son

Le son et la musique sont devenus extrêmement importants dans un jeu vidéo. *Super Mario Bros* est un excellent exemple de jeu possédant des musiques originales devenues des classiques. Il comporte six morceaux, tous composés par Koji Kondo. Ce dernier allait bientôt devenir une des premières stars de la musique de jeu vidéo en composant celles des épisodes de la saga *Zelda*. Presque tous le monde est aujourd'hui familier des musiques et des effets sonores de Mario. Immensément populaires et immédiatement reconnaissables, ces thèmes ne représentent finalement qu'une poignée d'octets intégrés au cœur même du programme.

Les capacités sonores de la NES se résument à 5 canaux, tous gérés par une unité intégrée au CPU que l'on appelle le pAPU (pseudo Audio Processing Unit). On dispose ainsi de :

- Deux signaux « carrés ».
- Un signal « triangle ».
- Un canal de « bruit ».
- Un canal digital.

Ce n'est pas si mal. Le canal digital est capable de reproduire des sons préenregistrés, comme de la voix par exemple. Malheureusement, la quantité de mémoire requise pour stocker les échantillons réduit énormément l'utilité de ce canal.

Le canal de bruit envoie un signal aléatoire. Les sons reproduits peuvent servir à imiter des coups de feu, des explosions ou des percussions. Accessoirement, c'est aussi une source de nombre aléatoire qui peut s'avérer bien utile. Les canaux carrés et triangles sont ainsi nommés par la forme des ondes qu'ils produisent (cf. figure 48).

Figure IV-48 : Ondes carrées et triangulaires

Des formes d'ondes différentes vont donner des tonalités différentes. L'onde triangle imite bien la flute par exemple, et l'onde carrée peut être utilisée pour une guitare.

Les ondes produites sont personnalisables en fréquences, volumes, forme (pour l'onde carrée) et durées. Comme avec le PPU, le processeur communique avec son pAPU via des adresses mémoires spécifiques correspondant à ses registres. Le pAPU offre donc une gestion des sons de très bas niveau. Si la NES offre potentiellement un mini-orchestre de 3 instruments, une percussion et même une voix, c'est au programmeur de lui faire produire les notes de musique au bon rythme et au bon moment. Et c'est un travail considérable, car la musique et les effets sonores doivent se partager ces 5 canaux. La musique doit être produite en arrière-plan et conserver le même tempo quoiqu'il arrive. Ainsi, le code sonore va lui aussi, comme le code graphique, exploiter la NMI. Le signal du vblank se déclenche avec certitude 60 fois par seconde, c'est un repère temporel fondamental pour engendrer un tempo.

En général, le code sonore est lancé après le code graphique, qui doit tenir coûte que coûte dans la durée du vblank. Le code sonore n'ayant rien à faire avec le PPU, il n'est pas important que son exécution « déborde » la durée du vblank.

Un petit chef-d'œuvre

Un autre domaine dans lequel *Super Mario Bros* est remarquable est sa physique. Mario possède une inertie, il est soumis à des effets de frictions et ses sauts sont soumis à un effet de pesanteur crédible. Les rebonds de Mario sur ses ennemis et la course des carapaces de tortues obéissent à des équations précises qui s'inspirent de l'équation du mouvement newtonien.

La vitesse de Mario est prise en compte à la fraction de pixel près. Lorsqu'il saute, il est soumis à une « impulsion » (une vitesse instantanée) qui va dépendre de son élan. A chaque rafraichissement de l'image, qui représente l'unité de temps, la valeur d'une force de gravité est ajoutée au vecteur vitesse ce qui constitue une rudimentaire « intégration du mouvement », au sens mathématique du terme.

Le jeu prend évidemment des libertés avec la mécanique newtonienne. La vitesse de chute de Mario est limitée et la gravité varie pendant le saut. Elle est plus faible quand Mario est dans la phase ascendante que quand il tombe. En outre, le joueur peut contrôler Mario pendant qu'il est en l'air ! Une entorse aux lois de la mécanique que s'est toujours refusé David Crane dans *Pitfall*, mais qui contribue certainement beaucoup au plaisir de jeux.

Tous les paramètres de cette physique sont réglés comme une montre suisse pour forger une jouabilité d'une grande robustesse, toujours saluée aujourd'hui.

Super Mario Bros est un programme complexe. Très complexe même, une version du code source obtenu par désassemblage de la ROM originale peut se trouver sur internet et constitue une incroyable mine d'informations. Le programme ainsi reconstruit ne fait pas moins de 16 000 lignes d'assembleurs ! Et s'il est vrai que cela comprend aussi la musique, la définition des métamotifs et l'agencement des niveaux, la majorité du source est faite de pur code. En résumé : un chef d'œuvre qui a posé les bases du genre plateforme pour des générations. Un succès colossal : 40 millions d'exemplaires vendus, amplement mérité.

Au-delà des limites

Le « Hard »

Le support cartouche, un handicap au début de l'existence de la console, est finalement devenu une source de flexibilité. La machine de Nintendo eut une vie longue et les circuits intégrés évoluent rapidement. Le Famicom Disk System fut le premier à avoir étendu significativement les capacités de la console. Il a eu son heure de gloire, mais avec la chute du prix des puces, il devint vite envisageable de commercialiser des

Figure IV-49 : *Kirby*

cartouches de plus de 40 Ko. Beaucoup plus même, dans nos contrées, c'est *Kirby* (figure 49) qui détient la palme du plus gros jeu NES avec 768 Ko. Restait à permettre à la machine d'y accéder alors qu'elle n'a pas été conçue pour ça.

Ainsi, tous les jeux de plus de 40 Ko (certains atteignirent le mégaoctet) utilisent un circuit de gestion mémoire. Un « mapper », ou encore un MMC pour « Memory Management Chip ». Nintendo ne fut pas le premier à proposer des cartouches avec MMC. Chaque éditeur de jeu, ou presque, en a conçu un bien à lui. Ce sont les VRC (2, 4, 6 et 7) de Konami, les Namco 106, les FME-7 de Sunsoft, les MMC (1 à 6) de Nintendo, etc. Le « etc. » se justifie pleinement ici, car il existe une bonne soixantaine de MMC différents, dont certains sont particulièrement sophistiqués. D'ailleurs, la plupart ne se contentent pas de faire du bank switching : RAM additionnelle, compteurs en tout genre, canaux son, presque tout est imaginable.

À propos du son, les capacités sonores de la NES (américaine et européenne) n'ont jamais changé. La Famicom a eu plus de chance. D'une part, le Famicom Disk System n'est jamais sorti en occident. Or la puce

2C33 qui s'occupe de piloter le lecteur de disquettes offre aussi un canal audio supplémentaire. Il est d'ailleurs assez évolué, permettant au CPU de contrôler complètement la forme de l'onde et de simuler de nombreux instruments. Sans avoir recours à l'émulation, il est assez difficile aujourd'hui de se rendre compte de la différence entre les versions cartouches et FDS des musiques de *Zelda* et *Zelda 2* par exemple.

D'autre part, la Famicom possède deux connecteurs supplémentaires, par rapport à la NES, dans son port cartouche. Ils permettent d'intégrer des puces étendant les capacités sonores de la machine au cœur même des jeux. Namco, Konami, Sunsoft et Nintendo (MMC5) ont crée de telles puces, intégrées à leurs mappers respectifs. Certaines extensions sont spectaculaires, le Namco 163 rajoute 8 canaux à la Famicom et le Konami VRC7 rajoute 6 canaux FM.

Certains mappers remplace la CHR-ROM par de la RAM. C'est le cas d'UNROM, utilisé par *Mega Man* et *Contra*. Ce mapper divise l'espace PRG-ROM en deux banques de 16 Ko dont une peut être échangé à volonté. Le programme restant dans la banque fixe, la seconde peut contenir des données graphiques qui seront chargées dans une puce de RAM remplaçant la CHR-ROM. Avoir de la RAM plutôt que de la ROM offre un autre avantage : la possibilité de modifier les motifs directement dans la banque et d'avoir ainsi facilement des portions de décor animées.

Le mapper MMC1, utilisé dans la version cartouche de *Zelda* et *Metroid*, n'offre pas de RAM mais il permet d'utiliser plusieurs banques de CHR-ROM et PRG-ROM. Il offre aussi un espace mémoire sauvegardé (S-RAM) grâce à une pile pour stocker les parties en cours.

Le MMC3 est un des mappers les plus courants depuis le début des années 1990. Il offre de bonnes capacités et reste à un prix abordable. Il est utilisé en particulier dans *Super Mario Bros 2* et 3. En plus du bank switching, il rajoute un service d'interruption supplémentaire. La patte IRQ du processeur peut désormais être utilisée pour compter le nombre de lignes dessinées à l'écran. Cela évite d'avoir recours au sprite 0 pour définir des zones de scrolling.

Le MMC5 est le plus sophistiqué et le plus cher des mappers de Nintendo. Peu de jeux y ont recours. Notamment utilisé dans *Castlevania III*, il propose 1 Ko de RAM supplémentaire, 2 canaux audio et des capacités graphiques étendues. La console peut avoir accès à 16 384 motifs différents au lieu de 256 et chacun peut avoir sa propre palette au lieu de la partager avec 3 autres motifs adjacents. Une amélioration que l'on remarque dès le premier niveau avec ses vitraux richement colorés (figure 50). Le jeu est globalement d'une richesse graphique remarquable pour la console 8 bits. Le MMC5 possède le même service d'IRQ que MMC3 et peut faire du bank switching en PRG-ROM et en CHR-ROM avec des tailles de banques personnalisables.

Figure IV-50 : *Castlevania 3*

Bref, il apporte tellement d'extensions qu'une NES exécutant *Castlevania III* est une console sensiblement différente d'une NES exécutant *Super Mario Bros*. La possibilité de faire évoluer la machine grâce à l'électronique incluse dans les cartouches de jeu est la clef de la longévité exceptionnelle des consoles Famicom et NES. Cette technique sera d'ailleurs largement réutilisée avec la Super Nintendo, allant jusqu'à permettre à la machine d'afficher des graphismes en 3D.

Accessoirement, la profusion de mappers est aussi une source de maux de tête pour les développeurs d'émulateurs qui doivent non seulement simuler le plus précisément possible l'intérieur de la console, mais aussi l'intérieur des cartouches. Il arrive qu'un MMC n'ait été utilisé que pour un seul jeu. Il faut alors parfois émuler complètement une puce spécifique pour pouvoir être compatible avec unique logiciel. La quête des 100 % de compatibilité est donc longue, c'est une tâche digne d'un moine bénédictin que de recenser tous les mappers et d'en faire la rétro-ingénierie. Merci donc à tous les valeureux programmeurs d'émulateurs sans qui il serait quasiment impossible d'écouter les musiques dopées au VRC7 de *Lagrange Point* ou celles de *Zelda 2* sur FDS...

Le Soft

Si l'aide des nouveaux composants apportés par les cartouches est appréciable, elle ne permet cependant pas toutes les folies. Or, la variété des effets employés par les très nombreux jeux NES est impressionnante. Beaucoup sont bien loin des sentiers battus et ne sont possibles que grâce à la créativité des programmeurs. L'époque où on devait compter les cycles d'horloges et être synchronisés à la ligne près avec le téléviseur n'est pas aussi révolue qu'on pourrait le croire. Les effets les plus spectaculaires : scrollings parallaxes (sur plusieurs plans), arrières plans animés, vue 3D subjective et sprites énormes ne peuvent êtres obtenus qu'avec des tours de force de programmation qui rappellent les temps héroïques de l'Atari 2600.

Rad Racer

Parmi les jeux qui paraissent infaisables, vu les capacités de la console, il y a certainement les jeux en vue subjective. Comme les jeux de courses en vue arrière ou les jeux de tir à la *Space Harrier*. Pourtant dès 1984, *F1-Race* nous prouve que c'est possible. En 1987, *3D World Runner* et *Rad Racer* nous offrent deux interprétations de *Space Harrier* et *Outrun* de fort

Figure IV-51 : *Rad Racers*

bonne facture qui se payent le luxe de supporter la 3D stéréoscopique ! Avec des lunettes bicolores appropriées, les jeux étaient censés immerger le joueur dans un environnement en relief à couper le souffle. En réalité, l'effet est un peu moins probant que cela, mais les jeux en eux-mêmes restent des perles de programmations.

Prenons *Rad Racer* par exemple (figure 51). Il s'agit d'un jeu de course développé par Square et très similaire à *Outrun* dans son principe (une course contre la montre). L'animation du jeu est très fluide et l'effet de vitesse très bien rendu. Si on regarde ce que contiennent les tables de noms (figure 52, table 0 à gauche et table 1 à droite) pendant le jeu, on peut être surpris, car ce que l'on y trouve ne correspond pas vraiment à ce qui est affiché à l'écran.

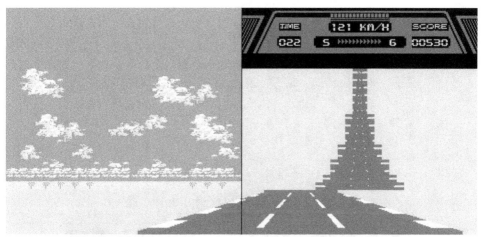

Figure IV-52 : Tables de noms 0 et 1 dans *Rad Racer*

En fait, le logiciel effectue le rendu d'une image en plusieurs étapes et modifie les registres du PPU pendant qu'il dessine à l'écran ce qui demande un timing quasi parfait. Chaque image du jeu est divisée en cinq parties (figure 53) :

- Le ciel avec ses nuages.
- L'horizon (ici la mer et les palmiers).
- La partie lointaine de la route.
- La partie proche de la route.
- Le tableau de bord.

Le ciel avec les nuages subit un scrolling multidirectionnel. Comme il est fait de dessins qui se répètent verticalement et horizontalement, on n'a jamais besoin de charger de nouveaux motifs.

L'horizon subit un scrolling horizontal séparé de celui du ciel ce qui donne un effet de parallaxe. Il faut donc modifier les registres de scrolling du PPU exactement au bon moment. Pour la partie lointaine de la route, on va faire défiler des motifs pré calculés de routes (choisis dans la partie centrale de la table numéro 1). Leurs formes seront fonction de la direction et de la vitesse de la voiture.

Figure IV-53 : Chaque bande demande un traitement différent

La partie proche de la route aura toujours la même forme, mais va subir un scrolling horizontal si la voiture tourne. Un effet de palette permet d'alterner les couleurs rouge / blanc et blanc / bitume pour simuler le défilement des bandes blanches sur la route.

Pendant ces deux dernières étapes, il faut aussi s'occuper de l'affichage des sprites : les voitures et les éventuels arbres sur le bas côté. La voiture du joueur se situe sur la route proche et sa forme dépend de sa direction.

Les autres voitures arrivant sur la route peuvent venir de loin et doivent subir un effet de zoom pour simuler la perspective. L'effet est pré-calculé ce qui demande un grand nombre de sprites.

Enfin, la partie « tableau de bord » de la table des noms numéro 1 va être mise à jour avec la vitesse, le temps, etc., et affichée en bas de l'écran. Le logiciel prend ainsi en charge le rendu de chaque image en temps réel. Une synchronisation avec le pinceau d'électron est nécessaire et un comptage scrupuleux des cycles CPU est donc de mise, un peu comme au bon vieux temps en somme...

Une console très bien exploitée

Aussi nombreuses que soient les limites de la NES, beaucoup de jeux semblent s'en moquer avec effronterie. Au point que certains titres NES des années 90 pourraient passer pour des jeux 16 bits, dignes des premiers titres Super Nintendo, Batman Return et Battletoads (figures 54 et 55) sont là pour en attester.

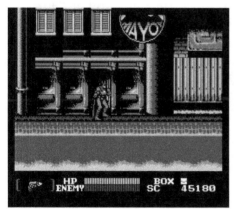 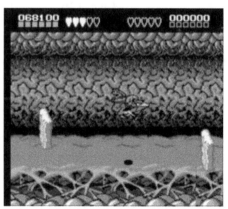

Figure IV-54 : *Batman Returns* (1993)   **Figure IV-55 :** *Battletoads* (1991)

De leurs côtés, *Gradius 2* ou *Crisis Force* semblent ne pas être au courant de la limite des 64 sprites, dont 8 sur une même ligne. Quand aux limitations sur leur taille ou la fluidité de leurs animations, il suffit de voir *Dragon's Lair*, *Moon Crystal* ou l'incroyable portage de *Prince of Persia* (figure 56 et 57) pour se dire qu'elles ne pèsent finalement pas si lourd.

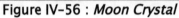

Figure IV–56 : *Moon Crystal*

Figure IV–57 : *Prince of Persia*

On pourrait encore parler de la Famicom / NES sur des centaines de pages au gré de ses centaines de jeux, mais nous voulions juste faire un survol de cette machine. Un survol à basse altitude disons, mais un survol tout de même. Il nous a permis de voir en quoi et à quel point cette machine était plus puissante que l'Atari VCS, bien qu'étant toute deux des machines 8 bits basées sur le même processeur central. Avec la NES, Nintendo ne connut pas la crise. La machine devint tout simplement synonyme de « jeux vidéo » au Japon et elle dominera le marché dans le monde entier jusqu'à ce qu'elle soit dépassée par... la Super Nintendo !

Accessoires

La Famicom eut une foule d'accessoires, parfois improbables, dont beaucoup ne sont jamais sortis du Japon. Voici des exemples parmi d'autres.

- On commencera par le Famicom Disk System et la version Twin Famicom de la console qui inclut directement un port cartouche et un lecteur de disques.
- Le Family Basic, avec son clavier et son magnétophone permettait carrément de programmer sa Famicom et d'enregistrer ses œuvres sur cassettes.
- Le Karaoké studio, avec son micro et sa cartouche de 25 classiques nippons.
- Le « Mah-Jong controller » une manette spéciale pour jouer au Mah Jong.
- Les modems pour Famicom, destinés au « Home Banking », comme les Tsushin adapter set.
- Le lecteur de code-barre Datach Joint ROM.
- Une tablette graphique de dessins : l'Oekakid.
- Des accessoires gonflables : punching ball ou moto...

La Famicom, comme presque toutes les consoles depuis, a aussi eu son pistolet : le Zapper (figure 58). Il fut assez populaire. D'abord gris et plutôt réaliste, il fut ensuite revu avec des touches d'orange sous la pression parentale afin de bien le différencier d'une arme réelle.

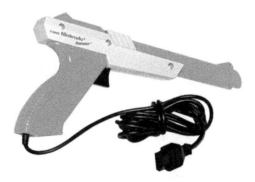

Figure IV-58 : Le pistolet « Zapper » de la NES

Nintendo et la 3D

Parmi les accessoires novateurs et vraiment (trop ?) en avance sur leur temps, on notera le 3D system. C'est une paire de lunettes à cristaux liquides apparue en 1987, à peu près au même moment que les SegaScope de Sega. Elles permettaient l'affichage de jeux en relief, même si seulement trois titres virent le jour. On voit donc bien que la 3D est

Figure IV-59 : Lunettes 3D System

une préoccupation ancienne de Nintendo. Après l'échec du 3D System, de timides tentatives seront faites avec des titres comme *Rad Racer* utilisant de simples lunettes colorées en cartons.

Nintendo, principalement en la personne de Gunpey Yokoi, persistera à voir dans le relief une potentialité intéressante puisque le Virtual Boy (figure 60), sorti en 1995 lui concède tous les sacrifices. Cette machine, bien connue des collectionneurs, fut un échec commercial cuisant avec seulement 770 000 exemplaires vendus et à peine 22 jeux. Cette étrange machine, devenue presque culte aujourd'hui est d'une conception très ingénieuse. Le principe du relief est de donner une image différente à chaque œil. Pour ce faire, le Virtual Boy se présente comme une énorme paire de

Figure IV-60 : Le Virtual Boy

lunettes de ski posée sur un socle en plastique. À l'intérieur, chaque œil possède son propre écran de 384 x 224 pixels. Enfin, c'est ce que croit votre cerveau, mais en fait, le Virtual Boy ne possède qu'une seule ligne de 224 pixels par œil. L'image est reconstituée un peu comme sur une télévision, en faisant défiler cette ligne à très haute vitesse grâce à des miroirs rotatifs. La persistance rétinienne faisant le reste.

Avec cette technique, Nintendo a pu proposer un casque de réalité virtuelle au grand public dès 1995. Malheureusement, si la machine est ingénieuse, ses moyens restent bien en déçà de ses ambitions. Le premier problème du Virtual Boy est sa taille et sa fragilité. Ce n'est pas précisément une console portable. De plus, la rotation rapide des miroirs la cantonne à une utilisation fixe, ces derniers pourraient se briser au moindre mouvement brusque.

Une autre limitation technique est la luminosité des LED produites à l'époque. En 1995, seules les LED rouges étaient assez lumineuses (et peu chères) pour être utilisées avec ce mécanisme de balayage. Puisque chaque pixel d'une ligne est réutilisé 384 fois par image, il doit être 384 fois plus lumineux que s'il faisait partie

Figure IV-61 : *Mario Tennis*

d'une image fixe. Conséquence : les images du Virtual Boy sont en niveaux de rouge, plutôt étrange (cf. *Mario Tennis* en figure 61). Enfin, son processeur avait beau être un RISC 32 bits, il n'était pas très à l'aise avec les jeux en « vraie » 3D polygonale, comme la Nintendo 64. Les jeux en 2D sur un nombre limité de plans étaient plus dans ses cordes, mais limitaient encore l'intérêt de les coupler avec un affichage en relief. En tout, seuls 22 jeux virent le jour sur Virtual Boy.

Finalement, la 3DS est l'héritière directe du Virtual Boy, mais cette fois, la machine utilise des techniques éprouvées, disponibles à faibles couts et relativement efficaces. Certes, la 3D offerte par la machine n'est pas encore parfaite. En particulier, la barrière parallaxe ne permet qu'un nombre limité de positions en face de l'écran. Mais le progrès depuis le Virtual Boy est énorme et Nintendo a enfin réussi à introduire du relief dans un produit commercialement viable.

La reconnaissance de mouvement

Bien avant la Wii, une console Nintendo eu droit à de la reconnaissance de mouvement. Les débuts, tourmentés, de cette technologie eurent lieu sur Famicom avec un accessoire assez connu, mais très peu utilisé en pratique : le PowerGlove. Produit par Mattel, c'est un gant en plastique sorti en 1989 avec la promesse futuriste de retranscrire vos mouvements à l'écran. Des récepteurs infrarouges à poser sur la TV, et la manette intégrée au gant, voilà qui rappelle furieusement la wiimote.

Sauf que malheureusement, si cette dernière tient ses promesses, le PowerGlove s'est montré présomptueux et reste très en deçà de ses ambitions. Peu de jeux spécifiquement conçus pour lui ont vu le jour et, s'il était possible de programmer le gant pour associer des mouvements à des actions, jouer à *Super Mario Bros* au PowerGlove relève du pur masochisme. Avec une qualité de reconnaissance très approximative et une ludothèque inexistante, ce gant (figure 62) ne s'en relèvera pas.

Jamais en panne d'idées

Au chapitre des accessoires surprenants, innovants, et à la portée ludique douteuse, ROB le robot détient peut-être la palme. Vendu en occident dans le « Deluxe Set » (figure 64), ce robot, qui a d'ailleurs une bouille bien sympathique, interroge. Comment va-t-on interagir avec ce compagnon de jeu ? Car c'est ce qu'il est censé faire, agir comme un second joueur, ROB signifiant d'ailleurs « Robotic Operating Buddy ».

Grâce à *Gyromite*, la cartouche dédiée à ROB incluse, la réponse apparait avec une (douloureuse) clarté.

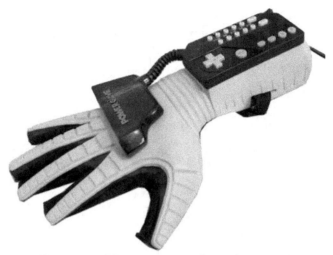

Figure IV-62 : Le Power Glove de Mattel

Figure IV-63 : Rob le Robot de la NES

Le robot en lui-même ne sait faire que deux choses : tourner autour de son axe et « saisir » un objet avec ses bras. L'objet en question est ... une toupie. En fait, il s'agit plus exactement d'un gyroscope qui va servir à appuyer sur un des boutons (A ou B) de la manette dévolue à ROB. Le nom du jeu *Gyromite* est une allusion à ces gyroscopes. C'est comme ça qu'il joue avec vous, en déposant une des deux toupies qu'il a à sa disposition sur un support relié à un des boutons de la manette. Là où les choses se corsent, c'est que ces supports ne soutiennent pas la toupie, qui doit tourner à pleine vitesse pour rester debout toute seule, par effet gyroscopique. ROB dispose donc d'un moteur à sa gauche qui va accélérer la rotation de la toupie jusqu'à une vitesse suffisante. Il devra ensuite prendre la toupie en rotation, la poser sur le support du bouton choisi, et la retirer avant qu'elle ne ralentisse trop et ne tombe. Il la posera enfin sur un des supports libres.

Mais bien sûr, le robot n'agit pas seul, le joueur doit lui donner des ordres via le téléviseur. En appuyant sur « Select » puis sur une direction, il peut télécommander ROB. La console fait scintiller l'écran d'une marnière que le robot peut « comprendre » via des capteurs photosensibles dans ses yeux. Une seule commande peut être donnée à la fois : tourner à droite, tourner à gauche, relever les bras, saisir, etc. Une action doit être complètement terminée avant qu'une nouvelle puisse être commencée. Tout cela semble déjà bien compliqué, plutôt lent et assez fastidieux. Pour couronner le tout, ROB fonctionne avec 4 piles AA et le moteur avec une pile LR14.

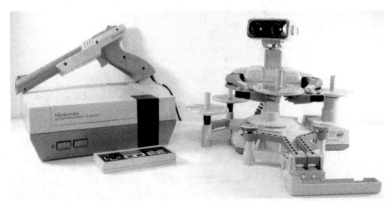

Figure IV-64 : Un Deluxe Set avec la console, le Zapper et ROB

Mais ce n'est que le début, car le jeu lui-même va confirmer nos craintes. Vous y contrôlez Pr. Gyro dans des labyrinthes fourmillant de monstres. Les chemins vers la sortie sont régulièrement bloqués par des colonnes rouges ou bleues qu'il faut lever ou baisser (cf. figure 65). C'est le travail de ROB, en mettant une toupie sur un support il abaisse la colonne de la couleur correspondante. Très bien. Sauf que le robot est une torture à contrôler

Figure IV-65 : *Gyromite*

et qu'en plus, il est d'une lenteur désespérante. Abaisser une colonne revient à prendre une toupie, la poser dans le moteur puis la poser sur le support. Cela correspond à une séquence de 13 actions et prend presque une minute ! Et c'est sans compter qu'il faut retirer la toupie avant qu'elle ne tombe...

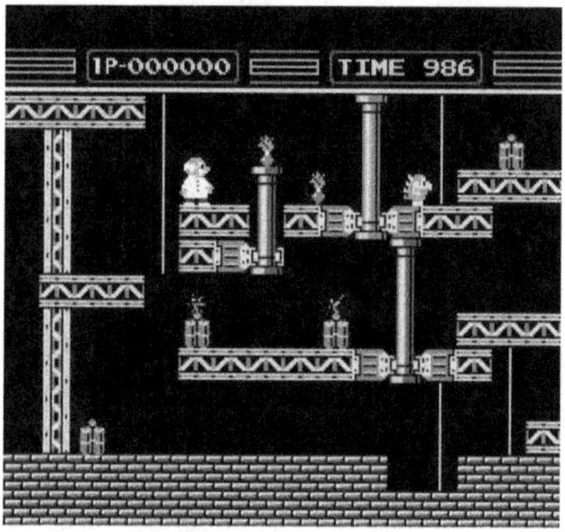

Non seulement le jeu se passe en temps limité, mais on imagine mal comment échapper aux divers monstres qui nous poursuivent si on compte sur la vivacité de notre « Robotic Buddy ». Difficile à exploiter, le robot ne fut mis à contribution que dans un seul autre titre, hormis *Gyromite* : *Stack Up*. Un titre devenu assez rare, et possédant son propre ensemble d'accessoires : des palets colorés à empiler dans le bon ordre. Même si les minijeux qu'offre *Stak-Up* semblent vraiment conçus autour des particularités du robot, l'ensemble reste bien trop lent et le pauvre ROB fut bien vite oublié des développeurs, comme des joueurs.

ROB fut tout de même bien utile à Nintendo. Lors du lancement de la NES aux États-Unis en 1985, l'effondrement du marché deux ans plus tôt avait rendu les détaillants méfiants face aux consoles de jeu. Avec la nouvelle livrée de la NES, son look de magnétoscope, Nintendo souhaitait plus se positionner sur le créneau Hifi que sur celui du jouet. ROB était un autre argument pour convaincre les magasins de la nature high-tech et futuriste de la machine.

Nintendo semble d'ailleurs avoir gardé une forme d'affection pour son robot, car il apparaît en caméo dans d'innombrables jeux de la marque, parfois même comme personnage jouable, comme dans *Super Smash Bros. Brawl* (figure 66).

Figure IV-66 : Super Smash Bros Brawl

V. La Sega Master System

Introduction

La console Sega Master System, telle qu'elle est illustrée sur la page précédente et que nous connaissons en occident, n'est pas la première machine du géant japonais de l'arcade. En fait, il s'agît de la quatrième itération d'une machine oubliée : la SG - 1000, surnommée « Mark I » (figure 1). Cette console est quasiment un clone de la Colecovision dont elle reprend exactement les composants : CPU Z80, puces graphique et sonore par Texas Instruments.

Figure V-1: La SG-1000 ou « Sega Mark - I »

Elle sort le même jour que la Famicom au Japon, mais ne va pas connaître le même succès. Si Nintendo a ses adaptations d'arcade pour pousser la machine, *Donkey Kong* en tête, ce n'est pas le cas de Sega dont la machine végète. Si elle est techniquement à peu près au niveau, elle souffrira autant du manque de titres « porteurs » que de sa faible qualité d'assemblage. Son joystick est notamment d'un manque de précision problématique. Elle sera d'ailleurs remplacée par la SG-1000 II (Mark II), dès 1984. Celle « nouvelle » console reprend exactement les mêmes composants que la SG-1000 mais offre une nouvelle coque et des contrôleurs détachables. Elle est aussi compatible avec l'ordinateur de Sega : le SC-3000, SC signifiant « Sega Computer » alors que SG signifie

« Sega Game ». Toujours victimes d'une logithèque famélique, les SG-1000 vont s'exporter sans plus de succès en Europe, en Australie et a Taiwan. Ce dernier marché sera le seul où elles connurent une certaine vogue.

En 1985, sous l'impulsion de Nintendo, le marché du jeu vidéo est en plein essor. Sega décide de donner un coup de jeune à sa machine en sortant la Sega Mark III. Structurellement, elle reprend strictement les bases de la SG-1000 mais en améliorant certains points clefs. Avec plus de mémoire, des puces graphique et sonore améliorées et le support de jeux plus volumineux, la Mark III établi la configuration matérielle de ce que nous connaissons comme étant la « Sega Master System ». La console n'a pas encore la forme que nous lui connaissons (figure 2) et elle est par ailleurs parfaitement compatible avec la SG-1000. Elle accepte, en tant qu'accessoire, des lunettes 3D actives (LCD), et une puce d'extension Yamaha qui lui confère une qualité sonore digne d'un synthétiseur.

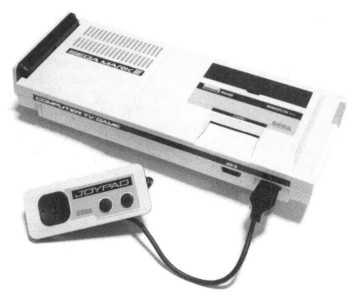

Figure V-2 : La « Sega Mark - III »

En 1986, une version redessinée de la machine est proposée sur le marché américain, l'esthétique de la Master System telle que nous la connaissons est née. Cette version va débarquer au Japon en 1987, équipée de la fameuse puce sonore Yamaha. Elle permettra à des jeux comme *Phantasy Star* d'offrir des musiques d'une qualité sans commune mesure avec la concurrence, Nintendo compris.

Malheureusement, les versions américaines et européennes de la console n'en seront pas équipées. Au final, pas même 20 % des jeux sortis sur Master System utiliseront le composant de Yamaha. C'est bien dommage, car Sega ne sera pas prophète en son pays. Le Japon est submergé par la vague Nintendo, ne laissant aucun espace à son concurrent. Même constat outre atlantique, où le marché est détenu à 80 % par Nintendo.

Figure V-3 : La Master System 2

Heureusement pour Sega, sa machine fut bien accueillie en Europe où elle concurrença significativement la NES. Mais c'est étonnamment au Brésil que Sega aura le plus large succès. Les diverses variantes de la Master System, dont les Master System II (figure 3) et III, dominèrent le marché brésilien

Figure V-4 : La Game Gear

jusque dans les années 2000. Sega y écoulera 5 millions de machines, écrasant toute concurrence, y compris celle de sa propre Megadrive qui se vendra à « seulement » 3 millions d'exemplaires. Le Brésil représente presque la moitié des 10 à 13 millions de consoles vendues dans le monde. À tel point que des jeux furent traduits en portugais ou même produits localement. En 2010, des Megadrive et des Master System y seraient encore fabriquées.

La Master System eut aussi une déclinaison portable célèbre : la Sega Game Gear (figure 4). Introduite en 1990 au Japon, ce n'est ni plus ni moins qu'une Master System fonctionnant sur piles et doté d'un écran LCD de 8,3 cm. Enfin, pour être rigoureux, il y a bien quelques différences entre Game Gear et Master System. La résolution de l'écran et la palette de couleurs, en particulier. Cette dernière étant nettement en faveur de la console portable, avec pas moins de 4096 teintes possibles. Mais essentiellement, les machines sont très proches. De fait, la Game Gear est compatible avec la logithèque Master System et, en théorie, SG - 1000. Même si ça n'intéresse sans doute pas grand monde.

Sortie à peine un an après le Game Boy de Nintendo, la machine avait un atout de taille face à sa concurrente : son écran couleur rétroéclairé. Mais comme la Lynx d'Atari sortie à peu près à la même époque, son argument de séduction s'avère être sa principale faiblesse. Son équipement rend la machine plus chère, plus lourde et son autonomie est inacceptable pour une console portable. Elle dévore ses 6 piles LR6 en moins de trois heures quand le Game Boy offre allègrement 10 h pour quatre piles.

La Game Gear fut donc un relatif échec avec ses 11 millions de consoles vendues, contre 118 millions de Game Boy et Game Boy Color. Il est malheureux de constater que Sega n'apprit pas de son erreur, car en 1995, il récidivera avec une console portable encore plus lourde, encore plus chère et toujours aussi peu autonome : la Sega Nomad. Cette Megadrive portable fit un four.

Vous l'aurez compris, la Sega Master System fait partie d'une grande famille dont la saga s'étale sur plusieurs décennies. Globalement, les consoles 8-bits de Sega ont eu à pâtir d'un certain déficit de licences majeures en comparaison de Nintendo. Difficile de rivaliser avec *Mario*, *Zelda*, *Castlevania*, *Metroid*, *Dragon Quest*, etc. Pourtant, ces
machines ont vu passer de très bons jeux : *Phantasy Star*, *Ys*, la série des *Wonder Boy* et des *Alex Kid*, les bonnes conversions de *Space Harrier*,

Outrun, After Burner, Hang On, Golden Axe, etc. Sans compter les jeux en 3D stéréoscopiques ! Ils n'étaient qu'une demi-douzaine à supporter les lunettes 3D, mais ils offraient à l'époque une expérience immersive et totalement unique. La plateforme reçut aussi le soutien (un peu tardif) de Sonic et Mickey, deux grandes figures de la Megadrive qui eurent aussi des aventures de qualité en 8 bits. Souvent éclipsée par le succès de Nintendo, la Master System est néanmoins une console indispensable et il est temps de voir ce qu'elle a sous le capot.

Architecture

Comme pour la NES, l'architecture des différentes Master System tourne toujours autour de deux grosses puces principales : son CPU et sa puce graphique. Sega nous apporte un peu de changement par rapport à Nintendo et Atari en optant pour l'autre CPU star des années 80 : le Z80 de Zilog. Cette fois, pas de fantaisie, le processeur central de la Master System ne présente pas de modifications particulières. Il est accompagné de 8 Ko de RAM, ce qui est un net progrès par rapport à la NES qui n'en possédait que 2 Ko. Le graphisme est pris en charge par une puce dénommée VDP pour « Video Display Processor ». Il s'agit en fait d'une version légèrement modifiée d'un processeur vidéo produit par Texas Instrument, le TMS9918, qui a équipé la Colecovision, le MSX, le TI-99/4 et bien sûr, la SG-1000. Il n'utilise pas moins de 16 Ko de RAM vidéo (V-RAM).

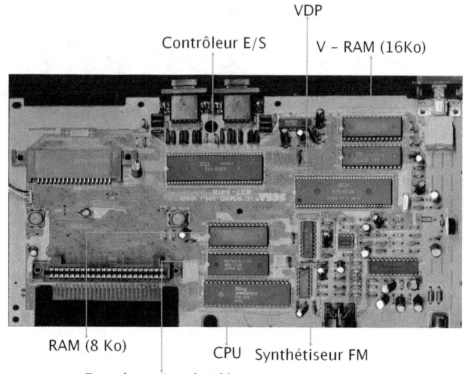

Figure V-5 : Carte mère d'une Master System japonaise

Côté son, c'est un peu plus compliqué. Les capacités sonores de base, communes à toutes les machines de type « Master System » (Mark III, Master System 1 et 2), sont données par une autre puce Texas Instrument (SN766489) qui autorise 4 canaux (3 ondes carrées et un canal de bruit). Certaines machines Master System Japonaises possèdent en plus une puce FM Yamaha, capable de restituer 6 instruments plus 5 percussions. Les Mark III peuvent aussi en bénéficier via une extension optionnelle. La figure 5 montre une carte mère de Master System japonaise possédant la puce Yamaha (le YM2413). Les capacités sonores de la Master System sont donc potentiellement très évoluées et largement supérieures à celles de la NES. Malheureusement, assez peu de jeux vont finalement utiliser ces possibilités vu le peu de machines effectivement équipées.

La Master System est équipée d'un mini BIOS. Il s'exécute automatiquement à chaque allumage de la machine. C'est lui qui est responsable de l'affichage du célèbre logo Sega (figure 6). A priori, il ne fait d'ailleurs pas grand-chose d'autre, à part vérifier la présence d'une cartouche ou

Figure V-6 : Logo de démarrage

d'une carte de jeu et de la lancer. Le BIOS varie néanmoins d'une machine à l'autre. Il peut par exemple contenir un ou plusieurs jeux. *Alex Kid in Miracle World* a ainsi été intégré de série à de nombreuses Master System II.

La Master System est pourvue d'un port cartouche ainsi que d'une fente pour insérer des cartes de jeux. Ces cartes sont au format « carte de crédit », un peu comme les HuCard de la PC Engine, et offrent une capacité maximale de 32 Ko (en figure 7, *HangOn* en « Sega Game Card »). Les petits jeux peuvent être vendus un peu moins cher sur ce format compact. Cette possibilité n'existe cependant plus sur les Master System II.

Les cartouches standards offrent quant à elles une capacité bien plus importante, typiquement entre 128 Ko et 512 Ko (pour *Phantasy Star*, par exemple). Le Z80 est cependant toujours un processeur 8 bits et son bus d'adresse de 16 bits, comme le 6502, ne peut gérer plus de 64 Ko de mémoire. En fait, c'est même seulement 48 Ko de ROM qui peuvent être adressés simultanément. Les puces de gestion mémoire seront donc aussi de la partie sur Master System. Elles seront moins variées néanmoins, 99% des jeux utilisant des « mappers » directement conçus par Sega.

Figure V-7 : La « Sega Game Card » de *HangOn*

Le Z80 de la Sega Master System, est cadencé à 3,58 Mhz, soit le double de celui de la NES. Doit-on en conclure que la machine de Sega est deux fois plus rapide que celle de Nintendo ? Et bien pas du tout, car les deux processeurs sont très différents, voire opposés en termes de conception. Il est temps de faire mieux connaissance avec le nouveau venu.

Le Z80

Petit historique

Parmi les grands pionniers de la microélectronique, Frederico Faggin tient une place de choix. Ingénieur et physicien chez Intel, il conçoit le 4004, premier microprocesseur au monde qu'il signe d'un « F.F » directement gravé sur la puce. Il

préside aussi à la conception des 4040, 8008 et 8080. Quand il quitte Intel en 1974, c'est pour fonder Zilog, une société entièrement dédiée à la conception de microprocesseur. C'est remarquable, même Intel est à l'époque un spécialiste de la mémoire, son activité processeur n'étant que secondaire.

Figure V–8 : Le CPC 464 d'Amstrad

C'est à cette société que l'on doit le Z80 sorti en 1976. C'est un processeur 8 bits compatibles avec le 8080 dont il peut exécuter tous les logiciels et en particulier CP/M, le système d'exploitation en vogue de l'époque. Il est néanmoins plus rapide et son langage machine est plus riche. Il intègre aussi des fonctions « électroniques » supplémentaires bien pratiques. En particulier, il peut se charger seul du rafraichissement de la mémoire vive.

Dans les années 80 comme aujourd'hui, la RAM d'un ordinateur perd rapidement la mémoire si on ne la lui rafraichit pas très régulièrement. Si le processeur se charge de cette tâche, c'est une puce de moins à intégrer sur la carte mère. À la clef : un appareil moins cher et de conception plus simple. Produit par de multiples sources, le Z80 sera rapidement proposé à des prix compétitifs. Il va devenir très populaire dans des machines aussi variées que des bornes d'arcades (*Donkey Kong*, *Pacman*), des ordinateurs personnels : Amstard CPC (figure 8), TRS-80, ZX-Spectrum, MSX, et bien sûr : des consoles de jeux !

Le très grand succès du Z80 fut par ailleurs fatal à son ainé, le 8080 sera vite poussé vers la sortie. Mais avec son 8086 et en tandem avec IBM, Intel posera les bases de l'architecture « PC » omniprésente dans les bureaux, les foyers et les datacenters d'aujourd'hui. Le Z80 perdure lui aussi. Il est encore utilisé quotidiennement, comme contrôleur pour des photocopieurs ou des afficheurs LCD.

Un anti – 6502

On l'a vu, le 6502 est un exercice de minimalisme. Sa puce est minuscule (3500 transistors), il possède seulement 6 registres dont un seul peut être utilisé pour les calculs. Son langage machine ne comprend qu'une cinquantaine d'instructions, toutes très élémentaires. Malgré tout, c'est un processeur performant, car il accède vite à la mémoire et possède une bonne variété de modes d'adressage. Modestement, il implémente aussi un peu de pipelining : il peut superposer une lecture mémoire et l'exécution d'une instruction.

Le Z80 est exactement à l'opposé : il possède 24 registres et plus de 150 instructions. Avec les variations suivant les modes d'adressage, c'est 252 opcodes différents que le processeur peut comprendre. Il est même capable de manipuler des entiers sur 16 bits en appariant deux registres de 8 bits. Il peut déplacer des blocs entiers de données en une seule instruction. Mais tout cela se paye : le processeur est plus complexe, avec 8500 transistors.

De plus, une instruction Z80 prend entre 4 et 23 cycles d'horloge. Une instruction 6502 dure entre 2 et 7 cycles. Ses accès mémoire sont aussi plus lents. Les programmations des deux processeurs sont ainsi bien différentes. Le code sera plus long et fera constamment appel à la mémoire centrale pour un 6502. Le Z80 aura certainement un code plus compact et devra utiliser au maximum le grand nombre de registres et d'instructions pour être optimal. De ce fait, le Z80 est un peu plus difficile à programmer efficacement.

Il est donc assez délicat de comparer les vitesses d'un 6502 et d'un Z80, car les deux processeurs ne sont pas doués pour les mêmes choses. Leurs performances respectives vont dépendre du type de tâche et du niveau d'optimisation du code. A fréquence égale, un 6502 sera presque certainement plus rapide qu'un Z80, mais c'est une considération biaisée. Le Z80 possède sa propre façon de gérer son horloge et il est prévu pour être cadencé plus haut. Alors que le 6502 plafonne à 2 Mhz, le Z80 est typiquement à 4 Mhz et peut atteindre le double (Z80H).

En ce qui concerne la comparaison Master Sytem / NES, il ne faut donc pas se laisser abuser par la fréquence d'horloge, car en pratique, les performances respectives de leurs CPU sont probablement très proches. La quantité de RAM quadruplée de la machine de Sega par rapport à celle de Nintendo est probablement un atout bien plus significatif que la vitesse de son processeur central.

Synthétiquement

Schématiquement, le Z80 se présente d'une manière assez analogue au 6502. C'est un petit boitier orné de 40 pattes. Il possède un bus de données de 8 bits et un bus d'adresse de 16 bits. Son espace d'adressage fait 64 Ko au maximum (cf. figure 9).

Il est capable de traiter trois types d'interruptions : IRQ, NMI et RESET, cf. le schéma ci-dessus. Comme dans le cas de la NES, elles vont être fortement mises à contribution dans la programmation sur Master System. La bien nommée « RESET » sera activé à l'allumage de la machine ou à l'appui du bouton « Reset » sur la console. Son seul rôle est de remettre à zéro le microprocesseur.

L'interruption non masquable NMI, c'est-à-dire qui ne peut être désactivée, sera déclenchée par l'appui du bouton pause de la console. Elle va donc le plus souvent provoquer l'appel d'une sous-routine d'attente suspendant le jeu.

Enfin, l'interruption IRQ, qui peut donc être désactivée par le programmeur si besoin, va s'activer par défaut à chaque vblank. Comme avec la NES, c'est cette interruption qui va donner le timing sur la plupart des jeux. La durée du vblank étant le moment privilégié pour interagir avec la puce graphique et préparer l'affichage de la prochaine image.

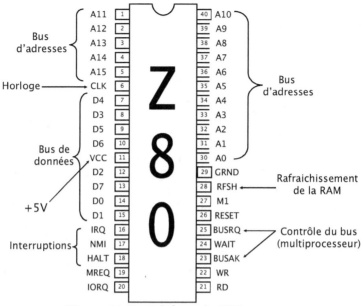

Figure V-9 : Schéma du Z80

La Master System va en outre proposer un service supplémentaire lié à cette interruption. On a vu qu'il était parfois souhaitable, voire indispensable pour certains types de jeu, de savoir exactement où le processeur graphique en était du dessin de l'image en cours. Avec la NES, la technique du sprite zéro donnait un moyen rudimentaire d'obtenir des informations. Des fonctions plus évoluées furent apportées à la machine de Nintendo via certains mappers (comme le MMC3 par exemple). La console de Sega possède ce type de fonctionnalités de série.

Un « compteur de lignes » peut ainsi être mis en place. Si on demande, par exemple, d'être informé chaque fois que 20 lignes sont dessinées à l'écran, le VDP tiendra un compteur à jour qui provoquera l'IRQ à chaque passage à zéro. Reste au programmeur de définir quoi faire lorsque l'interruption se produit : afficher un tableau de bord, changer l'index du scrolling, etc.

La broche RFSH, pour « Refresh », implémente le rafraichissement automatique de la RAM qui a contribué à rendre ce processeur si célèbre et prisé. Les broches BUSRQ et BUSACK sont liées au contrôle des bus (Bus

Request et Bus Acknowledge) et permettent d'arbitrer le trafic des données entre plusieurs puces. C'est ce qui permet de concevoir des systèmes multiprocesseurs. Un exemple célèbre est la borne d'arcade Xevious (figure 10) qui utilise trois Z80 !

Dans le groupe de broches « system control », on trouve aussi des connexions nécessaires à l'utilisation des ports d'entrée / sortie. C'est aussi une nouveauté par rapport au CPU de MOS Technology. On se souvient que la NES communiquait avec l'extérieur via des adresses mémoire fixes qui servaient à lire ou à écrire dans les registres du PPU, du pAPU, des manettes, etc.

La Master System utilisera un autre système. Le Z80 implémente un gestionnaire de communication avec les périphériques assez simple, constitué de 256 « ports » (au maximum) d'entrée / sortie. Chaque port est comme un canal

Figure V-10 : Borne *Xevious*

permettant de communiquer avec un périphérique particulier. Un port donné peut être utilisé en lecture, en écriture ou bien les deux et permet d'échanger des données, octet par octet avec un circuit extérieur au processeur.

Du point de vue du programmeur, écrire à une adresse particulière en mémoire ou écrire sur un numéro de « port » spécifique ne fait finalement qu'assez peu de différence. Du point de vue matériel, ce n'est pas la même chose, comme on peut le voir sur le schéma de la figure 11. Dans le premier cas, on accède à la mémoire normalement, via les bus de données et d'adresses. Or, c'est une opération assez longue pour un Z80. Dans le second cas, le microprocesseur envoie directement les signaux de ses broches d'adresses (A0,..., A15) vers la puce chargée des entrées / sorties, ce qui est plus rapide. Dans la Master System, la communication se fera principalement en écriture vers les registres du VDP et du (ou des) circuit sonore.

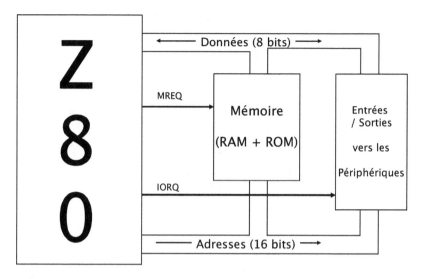

Figure V-11 : Entrées / sorties pour le Z80

On l'a dit, le Z80 possède beaucoup de registres par rapport au 6502. Six registres généraux (B, C, D, E, H, L) plus un accumulateur (A) pour les calculs arithmétiques sont à la disposition du programmeur. Mieux, tous ces registres sont doublés en un ensemble secondaire de valeurs (B', C', D', E', H', L'). Un seul ensemble peut être utilisé à la fois, mais ces 14 valeurs constituent tout de même une petite mémoire de travail ultrarapide bien pratique. D'autant que, décidément prodigue, le Z80 offre en plus deux registres d'index IX et IY très utiles pour accéder à des tableaux de données.

Tous ces registres font 8 bits, sauf le compteur ordinal et le pointeur de pile. Le Z80 peut donc gérer une pile énorme par rapport au 6502, limité à 256 octets, un avantage indéniable pour certains algorithmes.

Une autre originalité du Z80 est de pouvoir réunir deux registres de 8 bits en un seul de 16 bits, ce qui est très pratique pour former des adresses mémoire. Une possibilité qui rappelle beaucoup le 8086. Le Z80 trahit là sa filiation avec le 8080 d'Intel dont l'évolution donnera le processeur des premiers PC. Son assembleur est structurellement très proche de celui de la famille x86 d'Intel au sens large, que comprennent toujours nos ordinateurs de bureaux.

Le VDP : Video Display Processor

D'une manière générale, le VDP (Video Display Processor) de la Sega Master System est très similaire au PPU de la NES. Les notions de « motifs », de « palettes » et de « tables des noms » sont toujours d'actualités. Nous pourrons ainsi aller un peu plus vite dans la description du VDP que dans celle du PPU.

Une mémoire vidéo spacieuse

Le VDP dispose de sa propre RAM de 16 Ko. C'est énorme comparé au PPU de la NES qui ne disposait que de 2 Ko soudés dans la machine. En premier lieu, on va gagner une plus grande flexibilité dans l'utilisation des couleurs. D'une manière analogue à la console de Nintendo, la Master System connaît 64 couleurs différentes et va utiliser deux palettes. En général, une pour les sprites et une autre pour le décor, de 16 couleurs chacune. L'avantage, avec la console de Sega, c'est qu'elle possède assez de mémoire pour que chaque pixel d'un motif quelconque puisse utiliser sans restriction une des 16 couleurs de la palette qui lui a été attribuée.

Cela demande que chaque pixel soit codé sur 4 bits au lieu de 2 bits (plus 2 bits d'attribut). Rappelons qu'avec le PPU, chaque motif n'avait accès qu'à une sous palette de 4 couleurs. De plus, la couleur « transparente » devait être répétée dans chaque sous-palette, d'où un nombre de couleurs effectivement utilisable encore inférieur. La console de Sega peut ainsi afficher 31 (32 plus la couleur de fond répétée deux fois) couleurs simultanément, lesquelles sont d'un usage très souple. La vie des graphistes s'en trouvera facilitée, cf. le détail d'un écran *d'Aladdin* en figure 12.

Figure V-12 : Détail d'un écran *d'Aladdin*

Le contenu de la RAM vidéo (la V-RAM) s'organise ainsi comme suit :

- La table des noms : une grille de 32 x 24 cases.
- Une banque d'au plus 448 motifs différents d'une taille de 8 x 8 pixels.
- 256 octets stockant les caractéristiques d'au plus 64 sprites d'une taille de 8 x 8 ou 8 x 16 pixels.

En plus de la V-RAM, les palettes utilisées pour le décor et les sprites sont stockées dans un petit espace interne au VDP : la « Color RAM ».

Table des noms

La Master System utilise une résolution de 256 x 192 pixels. Pour construire l'image, elle n'emploie qu'une seule table des noms de 32 x 24 cases visibles. Celle-ci est en fait un peu plus grande en mémoire que l'espace visible à l'écran. Précisément de quatre lignes supplémentaires, ce qui nous fait 32 x 28 = 896 cases. Chaque case doit référencer un motif. Un octet ne donnerait que 256 motifs possibles, c'est trop peu. Avec deux octets par cases, on peut référencer 512 motifs différents avec 9 bits, tout en utilisant les autres bits pour diverses autres informations : quelle palette utiliser, quelle orientation donner au motif, priorité par rapport aux sprites, etc. Au total, la table des noms occupe 1792 octets. Avec les attributs des sprites, nous avons exactement 2 Ko. Il reste donc 14 Ko pour la banque de motifs.

La banque de motif

Les motifs utilisés par la console font 8 x 8 pixels codés chacun sur 4 bits, ce qui fait 32 octets par motif. Un rapide calcul nous informe qu'il ne reste de la place que pour 448 motifs en mémoire, c'est de là que vient ce nombre un peu inhabituel.

La NES disposait de 512 motifs différents, disposés en deux banques de 256. Ce désavantage apparent de la Master System est

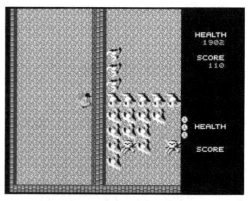

Figure V-13 : *Gauntlet*

compensé par le fait que ses motifs y sont stockés dans de la RAM et pas de la ROM. Ils peuvent ainsi être mis à jour à tout moment. La cartouche du jeu peut contenir des milliers de motifs différents, ils seront simplement écrits en V-RAM au moment où ils seront nécessaires. Mieux, certains motifs en V - RAM peuvent y être mis à jour à intervalle régulier. Cela permet de donner facilement vie à des éléments du décor, ou bien d'animer des objets de grandes tailles. Dans certains cas, cela permet aussi d'afficher et d'animer un très grand nombre de personnages à l'écran sans être limité par le nombre sprites.

À propos des sprite, le VDP en gère jusqu'à 64 d'une taille de 8 x 8 ou 8 x 16 pixels. Il ne peut afficher plus de 8 sprites par lignes, exactement comme la NES. Dans *Gauntlet* (figure 13) seul le joueur est représenté par un sprite, les fantômes sont créés en éléments de « décor ». Ils sont déplacés en décalant leurs éléments (2 x 2 motifs) dans la table des noms. Afficher des dizaines de monstres n'est donc pas un problème. En contrepartie, ils ne peuvent se déplacer que par pas de 8 pixels, ce qui limite la fluidité de leur animation. Là encore, de nombreux jeux NES font exactement la même chose, mais la console doit être supplémentée par de l'électronique présente sur la cartouche.

Le scrolling

Le VDP gère directement les scrollings horizontaux et verticaux. Au premier abord, il le fait d'une manière étonnante, car il « boucle » sur lui-même. Pour un scrolling horizontal vers la droite, par exemple, la colonne de pixel qui disparaît à gauche de l'écran réapparaît à sa droite, comme si on faisait tourner un cylindre (cf. figure 14). Même chose dans le cas d'un scrolling vertical, tout se passe comme si on faisait tourner un cylindre couché à l'horizontale cette fois.

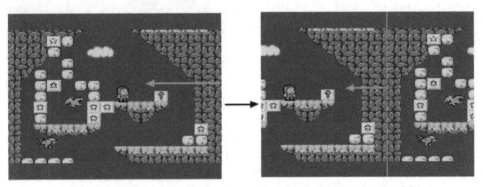

Figure V-14 : Scrolling dans *Alex Kid in Miracle World*

La clef est d'utiliser une ligne ou une colonne de motif cachée, que l'on va mettre à jour au fur et à mesure avec la suite du décor. Le VDP possède des facilités pour ça. Il permet aussi de spécifier si l'on désire que les 8 colonnes de droite ou les deux premières lignes de l'écran ne soient pas affectées par le scrolling et restent stationnaires. C'est une bénédiction pour afficher des barres de vie et de scores sans avoir recours à des ruses de Sioux. De nombreux jeux, comme *Wonderboy III* ou *Shinobi* (figures 15 et 16), utilisent cette facilité.

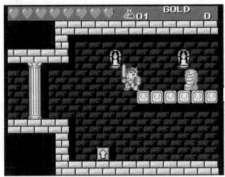

Figure V-15 : *Wonderboy III*

Figure V-16 : *Shinobi*

Mais ça n'empêche pas certains autres d'insister pour avoir leur barre de statut en bas (figure 17).

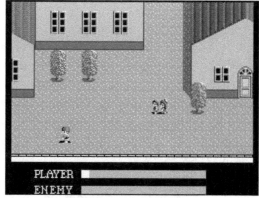

Figure V–17 : *Ys*

Communication

La RAM vidéo (V - RAM) n'est pas directement accessible au CPU. Le programmeur doit y écrire en utilisant les registres du VDP. Ce dernier en possède 11, auxquels on accède via deux ports d'entrée / sortie. Le premier pour contrôler quel registre utiliser, et le second pour les données à envoyer. La RAM vidéo peut être organisée selon le bon vouloir du programmeur. L'accès au VDP doit toujours se faire lors du vblank. Pour simplifier la synchronisation du jeu avec l'affichage, le VDP peut provoquer l'interruption IRQ dès qu'elle a fini le dessin d'une image.

Par rapport au TMS9918 qui équipait la SG-1000, le VDP de la Master System permet d'afficher 2 fois plus de couleurs simultanément, de gérer deux fois plus de sprites et d'utiliser des scrollings au pixel près. Des progrès appréciables qui vont décupler le potentiel de la Master System par rapport à son ainée.

Organisation de la mémoire

Comme on va beaucoup utiliser les ports d'entrée / sortie, l'organisation de l'espace d'adressage du CPU va être relativement simple. Cet espace fait 64 Ko et cours donc des adresses $0000 à $FFFF (en hexadécimal). La

RAM se trouve à la fin, entre $E000 et $FFFF. Cette dernière adresse revêt une importance particulière. Bien qu'elle se trouve en RAM, elle va servir à gérer les différentes banques de ROM. Nous y reviendrons.

Le processeur commence toujours l'exécution du programme à l'adresse $0000. À l'allumage, la console charge la ROM intégrée à la console dans les 8 premiers kilooctets. Initialement, elle contient un BIOS rudimentaire qui affiche le logo SEGA et vérifie la présence d'une GameCard ou d'une cartouche. Si les deux sont présentes, la GameCard est prioritaire. Une GameCard fait 32 Ko au maximum. Dans 64 Ko, on a donc largement la place de mettre le contenu de la ROM, la RAM (qui y figure en fait deux fois) et il reste même un trou de 16 Ko.

Une fois le jeu chargé, la ROM de la console devient inaccessible. Dans les Master System II et III, la ROM intégrée peut contenir un ou plusieurs jeux (132 dans la dernière version brésilienne !), auxquels on peut jouer sans avoir aucune cartouche.

Dans le cas d'un jeu de 32 Ko ou moins, toutes les données et la RAM rentrent dans la limite des 64 Ko et donc, tout est simple. Mais la Master System est prévue pour utiliser des cartouches de 128 Ko ou plus.

Dans le cas d'un jeu de 128 Ko, il faudra utiliser un mécanisme que nous connaissons désormais assez bien : le bank switching. Il est mis en œuvre par des circuits intégrés additionnels ayant des noms aussi poétiques que « Sega 315-5208 » ou « Sega 315-5235 ». Ils ont des capacités variables. Le dernier supporte par exemple des ROM de 512 Ko comme dans *R-Type* ou *Afterburner* et la sauvegarde par pile, comme dans *Phantasy Star*.

Bank Switching

Prenons l'exemple d'un jeu de 128 Ko, comme *Alex Kidd in Miracle World*. Sur les 128 Ko présents dans la cartouche, les 32 premiers kilooctets vont résider en permanence en mémoire (entre $0000 et $8000). Cet espace va contenir le programme et quelques données d'usage courant. Pour pouvoir accéder aux 96 Ko de ROM restants, on va devoir les diviser en 6 banques de 16 Ko que l'on pourra charger une par une. Elles vont s'insérer à la suite des 32 Ko résidents (de $8000 à $C000). La figure 18 montre la « carte » de l'espace d'adressage du CPU lors de l'exécution d'un jeu de 128 Ko.

Bien sûr, si une banque est chargée, les autres seront inaccessibles et elles seront probablement assorties au découpage des niveaux du jeu. Sélectionner une banque est assez simple, il suffit d'écrire un simple octet à l'adresse $FFFF. Ses derniers bits coderont pour le numéro de la banque souhaitée, qui va de 2 à 7 dans le cas d'une ROM de 128 Ko. Pourquoi de 2 à 7 plutôt que de 1 à 6 ? C'est sans doute parce que l'espace de 32 Ko entre $0000 et $8000 est lui-même déjà considéré comme étant formé de deux banques de 16 Ko, que l'on pourrait numéroter 0 et 1.

Selon les puces, plus ou moins de bits seront utilisés pour désigner un plus ou moins grand nombre de banques. En théorie, jusqu'à 256 banques de 16 Ko pourraient être utilisées, soit 4 Mo. Dans la pratique, les jeux dépassent rarement les 512 Ko.

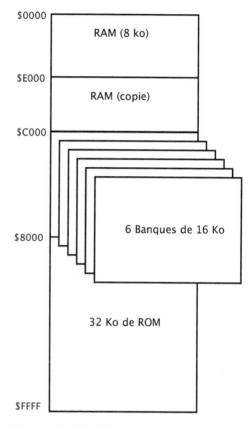

Figure V-18 : Disposition mémoire pour Alex Kidd in Miracle World

Le schéma ci-dessus n'est pas immuable, d'autres organisations de la mémoire sont possibles. Il arrive que la logique nécessaire à la fonction de « mapper » se trouve directement intégrée dans la puce de ROM. Cela explique que dans certaines cartouches de 128, 256 ou 512 Ko, on ne trouve qu'un seul circuit intégré là où d'autres en présentent deux.

Diagramme de la Master System

Pour résumer, et comme on l'a déjà fait avec les machines précédentes, on donne en figure 19 un schéma simplifié de l'architecture de la Sega Master System.

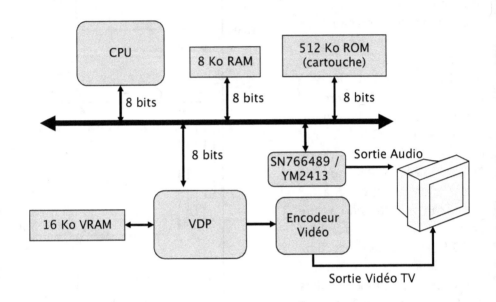

Figure V-19 : Architecture de la Master System

Sonic The Edgehog

L'Anti-Mario

On ne présente plus Sonic le hérisson. Depuis la sortie du jeu éponyme en 1991 sur la Sega Megadrive, le personnage est exactement ce que Mario est à Nintendo : une mascotte emblématique. Il a d'ailleurs été créé pour cela par l'équipe « AM-8 ». Il fallait contrer Mario en prenant le contrepied de l'attitude et du look « bonhomme » du plombier. En 1990, la Megadrive existe depuis déjà deux ans, mais peine toujours face à la NES, malgré sa supériorité technologique. Sega avait bien Alex Kidd, comme mascotte plus ou moins officielle,

mais c'est un personnage qui s'est principalement illustré pendant l'ère 8 bits de la marque. Et puis, il n'a jamais eu un charisme franchement irrésistible de toute façon. La machine 16 bits n'avait jusqu'alors aucun « visage », aucune licence forte.

Après plusieurs itérations au cours desquelles notre héros a failli être un lapin ou un loup, l'équipe de Yuji Naka et Naoto Oshima s'arrête sur un personnage qu'ils appellent « Mr. Needlemouse » et qui ressemble furieusement au Sonic définitif. Ce pauvre Needlemouse va bientôt perdre sa petite amie, une plantureuse blonde aux cheveux courts nommée « Madonna ». Il va néanmoins gagner au passage un nom un peu plus percutant : « Sonic The Hedgehog ». Dans la foulée, l'équipe AM-8 se rebaptisera d'ailleurs la « Sonic Team ».

En juin 1991, la sortie du premier opus Megadrive des aventures de Sonic contre le docteur Eggman (ou « Robotnik » selon les pays) est très remarquée. La presse d'alors est unanime : c'est une réussite. Sonic est une véritable vitrine technologique pour la console 16 bits, doublé d'un excellent jeu de plateforme avec une très forte personnalité.

Sonic a un tempérament bien différent de Mario, et impose un style très dynamique. Il a été conçu pour être en perpétuel mouvement. Pataud à l'arrêt, relativement lent à démarrer, il se meut avec grâce et s'autorise toutes les acrobaties une fois lancé à pleine vitesse. Sega se saisit de cette image pour appuyer sa stratégie marketing. Il souhaite « ringardiser » Mario et s'oriente

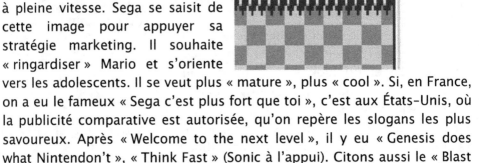

vers les adolescents. Il se veut plus « mature », plus « cool ». Si, en France, on a eu le fameux « Sega c'est plus fort que toi », c'est aux États-Unis, où la publicité comparative est autorisée, qu'on repère les slogans les plus savoureux. Après « Welcome to the next level », il y eu « Genesis does what Nintendon't », « Think Fast » (Sonic à l'appui). Citons aussi le « Blast processing », dont la Super Nintendo serait dépourvue. Une notion techniquement floue...

Capable d'accélérations fulgurantes et de rebondir en tout sens comme une boule de flipper, le hérisson pousse la Megadrive dans ses derniers retranchements. Techniquement, le jeu est une petite prouesse et il est remarquable que la Master System, dont la puissance est assez loin de sa grande sœur 16 bits, se voit gratifiée d'un épisode de Sonic seulement 4 mois après elle.

Sonic the Hedgehog est donc aussi un jeu Master System sorti en 1991. Mais ce n'est pas un portage du jeu 16 bits, c'est un épisode à part entière. Il possède des niveaux différents ainsi que des zones et des musiques inédites. Loin d'être une sous-version, Sonic s'impose en 8 bits comme en 16 bits comme un des meilleurs jeux de sa plateforme.

Les graphismes du Sonic sur Master System sont soignés et remarquablement fidèles à ceux de la version Megadrive. L'animation est fluide et rapide, mais les niveaux sont légèrement plus condensés. Exit les « loopings » et les tubes dans lesquels on est projetés à toute vitesse. Sonic sur Master System est un peu plus proche d'un jeu de plateforme

« classique », plus concentré sur la précision des sauts et le timing. Comme on a utilisé *Super Mario Bros* pour étudier le fonctionnement de la NES, il paraît assez logique d'utiliser Sonic pour résumer ce que nous savons de la Master System, bien qu'il s'agisse d'un jeu apparu tardivement dans la vie de la console, en 1991.

Codage des Motifs

Sonic the Hedgehog sur Master System bénéficie d'une ROM d'un volume relativement confortable de 256 Ko. Il possède en effet un large éventail d'éléments graphiques. Outre l'écran titre et la « carte » de l'île, chaque zone possède un thème bien distinct et nécessite ses propres motifs de décor et de sprites, sa propre palette et sa propre musique. Comme sur la NES, la première étape pour construire le décor va être de remplir la table des noms avec les références des motifs du niveau.

Sur la Master System, la mémoire vidéo est suffisamment grande pour contenir une banque de 448 motifs de 8 x 8 pixels en 16 couleurs. Le processeur va donc copier en V-RAM, pour chaque niveau, la banque de motif et la palette correspondante. À titre d'exemple, on montre en figures 20 et 21 l'ensemble des 448 motifs qui seront utilisés dans le premier niveau de « Green Hill Zone ». On a artificiellement séparé les motifs intervenant dans la constitution des décors et des sprites mais en mémoire, ils ne forment qu'un seul bloc de données.

Figure V–20 : Motifs du décor

Figure V–21 : Motif des sprites

Chaque pixel d'un motif dispose d'une palette de 16 couleurs. La console en gère deux : une pour les sprites et une pour le décor. À ceci près que les motifs du décor peuvent utiliser l'une ou l'autre, la sélection se faisant dans une table des attributs, un peu comme sur NES. Le décor dans sa globalité peut donc afficher 31 couleurs simultanément, ce qui est supérieur à la machine de Nintendo. Les sprites se contentent toujours de la même palette de 16 couleurs, mais ils l'utilisent comme bon leur semble, exit la structuration en sous-palette du PPU.

Bien sûr, tout cela se paye. Chaque pixel d'un motif se code avec un nombre de 0 à 15, ce qui prend 4 bits. Un motif de 8 x 8 = 64 pixels consomme donc 32 octets de mémoire vidéo et la banque dans son ensemble ne pèse pas moins de 14 Ko. Le codage des couleurs sur la Master System diffère un peu de celui de la NES. On se souvient que les 2 bits par pixel étaient alors décrits en deux « couches ». Ici, on va aussi avoir un codage « en couche » de bit, mais ligne à ligne. Ce n'est pas très clair, alors prenons un exemple. Commençons par prendre la palette du décor du premier niveau du jeu :

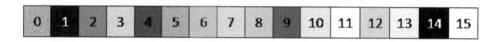

Et servons-nous en pour coder les couleurs d'un motif de décor. Chaque couleur correspond à un nombre entre 0 et 15 et une ligne est donc un ensemble de 8 nombres que l'on va coder avec 4 octets. Ci-dessous on extrait, par exemple, la troisième ligne :

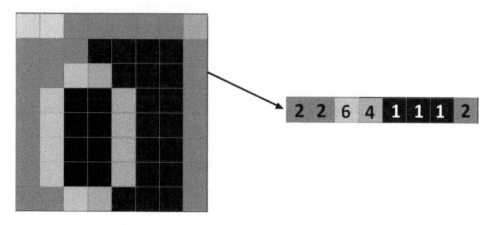

En binaire les nombres 2, 2, 6, 4, 1, 1, 1, 2 s'écrivent :

0010	0010	0110	0100	0001	0001	0001	0010

Les quatre bits de chaque case vont être décrits l'un après l'autre par les 4 octets suivants. Le Z80 étant « petit-boutiste » comme le 6502, on considère les bits en partant de la droite.

0	0	0	0	1	1	1	0

1	1	1	0	0	0	0	1

0	0	1	1	0	0	0	0

0	0	0	0	0	0	0	0

En décimal, la ligne de pixel est donc stockée en mémoire par les quatre nombres : 14, 225, 48, 0. La totalité des 8 lignes occupe donc bien 32 octets. Ceci est le format des données graphiques dans la mémoire vidéo. En ROM néanmoins, ils peuvent être stockés de manière très différente et parfois même compressés. C'est tout l'avantage d'avoir de la RAM vidéo plutôt que de la CHR – ROM. Sonic a d'ailleurs recours à un système de compression complexe pour les motifs du décor. Il repose sur la redondance des lignes de pixels que l'on rencontre sur l'ensemble de la banque.

Compression

Chaque motif comporte 8 lignes de 8 pixels. Le but va être de constituer un catalogue de lignes qui pourront chacune être utilisées dans plusieurs motifs différents. On évite ainsi les répétitions de lignes quand on stocke la banque complète. Chaque ligne du catalogue est codée comme on l'a décrit plus haut et prends 4 octets. La compression se situe plus loin, dans la manière de reconstruire la banque de motifs. L'ordre des lignes dans le catalogue est leur ordre d'apparition dans les motifs de la banque. Processeur 8 bits oblige, on se limite à une banque de 256 motifs.

Une fois qu'on a le catalogue, on peut décrire un motif non plus comme 8 lignes, mais comme 8 références à des lignes du catalogue. Ce mode de compression est efficace si le catalogue n'est pas trop gros et si les références sont plus courtes que l'espace qui serait nécessaire à coder la ligne directement. Ici, chaque référence fait 1 ou 2 octets, contre 4 octets pour un codage direct. Néanmoins, on peut encore gagner de la place si on arrive à limiter le nombre de références nécessaires. Pour Sonic the Hedgehog, on va ainsi travailler en deux temps.

Premièrement, une série de 256 octets fait une présélection des lignes. Les 256 motifs constituent aussi 2048 lignes. Or, 256 octets constituent également un ensemble de 2048 bits qui peuvent être interprétés comme autant de « oui / non ». À chaque motif correspond un octet et donc 8 « oui / non » qui vont sélectionner (ou pas) une ligne de la bibliothèque alors qu'elle est balayée par le processeur.

Le sens de tout ceci est le suivant. On commence au début du catalogue. Un zéro (un « oui ») dans la série de bits indique que la ligne est rencontrée pour la première fois dans un motif. Elle y est insérée et on passe à la ligne suivante du catalogue. Les 1 (les « non ») rencontrés signifient qu'on ne prend pas ligne en cours et que donc, ce sont les lignes précédentes qui sont utilisées dans le motif balayé. Puisque les lignes du catalogue sont stockées par ordre d'apparition, on va finir par épuiser toutes nos possibilités de « nouvelles lignes ».

A la fin de ce processus, on va avoir 256 motifs partiellement complétés avec au moins une apparition de chaque ligne du catalogue. Chaque « non » dans la séquence de bit crée un trou dans le motif et le nombre de lignes complétées est donc exactement le nombre d'entrées du catalogue.

C'est autant de références en moins que l'on va devoir stocker afin de compléter la banque. Le processus de compression est complété par la deuxième étape qui ne fait que combler les trous en rajoutant directement une référence d'un ou deux octets là où l'information manque, c'est-à-dire là où on a des « 1 » dans la séquence de bits.

Ce codage compliqué fait-il vraiment gagner de la place ? La réponse est oui, si la redondance est grande, c'est-à-dire si le catalogue est petit.

C'est le cas si les lignes sont réutilisées dans de nombreux motifs. Le codage n'est donc pas toujours efficace, mais en pratique, il l'est souvent.

La thématique de la compression de donnée revient naturellement sur le devant de la scène. Les 256 Ko de ROM paraissent confortables face aux 40 Ko de *Super Mario Bros*, mais *Sonic the Hedgehog* est d'une variété graphique bien plus importante. Il comporte 7 zones : Green Hill, Bridge, Jungle, Labyrinth, Scrap Brain, Sky Base et le niveau bonus. Chacune comprend en général 3 niveaux relativement grands, même s'ils n'atteignent pas la taille des niveaux sur Megadrive. Par exemple, l'acte 1 de Green Hill Zone fait 7872 x 512 pixels soit 984 x 64 motifs qui occuperaient à eux seuls 61 Ko de ROM sans compression. En comptant les niveaux bonus, le jeu ne comprend pas moins de 29 niveaux. Les problèmes d'espace sont toujours aussi cruciaux, ce qui justifie les acrobaties décrites plus haut pour compresser les motifs. L'architecture des niveaux sera compressée également, on va décrire comment dans la section suivante.

Table des noms et Sprites

Comme sur NES, le décor est construit en remplissant une table de nommage avec des motifs 8 x 8 pixels. Sur Master System, une seule table des noms est stockée en mémoire vidéo. C'est une grille de 32 x 28 cases dont seulement 31 x 24 sont visibles à l'écran. En figure 22, on peut voir la table de noms correspondant à l'écran de départ du premier niveau de Green Hill Zone. La zone visible est délimitée par le rectangle blanc. L'espace « hors champ » constitué des quatre lignes en bas et de la colonne à gauche est vital pour le scrolling multidirectionnel de Sonic the Hedgehog.

Quand Sonic va vers la droite, la fenêtre de visibilité va se déplacer vers la droite et donc dépasser la limite de la table de nommage. On a déjà décrit que quand dans ce cas, le VDP de la Master System allait afficher la colonne du bord opposé de la table (ici la colonne de gauche). Comme si on était sur un cylindre et qu'il n'y ait, en fait, pas de bord.

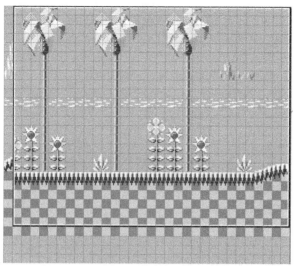

Figure V-22 : Fenêtre de visibilité

La première colonne à gauche devient ainsi visible et elle doit contenir la prochaine colonne à afficher (c'est le cas sur l'illustration). La table est toujours plus grande que l'espace affiché et c'est alors la deuxième colonne en partant de la gauche qui devient invisible. Elle va devoir être mise à jour à temps pour pouvoir continuer le scrolling et ainsi de suite. Le principe est le même avec les lignes du bas de l'écran lorsque le défilement se passe verticalement.

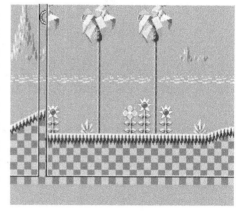

Figure V-23 : Déplacement de la fenêtre

Dans une direction ou l'autre, le jeu possède toujours une marge invisible pour le joueur qu'il remplit avec la « suite » du décor. La figure 23 montre une étape ultérieure du défilement vers la droite.

Diète de sprites

Quand on regarde l'écran de jeu de la figure 24, on peut remarquer que *Sonic The Hedgehog* n'utilise pas de barre spécifique pour donner le temps, le nombre de vies, etc. Ces informations sont incrustées directement sur l'action. Le jeu réussit à le faire en utilisant des sprites fixes, mis à jour quand c'est nécessaire. Cela à un cout : 24 sprites « matériels » sur les 64 maximums sont utilisés pour afficher l'interface. Sonic, qui est bien entendu toujours présent à l'écran, utilise lui-même 8 sprites. Seuls 32 sprites 8 x 8 pixels restent ainsi disponibles pour afficher les ennemis ou tout autre élément animé à l'écran.

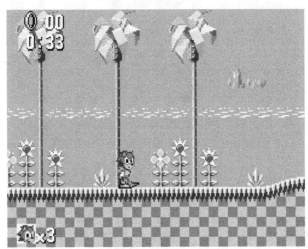

Figure V-24 : Ecran de jeu de Sonic *the Hedgehog* niveau 1-1

Or, les décors de Sonic bénéficient de petites animations. L'eau qui miroite en arrière-plan est donnée par une simple manipulation de palette. Deux nuances de bleu et du blanc sont échangés cycliquement. La fleur rose qui monte et descend au centre de l'écran est obtenue en modifiant directement la table des noms.

Figure V-25 : Pièces en rotation

En outre, pas de Sonic sans anneaux à récolter par milliers. Or, ces anneaux sont animés : ils tournent sur eux-mêmes. Considérons l'écran de jeu de la figure 25. Outre Sonic et l'interface, qui consomment 32 sprites, le bonus en haut à droite en utilise 9 et les 8 anneaux en nécessiteraient 32 supplémentaires. Cette scène compterait donc 73 sprites. Comme la console en supporte seulement 64, les anneaux vont être animés différemment.

On pourrait mettre à jour les cases de la table des noms, comme pour la fleur. Mais alors, le nombre d'accès à la table serait proportionnel au nombre d'anneaux à l'écran. Et il faudrait aussi pouvoir déterminer quand un anneau donné est visible. C'est beaucoup de travail. Alors là encore, on va profiter que notre banque de motif est stockée en RAM vidéo plutôt qu'en ROM. Si on met à jour directement en V-RAM les 4 motifs qui constituent les anneaux, tous ceux que l'on va rencontrer, quel que soit leur nombre à l'écran, seront automatiquement animés.

Ce nombre de sprites limité a aussi une conséquence inattendue : celle de rendre le jeu un peu plus difficile que son homologue sur console 16 bits. Sur Megadrive, lorsque Sonic se fait toucher, tous les anneaux qu'il avait accumulés sont libérés et apparaissent à l'écran. Cela donne parfois un « déluge » de sprites impressionnant (figure 26). Il est alors assez facile d'en récupérer quelques-uns pour se prémunir d'un « Game Over ».

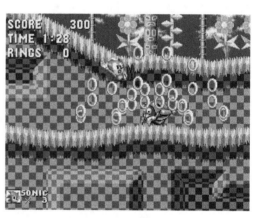

Figure V-26 : Une collision dans Sonic sur Megadrive

Mais pour la console 8 bits, il est souvent impossible d'afficher autant d'anneaux simultanément. Lors d'un faux pas, il n'en apparaît qu'un seul qu'il ne faut surtout pas rater. En outre, l'intransigeance des niveaux de « boss », qui n'offrent aucun anneau salvateur, achève de rendre Sonic sur Master System très délicat à terminer.

Compression (encore)

Comme on l'a évoqué ci-dessus, si Sonic n'était pas compressé efficacement il pèserait allègrement plus d'un mégaoctet. On a vu comment compresser les motifs et ce fut douloureux. Je vous rassure, si les plans des niveaux de Sonic sont eux aussi lourdement compressés, c'est de manière plus simple. Observons tout d'abord le plan complet du deuxième niveau de « Green Hill Zone » en figure 27.

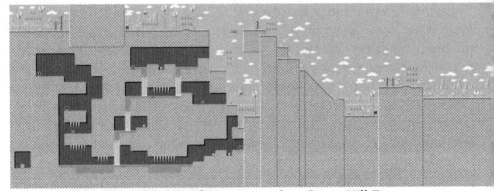

Figure V-27 : Deuxième niveau de « Green Hill Zone »

Ce niveau n'est pas très grand, mais on y remarque une grande redondance spatiale. La première étape pour le décrire efficacement va être d'utiliser des métamotifs. Comme on l'a vu avec *Super Mario Bros*, un métamotif est un élément graphique réutilisable composé de plusieurs motifs élémentaires. Dans Sonic, ils ont une taille fixe de 4 x 4 motifs, soit de 32 x 32 pixels. Comme Sonic utilise des bibliothèques d'au plus 256 métamotifs différents, chacun n'est référencé que par un seul octet au lieu de 16.

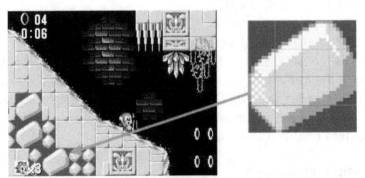

Figure V-28 : Un exemple de métamotif

C'est un gain appréciable, même s'il faut bien sûr stocker les bibliothèques de métamotifs quelque part. Elles sont de tailles variables, il y en a généralement une par zone. En figure 28, un métamotif 32 x 32 issu de la « Labyrinth Zone » (capture d'écran à gauche). Ci-dessous, les nombres exacts de métamotifs nécessaires aux différentes zones.

Zone	Nombre de métamotifs
Green Hill	184
Bridge	144
Jungle	160
Labyrinth	176
Scrap Brain	192
Sky Base	216
Sky Base (Act 3)	104
Bonus Stage	53

Pour faire bonne mesure, la description des niveaux en termes de métamotifs elle-même est compressée. Il s'agit en effet d'une série d'octets qui peut contenir de nombreuses répétitions. Où le ciel est uniformément bleu ou bien là où on a que du terrain en damier (cf. encore figure 27), par exemple. La méthode est simple, si deux octets successifs sont différents, on les stocke tels quels. Si deux octets successifs ou plus sont identiques, on écrit deux fois la valeur répétée et le nombre de répétition (moins un) ensuite.

Pourquoi écrit-on la valeur deux fois ? C'est le signal qu'il y a compression, car sinon les octets successifs seraient différents. Et pourquoi « moins un » ? Parce que l'algorithme de décompression est le suivant : on écrit un octet et on teste s'il est identique au précédent. Si oui, on lit le nombre de répétition avec l'octet suivant et on les écrit. Comme on a déjà écrit une fois la valeur à répéter, il est pratique que la valeur lue soit le nombre total de répétition moins une.
Prenons quelques exemples pour fixer les idées.

- 25, 26, 35, 14, 11 donne 25, 26, 35, 14, 11 (pas de compression).
- 25, 25, 65, 89, 11 donne 25, 25, 2, 65, 89, 11 (on perd un octet !).
- 25, 25, 25, 13, 11 donne 25, 25, 3, 13, 11 (bilan neutre).
- 25, 25, 25, 25, 25, 11 donne 25, 25, 5, 11 (compression efficace).

On voit que cet algorithme n'est efficace que si les octets se répètent 4 fois ou plus, sinon il peut même être défavorable. Pour coder les plans d'un niveau néanmoins, il est raisonnablement efficace et simple à implémenter.

La simplicité et la vitesse de décompression sont cruciales quand il s'agit d'implémenter des algorithmes de compression de données dans un jeu vidéo, en particulier sur plateforme 8 bits.

Mais il ne faut pas croire que ce soit les limitations techniques de cette époque particulière qui oblige à compresser les données d'un jeu. Au contraire, avec la Megadrive, la compression va se généraliser via des bibliothèques logicielles fournies par Sega lui-même. D'innombrables jeux Megadrive (*Castle of Illusion*, les *Golden Axe*, les *Sonic*, *Strider*, *Street of Rage*, etc.) utiliseront un format de compression connu sous le nom de « Nemesis », en hommage au premier hacker à l'avoir documenté. Il s'agit d'un codage à arbre binaire de Shannon - Fano, voisin du codage de Huffman, adapté au processeur 16 bits 68000 de Motorola.

Mais ce ne fut pas le seul. Le codage dit « de Kosinski », là encore en hommage au hacker qui en a percé le secret, est notamment utilisé dans *Sonic 3* et *Sonic et Knuckles*. C'est une méthode de compression proche de celle de Lempel-Ziv. Elle utilise un dictionnaire pour minimiser les redondances de motifs. Elle compresse un peu moins bien que « Nemesis », la ROM de *Sonic 3* est plus grosse que celle de *Sonic 2*, mais Kosinski est très rapide à décompresser. Cela permet au jeu de charger de nouvelles données graphiques au fil de l'eau et rend possibles de brusques changements d'ambiances pendant le cours même d'un niveau.

À l'heure actuelle, la compression des données est toujours au centre des préoccupations. Les consoles modernes ont beau avoir 8 Go disponibles sur DVD, les mondes qu'elles proposent sont parfois tellement colossaux qu'aujourd'hui encore, chaque octet compte.

Musique

Sonic the Hedgehog sur Master System est une véritable affaire de famille. Celle de la Famille Koshiro pour être précis. Le jeu a été développé par la société « Ancient », fondée en 1990 par Tomo Koshiro, la mère de son gérant actuel : Yuzo Koshiro.

Ce dernier est un compositeur de renom dans le monde du jeu vidéo. On lui doit, entre autres, les musiques de *Ys* (I et II), la série *Streets of Rage*, *ActRaiser* 1 et 2, *Shinobi*, *Shenmue* et bien sûr : *Sonic the Hedgehog* sur Sega Master System. La compagnie emploie aussi Ayano Koshiro, la sœur de Yuzo, comme graphiste, qui a également œuvré sur Sonic. Ce titre se trouve être le premier jeu de la jeune société, un sacré challenge.

Sonic the Hedgehog sur Megadrive est connu pour avoir une bande-son de qualité et certains morceaux se sont retrouvés transcrits sur Master System. Mais les zones inédites sur l'opus 16 bits bénéficient de musiques originales et, il semblerait, plutôt réussies. En effet, si on écoute le refrain de la chanson de Janet Jackson « Together Again » et le thème de Bridge Zone, la ressemblance est troublante. L'album de Janet « The Velvet Rope » est sorti en 1997, soit bien après le jeu et il est probable que l'air de Koshiro ait influencé les compositeurs.

La relation entre la famille Jackson et le hérisson bleu ne s'arrête pas là. Si de nombreux joueurs avaient déjà remarqué la ressemblance entre les thèmes de *Sonic 3* et certaines chansons de Mickael Jackson (on pense notamment à « Stranger in Moscow »), il a fallu attendre 2009 pour que le doute soit, semble-t-il, définitivement levé. Une interview de Brad Buxer (arrangeur de Mickael Jackson crédité à la fin du jeu) dans le Magazine « Black and White », une publication consacrée au chanteur, confirme ce que l'on soupçonnait : il y a bien eu un accord entre la Sonic Team et le « roi de la pop ». Les raisons pour lesquelles il s'est finalement retiré du projet restent, à ce jour, assez mystérieuses. L'explication « officielle » voudrait qu'il n'ait pas été pleinement satisfait du rendu sonore de la console et qu'il n'ait finalement pas souhaité apparaître dans les crédits de fin.

Il est vrai que la Megadrive, bien que bénéficiant d'une puce FM Yamaha relativement évoluée reste assez loin d'un synthétiseur professionnel. Que dire alors de la Master System, dont la plupart des versions doivent se contenter de la puce SN766489 et de ses 4 canaux. C'est pourtant avec ce modeste composant que Yuzo Koshiro a réussi à nous offrir ces compositions mémorables, influençant Janet Jackson elle-même. Quel aurait été l'impact des musiques de Sonic si toutes les consoles avaient bénéficié du Yamaha YM2413 ?

Le SN76489 ou « PSG »

Le PSG, pour « Programmable Sound Generator » est un circuit de production de son relativement simple. Dans ses fonctionnalités, il est assez proche du pAPU de la NES, en un peu moins sophistiqué néanmoins. Il possède en tout quatre canaux monophoniques. Trois sont des canaux à signaux « carrés » et un produit du « bruit ». Les trois premiers servent principalement à produire de la musique. On peut régler indépendamment leurs volumes (16 niveaux) et leurs fréquences (de 122 Hz à 125 Khz).

Le canal de bruit, là encore utilisé pour les percussions ou pour les effets sonores, peut produire un bruit blanc ou des bruits périodiques (plus ou moins aigu). Par rapport à une NES, il n'y a pas de signaux triangulaires, ce qui permettait de varier un peu les timbres, ni de canal digital. Il est donc compliqué d'implémenter des échantillons digitalisés, comme des voix, en n'utilisant que ce composant. Dans la pratique néanmoins, les deux machines offrent des capacités sonores très voisines. Même si la NES peut se démarquer avec une aide extérieure, le Famicom Disk System ou certains MMC évolués par exemple.

Le SN76489 est par ailleurs très basique au niveau de sa programmation. Tout est à la charge du programmeur et chaque jeu doit implémenter un « moteur sonore » qui lui permettra de jouer musiques et effets sonores simultanément pendant l'action. Les mêmes considérations que l'on avait évoquées sur *Super Mario Bros* restent valides.

Sonic the Hedgehog comprend 21 musiques, certaines sont des boucles très courtes (comme lorsque vous mourez) et d'autres durent entre 2 et 3 minutes. Chaque chanson est constituée de quatre séries d'octets, une

par canal. Chaque « partition » est écrite dans un langage particulier au moteur du jeu, spécifiant notes, silences, volume, vibrato, tempo, boucle, etc.

Si le SN76489 n'est pas très impressionnant, c'est que Sega avait prévu de doter ses consoles d'une puce bien plus puissante et taillée spécifiquement pour la musique. La petite puce de Texas Instrument aurait ainsi eu tout loisir de s'occuper des divers effets sonores. Afin de réduire les couts toutefois, le synthétiseur Yamaha YM2413 fut prévu comme un accessoire pour la Sega Mark III et ne fut intégré de série que dans les Master System japonaises. Au final, peu de jeux en auront vraiment profité, et c'est très dommage, car Sega aurait pu creuser l'écart avec la concurrence dans ce domaine.

Le Yamaha YM2413

Le circuit de Yamaha est une puce sonore « FM » pour « Frequency Modulation ». C'est-à-dire que l'on peut agir sur les ondes sonores produites en en modulant la fréquence. Une note de musique est une onde. Sa fréquence va déterminer si le son est grave ou aigu. Son amplitude va en déterminer le volume et enfin sa forme va déterminer son timbre. Une onde sinusoïdale simple sonnera comme un diapason. Un piano, une guitare auront des formes très différentes. Ainsi, avec une onde de forme carrée, on ne pourra pas reproduire fidèlement des instruments variés, on sera contraint d'utiliser une palette de timbres assez proches.

Pour modifier à loisir la forme d'une onde, il y a deux manières de l'envisager. On peut considérer qu'une onde de forme complexe est une superposition d'ondes simples : ses harmoniques. La composition en harmoniques détermine le timbre de l'instrument. Une autre manière, plus simple à implémenter avec des composants analogiques, est de considérer que l'on modifie la fréquence de l'onde en fonction du temps. On le fait suivant une autre fréquence, plus élevée que la fréquence de base. En figure 29, un exemple d'onde dont la fréquence a été modulée par une fréquence 5 fois supérieure. Sa forme est bien plus complexe qu'un simple signal carré ou sinusoïdal.

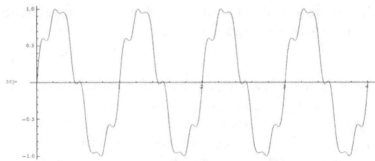

Figure V-29 : Une onde sinusoïdale modulée

On dit qu'on modifie la fréquence de l'onde « porteuse », qui donnera la note de musique, par une fréquence de modulation, qui va changer le timbre du son obtenu. En choisissant ce couple de fréquence, on peut obtenir une très large variété de timbres différents, certains imitant remarquablement bien des instruments réels.

D'ailleurs, et c'est tant mieux, le programmeur n'aura quasiment jamais à choisir lui-même ses fréquences, même s'il en a la possibilité. Le YM2413 lui procure en effet une liste de 15 instruments prédéfinis : piano, trompette, hautbois, flute, clarinette, etc. Il aura aussi à sa disposition un ensemble de percussions : batterie, cymbale, etc. Le YM2413 est un vrai petit orchestre avec 9 voix simultanées dont 5 peuvent accueillir des percussions.

Autant dire que les bandes-son utilisant la puce Yamaha n'ont rien à voir avec leurs contreparties PSG. Il suffit d'écouter la différence entre les musiques de *Phantasy Star* en version japonaise et en version américaine pour se rendre compte du fossé qui les sépare. Le jeu, hors Japon, n'utilise que le PSG car à priori, aucune machine n'est  censée posséder la puce requise dans ces territoires. En tout, on compte une bonne cinquantaine de jeux utilisant la puce FM. Entre autres, *Afterburner*, *Double Dragon*, *Golvellius*, *Outrun*, *R-Type*, *Space Harrier 3D*, *Zaxxon 3D*, etc.

Très bizarrement, il existe aussi une vingtaine de jeux qui ne sont jamais sortis au Japon et qui possèdent une bande-son FM. Par exemple : *Altered Beast, California Games* (en hommage à Richard Berry ?), *Ultima IV* ou *Rampage*. Des musiques que pratiquement personne n'a jamais entendues donc. Aujourd'hui encore, c'est presque exclusivement via l'émulation qu'elles peuvent être redécouvertes.

Le YM2413 se retrouve aussi dans l'extension musicale pour MSX « MSX-Music » et dans le clavier Yamaha PSR-6. Plus généralement, il s'agit d'une version allégée de la puce OPL2 (ou encore YM3812) très célèbre dans les années 90 pour avoir été intégrée dans les cartes son AdLib et Soundblaster pour IBM PC.

Quelques Accessoires

Le SegaScope

Comme la NES, la Sega Master System eut plusieurs accessoires remarquables, vendus dans différents packs ou séparément. Le pack « Master System Plus » comprend par exemple, outre la console, le « Light Phaser » et deux jeux : *Hang On* et *Safari Hunt*. Le Phaser est un pistolet en plastique dans la veine du Zapper disponible sur NES. Comme ce dernier d'ailleurs, il est plutôt réaliste. Il est de couleur noire et sa ligne est assez profilée. Les mêmes causes produisant les mêmes effets, il devra lui aussi adopter un look plus « jouet » en arborant une touche orange.

Le Super System, quant à lui, intégrait non seulement le « Light Phaser » mais aussi une paire de lunettes 3D actives, le SegaScope, capable de vous immerger dans des jeux en relief.

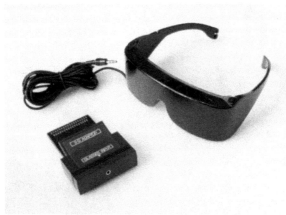

Figure V-30 : Les « SegaScope »

Comme pour le « Famicom 3D System », la technologie utilisée est pratiquement identique à celle qui est aujourd'hui en vogue au cinéma et sur certaines TV 3D. Les lunettes sont actives et reliées à la console via le port Gamecard. Les jeux en relief doivent montrer une image différente à chaque œil. Pour le faire, ils affichent pendant 1/30eme de seconde l'image de l'œil droit en demandant aux lunettes d'occulter la vision de l'œil gauche du joueur. Puis ils font l'inverse, ils affichent l'image gauche et demande l'occultation de l'œil droit.

Si la technique employée est la même que dans certains appareils modernes, le confort était tout de même moins bon à l'époque. Aujourd'hui, les écrans LCD ou plasma qui permettent l'utilisation de lunettes 3D active ont un taux de rafraichissement de 120 Hz, soit le double de celui d'une télévision NTSC. Comme chaque œil ne perçoit qu'une image affichée sur deux, la fréquence apparente pour le spectateur est de 60 Hz par œil aujourd'hui contre 30 Hz voire 25 Hz (pour les TV PAL) par œil à l'époque.

Les images en relief données par les lunettes de Sega avaient donc tendance à être moins stables et plus fatigantes qu'aujourd'hui. Le système avait en outre tous les inconvénients qu'on reproche aux systèmes actuels : lunettes lourdes et fragiles, baisse de la luminosité, couleurs assombries, effet de « ghosting », etc. De fait, il n'existe que 8 jeux compatibles 3D, mais c'est tout de même mieux que le Famicom 3D system. D'autant qu'on compte de grands titres, comme *Space Harrier*, *Outrun* et *Zaxxon*.

Le Light Phaser

La simulation de tir est une idée plutôt ancienne. Sans remonter jusqu'au *Laser Clay Shooting* de Nintendo (1973), on trouve un brevet de Ralph Baer (le père de la Magnavox) sur la détection de cible sur un écran de télévision dès 1980. La plupart des consoles ont proposé, et proposent encore, des moyens de viser gangsters, zombies ou dinosaures directement sur votre écran. En général, c'est avec une réplique d'arme à feu plus ou moins convaincante. En figure 31, le « Phaser » de Sega.

En leurs temps, la NES et la Master System offraient toutes deux des solutions à base de « Light Gun ». On lit parfois que le pistolet de la Master System était plus précis que celui de la NES. Au sens strict, ce n'est pas tout à fait vrai, car les accessoires en eux-mêmes reposent sur un principe identique et contiennent les mêmes composants.

Figure V-31 : Le « Phaser » de Sega

Un « light gun » ne contient pas grand-chose. Une lentille concentre la lumière sur une cellule photosensible, dont les signaux sont envoyés à la console. De même, la gâchette est considérée comme n'importe quel autre bouton de manette. Néanmoins, il existe deux grandes méthodes pour détecter les cibles que vous touchez (ou pas). En effet, le pistolet n'émet rien, il ne détecte que les variations brutales de luminosité. Or, sur une télévision affichant un jeu vidéo, tous les points de l'écran sont en général lumineux, alors comment différencier un canard d'un arbre ?

La première méthode est celle utilisée dans les jeux Nintendo. Commençons par supposer qu'il n'y a qu'une seule cible. Pendant le jeu, le pistolet est ignoré tant que le joueur n'appuie pas sur la gâchette. Quand il « tire », la console remplit l'écran de blanc. Ce flash de lumière est détecté par le pistolet qui renvoie, disons, un « 1 ». L'image suivante sera alors dessinée en noir, sauf la cible qui sera englobée dans un rectangle blanc. Alors, soit le pistolet continu de voir de la lumière, donc d'envoyer un « 1 » et vous avez touché votre cible, soit il voit une transition au noir, passe à « 0 », et vous l'avez ratée. Cela explique les scintillements de l'image lorsque vous tirez et les carrés blancs que l'on aperçoit brièvement autour des canards dans *Duck Hunt*, par exemple.

Des canards, il peut d'ailleurs y en avoir plusieurs qui s'envolent simultanément. Comment faire si l'on a plusieurs cibles à détecter ? Si on affiche autant de rectangles blancs que de cibles après le flash, on pourra dire que vous avez touché une des cibles, mais comment déterminer laquelle ? Il suffit d'afficher les rectangles englobant les cibles les uns après les autres. Dans *Duck Hunt*, tous les canards qui s'envolent semblent englobés par des carrés blancs. En fait, ils le sont tour à tour, image après image (cf. figure 32). Mais comme tout se passe en quelques dixièmes de seconde, ce n'est pas perceptible.

Cette méthode est tout à fait acceptable, tant que l'on a des cibles bien identifiées. Mais on ne peut pas répercuter les tirs du joueur à des endroits aléatoires de l'écran. Imaginons qu'il tire dans un mur de brique, impossible d'afficher précisément les impacts.

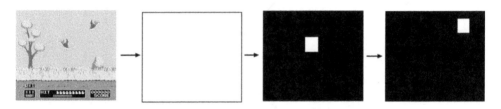

Figure V-32 : Détection multi cible dans Duck Hunt

La deuxième méthode que l'on peut utiliser avec les « light gun » permet cette fantaisie, mais se révèle un peu plus délicate à mettre en œuvre. Lorsque le joueur appuie sur la gâchette, l'écran passe à nouveau complètement au blanc. Ce flash est détecté par le pistolet et immédiatement après,

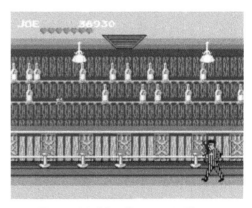

Figure V-33 : Gangster Town

la console demande le remplissage de l'écran en noir (ou une couleur sombre). Le but va encore être de détecter cette transition, mais cette fois, il faudra mesurer précisément à quel moment elle a lieu. Comme on connaît exactement le temps de remplissage d'une ligne de l'écran, une mesure à la microseconde près du moment où le pistolet voit la lumière permet d'isoler une zone vers laquelle le joueur est en train de pointer. À charge ensuite au programmeur de déterminer quoi faire de cette information.

C'est cette méthode qui est utilisée en général dans les jeux Sega Master System qui utilisent le Phaser. Certains sont en effet d'une précision étonnante, comme *Gangster Town*, dans lequel on peut casser les briques d'un mur ou tirer sur les bouteilles en arrière-plan autant que sur les gangsters eux-mêmes (figure 33).

VI. La NEC PC Engine

Introduction

« Il y a longtemps, une locomotive de type C62 circulait sur la ligne principale d'Hokkaido et passait par Niseko, la ville où vivaient les frères Kudo. Hiroshi aimait beaucoup la locomotive, (...), quand il fonda son entreprise, il voulut en utiliser le nom. Ses essieux étaient de type Hudson ». C'est ainsi que Toshiyuki Takahashi explique l'origine du nom de la compagnie « Hudson Soft », dont il deviendra plus tard le plus populaire des « Meijin ». Fondée en 1973 par Yuji et Hiroshi Kudo, Hudson Soft ne commence à vendre des produits informatiques qu'en 1975 et développe ses premiers jeux dès 1978. Entre cette date et 1984, la compagnie travaille sur de multiples plateformes, surtout les ordinateurs personnels de l'époque : MSX, PC-8801 et ZX Spectrum.

En 1984, Hudson devient un des premiers développeurs tiers de Nintendo et prendra une importance considérable grâce au succès de *Lode Runner*, *Bomberman*, *Star Soldier*, *Adventure Island*, etc. Tous ces titres contribuent autant au succès de la Famicom qu'à la prospérité d'Hudson Soft. Malgré tout, obligé de se soumettre aux exigences de Nintendo,

Hudson Soft commence à s'y sentir à l'étroit. Rappelons que Nintendo avait initialement décidé de développer tous les jeux Famicom en interne. Devant le succès de la machine, les programmeurs « maisons » furent néanmoins incapables de tenir la cadence. Nintendo fut bien obligé d'autoriser des éditeurs tiers à développer pour sa console sous peine de la condamner à brève échéance. Hudson faisait partie des six privilégiés initiaux. Pour les autres, la limite des trois jeux par an, le contrôle de Nintendo sur la fabrication des cartouches et les royalties passaient assez mal.

Peut-être qu'Hudson Soft y a vu une opportunité. Dès 1985, les réflexions sur une machine de jeu entièrement conçue par la firme commencent. D'après Toshiyuki Takahashi, les discussions sur le processeur de la future machine auraient débuté dans un bar, juste après la fin des « Tournois Caravan ». Après hésitations, c'est en fin de compte une architecture 8 bits sera préférée, pour limiter les couts de la mémoire attenante. Dans les deux années qui suivirent, c'est finalement trois puces qui seront conçues par les ingénieurs d'Hudson. En 1987, ils dévoilent le système « C62 », un prototype de console surclassant largement la Famicom. Incapables de financer la production et la commercialisation d'une nouvelle machine, ils se rapprochent de NEC. Le géant de l'électronique nippon souhaite se lancer dans le jeu vidéo. C'est un secteur en plein essor et cela lui permettrai de toucher une cible plus jeune qu'avec ses ordinateurs. L'objectif étant aussi de la fidéliser. NEC à les moyens des ambitions d'Hudson Soft et c'est ainsi que naquit la PC Engine.

Les Modèles

La PC Engine est une machine évolutive qui a reçu plusieurs extensions significatives. En outre, la même machine fut commercialisée sous plusieurs noms et plusieurs apparences ce qui complique encore les choses. Un récapitulatif s'impose.

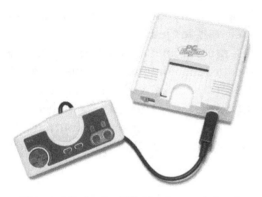

Figure VI-1 : La PC-Engine originale   **Figure VI-2 : Une HuCard**

Les PC Engines

La PC-Engine originelle est probablement une des plus petites consoles de salon de l'histoire. Elle ne mesure que 14 cm x 14 cm x 3.8 cm et se présente dans une livrée blanche (figure 1). Elle sort en 1987 au Japon et n'accepte que les jeux sur HuCard (pour « Hudson Card », cf. figure 2). Proportionnés à la machine et bien loin de nos cartouches NES, les HuCard ont la taille d'une carte de crédit, comme les cartes de jeux Master System, et s'enfichent sur l'avant de la console. Sans doute pour affirmer l'image « high-tech » de la machine, elles sont commercialisées dans les mêmes boitiers plastiques que les CD-Audio, le summum technologique de l'époque. Étrangement, la console n'a qu'un seul port manette, laquelle est d'ailleurs très similaire à une manette Famicom. Le multi joueur requiert un accessoire supplémentaire, le multitap, qui supporte jusqu'à 5 joueurs.

La PC-Engine est une machine 8 bits, bien que techniquement, ses processeurs graphiques soient 16 bits, nous y reviendrons. Cette spécificité permit à NEC de commercialiser la PC Engine sous le nom de « Turbo Grafx - 16 » lors de sa sortie américaine en 1989. Ce nom devait rassurer les consommateurs sur les performances de la machine face à la Megadrive, dotée d'un processeur central 16 bits. La Turbografx-16 (parfois abrégée en TG-16) n'a pas du tout la même coque que la PC-Engine (figure 3) mais l'intérieur est identique. À un détail près, l'ordre des connecteurs a changé sur le port HuCard ce qui fait qu'elle ne peut lire les jeux japonais.

Figure VI-3 : La Turbografx - 16

Figure VI-4 : La CoreGrafx

La PC-Engine recevra en outre trois révisions qui, malgré des noms différents, sont toutes identiques du point de vue de leur architecture interne. En 1989 nait la Coregrafx, identique à la PC-Engine hormis sa couleur noire (figure 4). Moins chère à produire et moins chère à la vente, c'est sous cette forme que la console fut distribuée en France, dès 1990.

La PC-Engine n'est pas une console très connue en Europe. NEC s'est concentré principalement sur le Japon, où il connut un beau succès, et sur les États-Unis, un marché énorme et totalement dominé par Nintendo. En Europe, des sociétés locales ont dû se charger de l'importation des machines. Ce sera Telegames pour le Royaume-Uni et Sodipeng (« Société Distributrice de la PC-Engine ») pour la France et la Belgique. Ce dernier se chargeait non seulement de l'importation des machines japonaises, mais aussi de leur adaptation aux TV PAL du marché français. Grâce à Sodipeng, les joueurs français purent profiter des titres japonais (non traduits) sur leurs consoles Coregrafx. Elles étaient en l'occurrence modifiées pour fournir un signal RGB de bonne qualité. Malheureusement, après la faillite de la société en 1993, la console disparut peu à peu du marché, cédant la place aux machines 16 bits de Sega et Nintendo.

Au Japon, on notera néanmoins la sortie de la Coregrafx II. Elle est identique à la Coregrafx à la couleur et au prix près (figure 5). La Shuttle est un peu la mal-aimée de la gamme. La réduction des couts de production a eu raison du port d'extension nécessaire au branchement du lecteur de CD-ROM. Cette machine au look « spatial » (figure 6) voulait se positionner sur un segment de joueurs plus jeunes, ayant peu de moyens et qui ne seraient pas intéressés par l'extension CD. Cette fameuse extension CD-ROM qui s'est avérée fondamentale à la pérennité de la machine.

Figure VI-5 : Coregrafx II

Figure VI-6 : La Shuttle

Les lecteurs CD-ROM

NEC est une société spécialisée dans les ordinateurs. Dans ce monde plus que dans celui des consoles, l'évolutivité est importante. La PC-Engine a été conçue dans cette optique et c'est ce qui lui a permis de survivre malgré l'émergence des machines 16 bits. La maîtrise technologique de NEC a permis à la console d'être assez largement en avance sur son époque en accueillant dès la fin 1988 un lecteur de CD-ROM : le CD-ROM² (pour « CD-ROM ROM »). Le périphérique peut s'interfacer avec tous les modèles de PC-Engine hormis les Shuttle. En figure 7, on le voit couplé à une PC-Engine originale.

Figure VI-7 : PC Engine et son CDROM² **Figure VI-8 : Coregrafx 2 et son Super CDROM²**

Comme le Famicom Disk System en son temps, Le CD-ROM² un large espace de stockage et la possibilité de sauvegarder ses données. Mais, à seulement 4 ans d'intervalles, les possibilités de cette extension sont démultipliées par rapport au lecteur de disquettes de Nintendo. Avec 640 Mo d'espace de stockage, la machine est capable d'offrir des musiques en qualité CD, des cinématiques doublées et de véritables dessins animés interactifs.

Comme les jeux sont stockés sur le CD-ROM, le port HuCard est utilisé pour accueillir des cartes d'extension : « les Super Card System ». Il y en aura plusieurs versions, chacune contenant un BIOS plus évolué et, éventuellement, des extensions mémoire pour la machine elle-même.

En 1991, sort le Super CD-ROM² (figure 8). Il écourte les temps de chargement en étant deux fois plus rapide et il étend les capacités de la console à 256 Ko de mémoire. Les possesseurs de la première version du lecteur de CD-ROM peuvent aussi bénéficier de cette mémoire supplémentaire avec la « Super Card System 3 ». Ce système d'extension culminera avec les « Arcade Pro » et « Arcade Duo », rajoutant jusqu'à 2 Mo de mémoire vive.

Des versions de PC-Engine intégrant le lecteur Super CD-ROM² virent le jour sous les noms DUO (figure 9). Les révisions DUO-R et DUO-RX sont techniquement très analogues.

Figure VI-9 : PC Engine Duo

Figure VI-10 : PC Engine GT

Les portables

La PC Engine se déclina en une version portable, la PC-Engine GT (figure 10). Sortie fin 1990 au Japon et compatible avec toutes les HuCard, elle faisait à l'époque figure de véritable Rolls Royce face au Game Boy et même au Game Gear de Sega. Elle permettait (au Japon) de regarder la télévision via un tuner optionnel. Son écran (TFT), comme sa puissance graphique était largement supérieur à la concurrence. Son prix était d'ailleurs à l'avenant puisque la machine, sortie en France début 1991, était de 2490 F. Dotée en outre d'une autonomie guère plus folichonne que la portable de Sega, la machine n'eut qu'un succès très modéré.

Figure VI-11 : PC Engine LT

Toujours fin 1991, NEC commercialisera aussi une machine devenue une perle rare aujourd'hui : la « PC-Engine LCD-TV » ou « PC-Engine LT », cf. la figure 11. Comme son nom l'indique clairement, il s'agit d'une PC-

Engine à laquelle on a greffé un écran de télévision LCD repliable. Très chère à sa sortie et assez peu populaire, elle constitue un exemple exceptionnel d'appareil hybride entre une télévision et une console de jeu « transportable ».

Le cas Supergrafx

On peut se demander si lancer une nouvelle génération de console 2 ans après la précédente, alors qu'elle se porte très bien, n'est pas une idée un peu douteuse. Quand la mise à jour « bénéficie » en plus d'une architecture matérielle difficilement exploitable, on s'abstient de parier sur un succès colossal. C'est pourtant exactement ce qu'a fait NEC avec la Supergrafx (figure 12), lancée en 1989.

Figure VI-12 : La Supergrafx

La Supergrafx est compatible avec les périphériques PC-Engine et tous ses jeux. Elle surclasse son ainée en doublant ses capacités graphiques. Mémoires et puces vidéo sont dédoublées, mais le processeur reste le même. Déjà fortement mis à contribution sur les jeux PC-Engine traditionnels, il voit sa charge de travail largement accrue dans une Supergrafx, d'où une grande difficulté de programmation. D'un autre côté, la base de PC-Engine installées allait en s'accroissant et le tout nouveau support CD-ROM était prometteur. Le choix des éditeurs fut vite fait. Au total, seuls 6 jeux exploiteront les capacités de la SuperGrafx, dont 5 shoot'em up : *Battle Ace, 1941 : Counter Attack, Aldynes, Granzort, Darius Plus* et *Ghouls'n Ghosts*.

Le PC-FX

En 1993, la PC-Engine accuse le poids des ans. Les machines 16 bits sont sur le marché depuis plusieurs années et leur potentiel est exploité à fond. La première 3DO, une machine 32 bits est prévue pour la fin d'année. NEC décide alors de lancer le « PC - FX » (figure 13), pour succéder à la PC-Engine. C'est aussi une machine 32 bits, mais NEC se concentre sur le rendu en 2D et la vidéo plutôt que sur la 3D. Une erreur fatale qui lui valut un échec retentissant : seules 400 000 machines s'écouleront durant les 3 ans d'existence du PC-FX. Il ne sortira jamais du Japon. À peine 62 jeux seront développés durant cet intervalle, presque exclusivement des mangas interactifs et des simulations de drague.

Figure VI-13 : Le PC-FX

Rachat par Konami

Hudson Soft n'existe plus aujourd'hui. Racheté en totalité par Konami en 2011, la marque elle-même a disparu courant 2012. Elle a été complètement assimilée aux branches Konami Digital Entertainment et Konami Music. Konami possède désormais toutes les licences Hudson mais, au moment où j'écris ces lignes, ses intentions en ce qui les concerne ne sont pas connues.

Un succès japonais

La PC Engine fut lancée en plein milieu d'un cycle, alors que Sega tentait de se faire une place face à Nintendo. Ce dernier dominait alors très largement le marché et bénéficiait, après quatre ans d'existence de la Famicom, d'un énorme parc de machines installées. Ainsi, en 1987, alors qu'une majorité de développeurs avaient leurs habitudes sur la 8 bits de Nintendo, lancer une machine toute nouvelle était un pari très risqué. Pourtant, la PC-Engine fut finalement un beau succès. Vendue à environ 10 millions d'exemplaires dans le monde, elle ne fut pas vraiment une concurrente dangereuse pour Nintendo et ses 60 millions de machines 8-bits écoulées. Néanmoins, elle s'imposa rapidement comme la seconde console du marché japonais après la Famicom. Certes, dépasser le petit million de Master System en circulation au pays du soleil levant n'est pas une performance très impressionnante. Néanmoins, avec plus de 6 millions de machines vendues, La PC-Engine est loin d'être ridicule, même face aux 19 millions de Famicom.

NEC eu un destin un peu inverse de celui de Sega, en quelque sorte. Sega ne fut pas prophète en son pays, sa Master System a réussi à s'imposer en Europe et en Amérique Latine, tandis que sa Megadrive eu finalement un beau succès aux États-Unis. Un marché que NEC ne put jamais conquérir significativement. Malgré les moyens mis en place, à peine 2 millions de TurboGrafx-16 trouvèrent preneur contre 34 millions de NES. En Europe, la diffusion de la machine fut quasi confidentielle.

Plutôt que de se demander les raisons de l'échec de NEC aux États-Unis, on peut se demander pourquoi il eu un tel succès au Japon. Non seulement la console avait affaire à l'armée des Famicom, mais les machines 16 bits étaient déjà annoncées fin 1987. La Megadrive allait sortir exactement un an plus tard. Il fallait donc que la PC-Engine soit puissante et qu'elle puisse être facilement exploitée par de nombreux développeurs. À ce niveau, Hudson eu la bonne idée de concevoir une machine dont la programmation est finalement assez proche de celle de la Famicom, les limitations en moins. Eux-mêmes concepteurs de jeux, les ingénieurs d'Hudson ont aussi beaucoup travaillé à peaufiner des kits de développement complets, pratiques et aussi simple d'utilisation que possible.

Architecture

Vue Générale

L'architecture générale de la PC-Engine est analogue à celle de la Famicom et de la Master System. Elle repose sur trois puces principales : le CPU, le VDC (Video Display Controller) et le VCE (Video Display Encoder). Tous les modèles de la console (PC-Engine, Coregrafx, GT ou DUO) respectent cette « Sainte Trinité ». Par exemple, on reproduit en figure 14 la carte mère d'une petite PC-Engine GT.

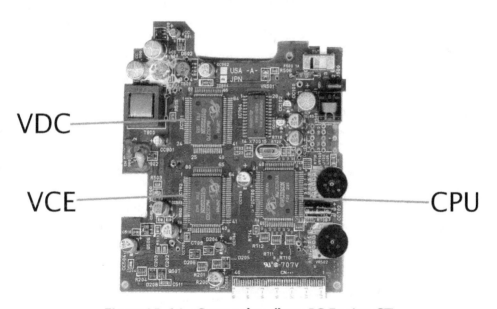

Figure VI-14 : Carte mère d'une PC Engine GT

La nomenclature des puces est une référence ferroviaire. C'est encore en hommage à cette fameuse locomotive Hudson C62 que le CPU se nomme « HuC6280 », le VDC « HuC6270 » et le VCE « HuC6260 ». Pour fixer les idées, disons qu'ils sont numérotés selon leur importance. Le plus élevé dans la hiérarchie est le CPU HuC6280, surnommé « Dr. Pepper » par les équipes d'Hudson. C'est un dérivé du 65C02, une version améliorée du 6502 qui a aussi servi de base au 2A03 de la NES. Bien que lourdement personnalisé par Hudson, le HuC6280 est compatible avec le CPU de la console Nintendo. Il s'occupe d'ailleurs aussi du son, il intègre un PSG (« Programmable Sound Generator »), comme le 2A03. Tout programmeur familier de cette machine ne sera pas dépaysé.

Le « C » de « 65C02 » signifie quelque chose d'important. C'est le « C » de « CMOS », le processus de fabrication du microprocesseur. Il y a schématiquement deux manières d'implémenter les composants électroniques élémentaires dans un circuit intégré :

- le « NMOS » pour « N-type Metal Oxyde Semiconductor » et le
- « CMOS » pour « Complementary Metal Oxyde Semi-conductor ».

Dans les années 70, le NMOS était préféré, car il était plus rapide, le CMOS consommait moins d'énergie, mais s'avérait trop lent. Le 6502 originel (et le 2A03 de la NES) était fabriqué selon un procédé « NMOS ».

Avec le temps, le CMOS devint plus performant. Sa faible consommation permettait d'atteindre des fréquences plus élevées que ne l'autorisait la dissipation thermique du NMOS. Petit à petit, le CMOS remplaça le NMOS et aujourd'hui, on n'utilise plus que ce procédé.

Pour la PC-Engine, bénéficier du CMOS a des conséquences importantes. Ses puces sont plus petites et chauffent moins, ce qui permet à la console d'afficher ces dimensions incroyablement petites, surtout pour l'époque. En outre, un 6502 classique serait incapable de dépasser les 7 Mhz comme le fait le HuC6280. Cela permet à Hudson d'avoir un processeur compatible avec celui de la NES, mais quatre fois plus rapide.

Le CPU est relié à 8 Ko de RAM et communique avec la puce graphique, le HuC6270, de la même manière que sur NES, via son espace d'adressage. Ce « VDC », surnommé « 7 Up », gère le décor, les scrollings ainsi que les sprites. Il peut fonctionner à trois fréquences différentes qui correspondent à trois résolutions horizontales. Il est relié à 64 Ko de mémoire vidéo et communique avec la dernière puce de la « trinité », le HuC6260. Ce « VCE », pour « Video Color Encoder » s'occupe de gérer les (nombreuses) palettes des graphismes et d'encoder le signal pour le téléviseur. Lui aussi a un petit nom : « Tetsukannon ». L'origine précise de tous ces surnoms n'est pas très claire. Les trois seraient des noms de boissons, « Tetsukannon » désignant (entre autres) une variété de thé.

La console en elle-même est synchronisée par une horloge unique, cadencée à 21,47727 Mhz. Le CPU divise ce nombre par 3 ou 7 pour fonctionner à des fréquences de 7,16 Mhz ou 1,78 Mhz selon le choix du programmeur. Le PSG intégré au processeur la divise par 3 et le VDC par 2, 3 ou 4 selon la résolution choisit. Le VCE et le VDC sont synchrones. Ces circuits principaux se présentent sous la forme de boitiers à 80 pattes, contre 40 pour les CPU et PPU de la NES. Cela s'explique par de nombreuses fonctionnalités supplémentaires, nous allons voir cela en détail.

Le CPU

En tant que dérivé du 65C02, « Dr. Pepper » a des registres d'une taille de 8 bits. La PC-Engine est donc techniquement une « console 8-bits ». Son CPU est néanmoins plus évolué que le 65C02. Hudson y a intégré plusieurs nouvelles fonctions : une unité de gestion-mémoire, un générateur de son sur 6 voix, un chronomètre, 8 ports d'entrées / sortie et la possibilité de choisir deux fréquences de fonctionnement : 1,78

Figure VI-15 : Le CPU de la PC Engine

Mhz ou 7,1 Mhz. Le CPU démarre en faible vitesse, mais peut passer librement de l'une à l'autre. Son langage comprend ainsi plusieurs nouvelles instructions par rapport à la famille 6502.

La Mémoire

Sur le processeur, on note avec étonnement la présence de 21 pattes associées au bus d'adresses. Le HuC6280 utilise un bus de données de 21 bits et son espace d'adressage est donc de 2 Mo. Rappelons que tous les processeurs 8 bits que nous avons vus jusqu'alors avaient un bus d'adresse de 16 bits et pouvaient donc adresser au plus 64 Ko de mémoire. Atteindre les 2 Mo est donc un sacré progrès, qui permet aux jeux PC-Engine (sur HuCard) d'atteindre le mégaoctet sans le secours d'aucune logique externe. Exit donc les « mappers », les puces additionnelles que nécessitaient les jeux NES, par exemple. Cela permet de limiter la complexité des HuCard et c'est une des raisons de leur grande compacité.

Néanmoins, comme le CPU reste 8 bits, manipuler des adresses de 21 bits n'est pas très pratique. Elles nécessitent 3 octets au lieu de 2. Pour un CPU 8 bits « classique » comme un 6502 ou un Z80, chaque instruction mettant en jeu des adresses mémoire (et elles sont très nombreuses) serait ainsi 50 % plus lente à s'exécuter. Cela nuirait aussi à la bande passante sur le bus de données, allongerait les programmes, bref : c'est inacceptable.

Pour remédier à ce problème, la solution choisie nous est familière : utiliser uniquement des adresses de 16 bits et faire du « bank switching ». L'espace de 2 Mo est ainsi divisé en 256 fois 8 Ko. En pratique, le processeur n'accède directement qu'à un espace de 64 Ko qui est lui-même divisé en 8 banques de 8 Ko. Chacune de ces banques peut correspondre à un segment de 8 Ko parmi les 256 qui constituent l'espace mémoire « réel » du processeur. Cette taille de 8 Ko coïncide avec celle de la RAM de la console.

Le processeur peut donc bien accéder à 2 Mo de mémoire, mais par morceaux de 8 Ko. Ce n'est pas forcément très plaisant à utiliser, mais ainsi, le processeur n'utilise jamais d'adresses de plus de 16 bits. Au niveau du processeur, la sélection du segment se fait à l'aide de 8 nouveaux registres internes, un pour chaque banque. Ils se nomment MPR0, MPR1,..., MPR7 et font chacun 8 bits, ce qui permet bien de choisir parmi 256 segments différents. L'espace d'adressage réel du HuC6280 est donc bien de 2 Mo et le passage de l'espace « virtuel » de 64 Ko à cet espace « réel » nécessite une traduction prise en charge par la MMU (« Memory Management Unit ») intégrée au processeur.

Sur la PC-Engine, comme sur toutes les autres consoles, l'espace d'adressage est divisé en de multiples zones auxquelles on attribue des fonctionnalités différentes. On doit, par exemple, réserver la place pour la RAM proprement dite, pour les interruptions, les entrées / sorties, etc. En conséquence, l'espace dédié à la ROM des jeux est « seulement » de 1 Mo.

Ici, pour bien « cartographier » les 2 Mo octets d'espace d'adressage, il faut les voir comme une suite de 256 segments de 8 Ko. La figure 16 en donne une représentation sommaire. Sur les 2 Mo, on met en évidence le segment contenant les adresses permettant la communication avec les autres composants de la machine.

2 Mo en 256 segments de 8 Ko

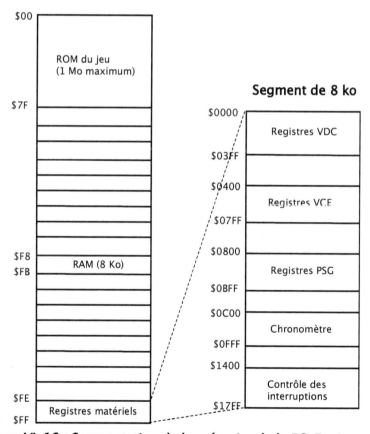

Figure VI-16 : Segmentation de la mémoire de la PC-Engine

L'espace « virtuel » de 64 Ko auquel accède directement le processeur ne possède pas de cartographie fixe. On peut en effet choisir 8 segments quelconques parmi les 256 et les agencer dans l'ordre que l'on veut grâce aux registres MPR0, MPR1, etc. Néanmoins, la plupart des jeux utilisent une même organisation « classique », que l'on donne afin de fixer les idées.

Page	Contenu
0	Registres Matériels
1	RAM
2	ROM
3	ROM
4	ROM
5	ROM
6	ROM
7	Banque 00 (par défaut à l'allumage)

Le Timer

Le HuC6280 possède aussi un « timer ». C'est un chronomètre qui tient à jour un compteur, initialisé par le programmeur. Il décroit tout les 1024 cycles d'horloge d'un montant donné. En mode « haute vitesse », à 7,16 Mhz, cela correspond à environ 7 Khz. Lorsque le compteur arrive à zéro, le chronomètre peut déclencher une interruption. Ainsi, le programmeur possède une mesure de temps fiable et il peut être prévenu qu'une certaine durée s'est écoulée avec une précision supérieure au millième de seconde. C'est très pratique, on a vu que sur NES, il n'y avait guère que le signal du vblank et l'interruption associée qui pouvait être utilisée comme mesure de temps. Or, elle n'intervient que tous les soixantièmes de seconde.

Les Ports d'entrés / sorties

On a vu que le 6502 utilisait principalement la mémoire pour communiquer avec l'extérieur alors que le Z80 utilisait préférentiellement les ports entrées / sorties. Et le HuC6280 ? Et bien il utilise les deux mon capitaine. La communication avec le VDC et le VCE se fait via la mémoire, mais l'état des manettes est donné par un port d'entré / sortie, par exemple.

Interruptions

Le HuC6280 ne supporte pas les NMI. Ou plutôt, sa patte NMI n'est pas connectée et donc cette fonctionnalité ne peut pas être utilisée. Il lui reste néanmoins 2 IRQ, et le timer peut générer son interruption propre. IRQ2 est utilisée par l'extension CD-ROM et peut-être levée par un programme via un « break ». La patte IRQ1 est connectée au VDC. C'est ce dernier qui la provoque, sous diverses conditions : vblank, compteur de lignes, limite de sprites par ligne excédée, etc. Toutes les interruptions peuvent ainsi être désactivées si besoin.

Le VDC

Le HuC6270, ou « VDC », est le processeur graphique de la PC-Engine. Il est connecté à 64 Ko de mémoire vidéo avec laquelle il communique via des bus d'adresses et de données de 16 bits. De même, le bus de données du VDC, comme ses registres internes ont 16 bits de large ce qui fait que la PC-Engine est parfois vue comme une machine « hybride » entre les générations 8 et 16 bits. L'appellation

Figure VI-17 : Le VDC de la PC-Engine

« Turbografx - 16 » repose sans doute sur ce flou. Au-delà d'alimenter des débats sans fins sur la classification de la console dans telle ou telle catégorie, cette caractéristique permet tout simplement de doubler la bande passante entre le VDC et sa mémoire vidéo, un atout précieux.

Bien sûr, cela a un coût et la puce est assez chère et complexe. Elle se présente sous la forme d'un boîtier à 80 pattes. La communication entre le VDC et la mémoire vidéo (VRAM) nécessite 32 pattes. Seize pour le bus d'adresses et seize pour le bus de données. Le CPU pilote le VDC via des registres de 16 bits, donc 16 autres pattes sont connectées au bus reliant VDC et CPU.

La fonction du VDC est de constituer l'image ligne après ligne en fonction de la configuration de deux types d'objets graphiques, maintenant bien connus : un « décor » et des « sprites ». Néanmoins, ce n'est pas lui qui envoie le signal vidéo proprement dit à la télévision, c'est le VCE (Video Color Encoder). Ce dernier gère également les palettes. Le VDC est connecté au VCE via 9 de ses pattes, ce qui constitue un « pixel bus » de 9 bits. Pourquoi 9 ? Parce que la PC Engine gère 512 couleurs. Voyons précisément de quoi il retourne.

Palettes et Motifs

Avec la PC-Engine, c'est dans le domaine des couleurs que l'on décèle le premier progrès significatif par rapport aux autres consoles 8 bits. Elle possède une palette de 512 couleurs différentes, codées à l'aide de 3 bits par composantes rouge, verte et bleue. Chaque teinte nécessite ainsi 9 bits, ce qui permet bien d'en avoir $2^9 = 512$ différentes. L'utilisation de ces couleurs par les éléments graphiques va se faire via des palettes, d'une manière très analogue à ce que l'on rencontre sur NES.

Le décor a 16 palettes de 16 couleurs à sa disposition. Il est composé d'une grille de motifs de 8 x 8 pixels. Chaque motif peut utiliser les 16 couleurs d'une de ces palettes. En tout, le décor peut donc utiliser 256 couleurs différentes, à ceci près qu'une couleur particulière (conventionnellement la première de la première palette) est définie comme étant transparente. Elle sera répliquée telle quelle dans les 15 autres palettes et finalement, seules 241 couleurs effectives seront affichables à l'écran pour le décor. C'est assez énorme pour l'époque. Rappelons que la NES n'autorise que 13 couleurs pour le décor. La Master System, avec 16 teintes, fait à peine mieux. Sur la machine de NEC, la différence est flagrante. En témoignent la portion de décor de *Ys 4* et la capture d'écran de *The Legendary Axe* en figure 18 et 19. Chaque image utilise une bonne cinquantaine de couleurs différentes.

| Figure VI-18 : *Ys 4* | Figure VI-19 : *The Legendary Axe* |

Intéressons nous un peu à la manière dont sont encodés les motifs en mémoire. Sur la NES, il y avait 4 palettes de 4 couleurs disponibles pour les motifs du décor. Ces derniers étaient stockés en CHR-ROM et leur encodage se faisait « en couche » de bits. Sur la PC-Engine, les motifs sont stockés dans la VRAM et sont codés d'une manière analogue.

Étant donné un motif et sa palette, il faut 4 bits pour définir chacun de ses pixels. Chaque ligne fait 8 pixels de large. Les 8 x 4 bits nécessaires seront fournis par 4 octets. Le nième octet fournissant les bits de la nième couche. Par exemple, considérons une ligne, extraite d'un motif, définie par les nombres suivants :

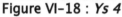

| 12 | 7 | 8 | 15 | 3 | 0 | 4 | 11 |

En binaire, cette ligne donne des quadruplets de bits :

| 1100 | 0111 | 1000 | 1111 | 0011 | 0000 | 0100 | 1011 |

Pour coder ça, il va nous falloir 4 octets. Le premier donne les derniers bits de chaque quadruplet. On commence par la fin, car le 65C02 est « petit-boutiste » (little-endian).

0	1	0	1	1	0	0	1

L'octet suivant donne les avants derniers bits des quadruplets :

0	1	0	1	1	0	0	1

Et ainsi de suite. Les deux octets suivants seront donc :

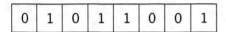

1	1	0	1	0	0	1	0

Et enfin :

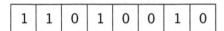

1	0	1	1	0	0	0	1

Ceci est le principe général du codage des données graphiques. Mais pour être précis, les octets décrits ci-dessus ne sont pas stockés tout à fait dans cet ordre dans la mémoire vidéo de la console. Les octets 1 et 2 (qui forment un « mot » de 16 bits) de toutes les lignes sont stockés d'abord. Les octets 3 et 4, là encore de toutes les lignes, sont stockés ensuite.

Octet 1 ligne 1	Octet 2 ligne 1		Octet 3 ligne 1	Octet 4 ligne 1
Octet 1 ligne 2	Octet 2 ligne 2		Octet 3 ligne 2	Octet 4 ligne 2
Octet 1 ligne 3	Octet 2 ligne 3		Octet 3 ligne 3	Octet 4 ligne 3
Octet 1 ligne 4	Octet 2 ligne 4	puis	Octet 3 ligne 4	Octet 4 ligne 4
Octet 1 ligne 5	Octet 2 ligne 5		Octet 3 ligne 5	Octet 4 ligne 5
Octet 1 ligne 6	Octet 2 ligne 6		Octet 3 ligne 6	Octet 4 ligne 6
Octet 1 ligne 7	Octet 2 ligne 7		Octet 3 ligne 7	Octet 4 ligne 7
Octet 1 ligne 8	Octet 2 ligne 8		Octet 3 ligne 8	Octet 4 ligne 8

On commence à comprendre pourquoi un VDC 16 bits est avantageux. On utilise très souvent les octets groupés deux par deux, comme « mots » de 16 bits. D'une manière générale, les données graphiques sont deux fois plus lourdes sur une PC-Engine que sur une Famicom. Pouvoir communiquer avec la RAM vidéo via un bus deux fois plus large est donc très important.

Tables des noms

Sur la PC-Engine, le décor est construit avec une unique table des noms de taille variable, située en mémoire vidéo. Elle est appelée « BAT » pour « Background Attribute Table » ou « Block Attribute Table ». Sa largeur peut être de 32, 64 ou 128 motifs et sa hauteur de 32 ou 64 motifs. Elle peut ainsi recenser un maximum de 128 x 64 motifs, soit un décor de 1024 x 512 pixels. C'est beaucoup plus que ce qui peut être affiché sur un écran cathodique. La résolution standard étant de 256 x 224 pixels (overscan exclu). La console peut garder en mémoire un espace d'une taille de 8 écrans. La partie qui sera effectivement affichée sur la télévision dépend de deux registres de scrolling qui déterminent la position d'une « fenêtre de visibilité », un peu comme sur une Famicom qui serait équipée de tables de nommage supplémentaires (cf. *Gauntlet 2*, par exemple). La figure 20 est extraite d'un niveau de *Castlevania Rondo of Blood*.

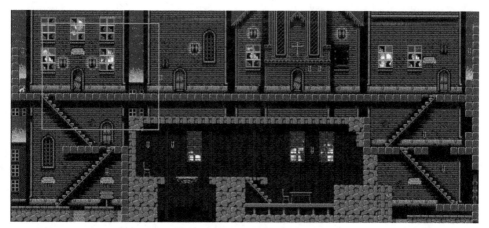

Figure VI-20 : Fenêtre de visibilité dans *Castlevania Rondo of Blood*

La zone, qui fait 8 écrans réels, est intégralement décrite par une BAT de taille maximale soit 128 x 64 motifs. Le rectangle rouge est un exemple de « fenêtre de visibilité ». Il montre ce qui est effectivement affiché sur la télévision. Implémenter des scrollings multidirectionnels est donc aisé sur une PC-Engine, alors que c'était assez délicat sur une Famicom dépourvue de mémoire vidéo additionnelle. La position en mémoire vidéo de la BAT est fixée au tout début de la VRAM. Sa taille est définie via un registre spécifique du VDC qu'il faudra initialiser.

Registres et Gestion de la VRAM

Écrire ou lire dans les registres du VDC se fait via trois emplacements mémoires dans l'espace d'adressage du CPU (là encore, comme sur Famicom). Pour le programmeur de la PC-Engine, cela est facilité par l'adjonction de trois nouvelles mnémoniques (ST0, ST1 et ST2) qui offrent des raccourcis bien pratiques vers ces adresses. La première (ST0) sélectionne le registre (de 16 bits) du VDC que l'on doit lire ou écrire. Les deux autres, ST1 et ST2, sont les 8 premiers et 8 derniers bits à écrire dans le registre. Toutes les opérations relatives au VDC devront se faire via ces trois adresses, y compris toutes les copies d'éléments graphiques en mémoire vidéo.

En effet, au démarrage de la machine, tout est stocké sur la HuCard : programme, graphisme, musique, etc. En particulier, les motifs devront être transférés en VRAM avant d'être d'une quelconque utilité. Or, le CPU n'a pas accès à la mémoire vidéo. Tout ce qu'il peut faire, c'est demander au VDC d'écrire un mot de 16 bits à une adresse précise (en VRAM). Le CPU étant 8 bits, il doit traiter les données octet par octet. Transférer toute une bibliothèque de motifs en envoyant leurs octets un par un au VDC est une opération relativement longue et répétitive qui ressemble à cela :

- Sélection de la banque de ROM contenant les données (registres MPRx).
- Initialisation du registre MAWR (Memory Address Write Register) avec l'adresse souhaitée en VRAM (3 octets).

- Ensuite, pour tous les octets décrivant les motifs :
- Lecture de deux octets en ROM.
- Écriture des deux octets dans le registre VWR (VRAM Write Register) (avec ST1 et ST2). L'adresse dans MAWR est incrémentée automatiquement.

Il y a ici une subtilité à laquelle il faut faire attention. Les adresses en mémoire vidéo portent sur des « mots » de 16 bits et pas des octets. Ainsi, quand le programmeur initialise l'adresse où il veut écrire (MAWR) ou lire (MARR), il doit garder cela à l'esprit. Aucune adresse ne peut être supérieure à $8000 (32768) par exemple, puisqu'on parcourt les 64 Ko de VRAM par pas de deux octets.

Le fait que le « mot » soit l'unité de mesure utilisée par le VDC peut avoir des avantages. Par exemple, les motifs auxquels la BAT fait référence peuvent être placés n'importe où en VRAM. Cette « table des noms » est simplement stockée sous la forme d'une liste de mots de 16 bits, un par motif. Or, pour afficher chaque motif correctement, nous avons besoin de spécifier aussi la palette qu'il utilise. Avec 16 palettes possibles, cela nécessite 4 bits sur les 16. Nous voilà réduits à utiliser seulement 12 bits pour l'adresse du motif. L'astuce des concepteurs de la PC-Engine consiste alors à décaler les 12 bits de 4 rangs vers la droite. La conséquence ? Et bien nous pouvons nous déplacer où nous voulons dans la VRAM, mais uniquement par bloc de 16 mots, soit 32 octets.

Est-ce grave ? Et bien non, car un motif de décor fait 8 x 8 pixels de 4 bits, soit exactement 32 octets ! La limitation de 12 bits n'en est donc pas une, car l'adresse devient tout simplement un index sur la liste des motifs. Le même système sera utilisé par les sprites, ce que nous verrons plus bas.

Comme il est nécessaire que chaque octet transite par le CPU pour être copié de la ROM vers la VRAM, les gros transferts de données ne pourront pas se faire à chaque image. Ils seront limités à l'entrée dans un niveau (mise à jour des motifs) ou dans une zone particulière (mise à jour de la BAT). En général, dans un jeu avec de longs scrollings par exemple, seules quelques parties de la BAT et la table des sprites devront être mises à jour entre chaque image.

En tout, le VDC possède 20 registres différents couvrant toutes les fonctions dont il est capable. Par exemple, il possède une fonction de DMA qui s'occupe de copier des blocs entiers de données d'un endroit à un autre de la VRAM, sans aucune intervention extérieure. Elle est pilotée par 4 registres.

C'est avec les registres BXR et BYR que l'on définit la position de la fenêtre de visibilité qui permet de faire des scrollings.

Il existe aussi un registre très utile : RCR, pour « Raster Counter » ou encore « compteur de ligne ». Le programmeur peut demander à être prévenu lorsque le VDC a fini de dessiner un certain nombre de lignes sur l'écran. Ce dernier provoque alors une interruption. De cette manière, on peut facilement diviser l'écran de jeu en plusieurs bandes et implémenter des barres de scores, des scrollings différentiels, etc. Un

Figure VI-21 : Scrolling différentiel dans *Adventure Island*

exemple simple d'utilisation de RCR est l'écran titre d'*Adventure Island* (figure 21). Le premier plan et la mer défilent plus vite et à l'opposé de la montagne au loin. Il suffit de tenir à jour deux variables de scrollings indépendantes. Le registre RCR est défini pour activer une interruption à la 135eme ligne, c'est-à-dire dès la fin du dessin de la montagne. Le programmeur peut alors changer le scrolling via BXR au bon moment pour donner cet effet de perspective. Le héros et le titre sont quant à eux dessinés avec des sprites et rajoutés en surimpression.

Les Sprites

Les sprites de la PC-Engine bénéficient de leur propre set de 16 palettes de 16 couleurs. La même restriction que pour le décor concernant la couleur transparente s'appliquant, ils disposent aussi de 241 couleurs possibles. Ainsi, un jeu PC-Engine peut afficher 481 couleurs différentes simultanément.

Les sprites pris en charge nativement par la console peuvent atteindre une taille de 32 x 64 pixels. Ils sont cependant tous constitués de motifs de 16 x 16 pixels. Ces motifs sont stockés en mémoire vidéo et encodés couche par couche, selon le même principe que les motifs 8 x 8 pixels du décor.

La console gère un maximum de 64 sprites via la « SAT » ou « SATB », pour « Sprite Attribute Table ». Cette table peut être située n'importe où en mémoire vidéo pourvue qu'on spécifie son adresse dans le registre idoine du VDC. Certains jeux, comme *1943 Kai*, la placent à la toute fin de la VRAM. D'autres, comme *Bonk's Revenge*, la mettent juste après la BAT. On la trouve parfois placée au beau milieu des motifs, comme dans *Devil Crush*. Concrètement, c'est une liste de 512 octets constituée de 4 x 64 mots de 16 bits. Pour chaque sprite du jeu, ces 4 mots contiennent les informations sur la position, l'orientation, la palette, l'adresse du ou des motifs utilisés et enfin, ses dimensions.

Dans le même ordre d'idée que les adresses des motifs dans la BAT, les adresses des motifs de sprites sont codées sur seulement 11 bits. Dans ce cas, un décalage de 5 rangs vers la gauche nous permet d'aller où bon nous semble dans la VRAM, mais par pas de 32 mots, soit 64 octets. Mais là encore, un motif est ici constitué de 16 x 16 pixels en 4 bits, soit 128 octets. Une précision de 64 octets est donc tout à fait suffisante et la contrainte de 11 bits n'est pas une limitation.

Deux bits vont ainsi définir la hauteur du sprite : 16, 32 ou 64 pixels et 1 dernier sa largeur : 16 ou 32 pixels. Il peut ainsi être rectangulaire, mais doit rester composé de motifs de 16 x 16 pixels. Cela nous donne 6 formes possibles comportant jusqu'à 8 motifs de 16 x 16 pixels.

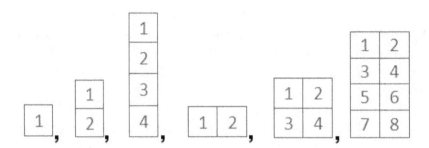

On donne des exemples en figures 22,23 et 24.

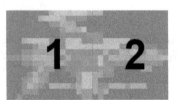

Figure VI-22 : Un sprite de *Darius*

Figure VI-23 : *Air Zonk*

Figure VI-24 : Un ennemi de *Air Zonk*

La PC-Engine possède une limite de 16 sprites par ligne. En fait, il s'agit plus précisément de 16 motifs (de 16 x 16 pixels) par ligne au maximum. C'est une limitation assez raisonnable, car 16 x 16 = 256 pixels et la résolution la plus couramment employée utilise justement de 256 pixels par ligne. Dans l'immense majorité des cas, la console n'a donc pas à subir d'effets de clignotement, très communs chez ses consoeurs.

La console peut donc animer des éléments assez gros, voire énormes, sans pour autant grever son « budget sprites ». D'ailleurs, 64 sprites de taille maximale de 32 x 64 pixels recouvriraient deux fois la surface totale de l'écran ! À titre de comparaison, un seul de ces blocs de 32 x 64 pixels représente 32 sprites matériels sur une Famicom (qui n'en gère pas plus de 64). Les limitations des deux machines sont donc sans commune mesure.

Les ennemis peuvent donc être nombreux et les boss gargantuesques. Aussi n'est il pas très étonnant que la PC-Engine ait été une console de choix pour de très nombreux Shoot'em up spectaculaires. Beaucoup de grands titres sont d'ailleurs signés Hudson Soft. En figure 25 et 26 par exemple, *Blazing Lazers* et *Super Star Soldier*.

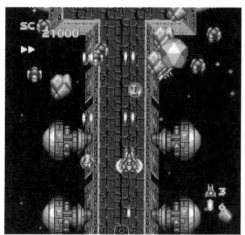 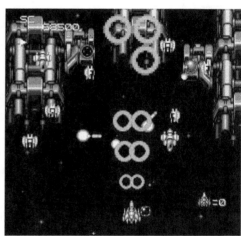

Figure VI-25 : *Blazing Lasers*   **Figure VI-26 :** *Super Star Soldier*

Ainsi, pour les sprites comme pour le décor, on perçoit sans mal l'avantage pour le VDC de pouvoir travailler avec des mots de 16 bits plutôt qu'avec des octets. C'est plus naturel et beaucoup plus rapide. La télévision fonctionnant toujours à la même vitesse, si le VDC avait dû parcourir une aussi grande quantité de mémoire en utilisant un bus 8 bits, il aurait fallu doubler sa fréquence, ce qui entrainerait des problèmes de surchauffe et de fiabilité.

Retour sur le DMA

L'utilité des fonctions DMA du VDC vous a peut-être parût énigmatique. C'est légitime, elles n'opèrent que de la VRAM dans elle-même. Une fonction DMA de la ROM vers la VRAM aurait été plus utile. Néanmoins, il y a deux volets au DMA du VDC, car il y a un détail supplémentaire à savoir concernant la SATB. En fait, il y a deux tables. Celle dont j'ai parlé ci-dessus, en VRAM, et une deuxième dont se sert effectivement le VDC pour afficher les sprites. Cette dernière est interne à la puce et elle est inaccessible directement. Le seul moyen de la mettre à jour est d'utiliser la fonction DMA de la VRAM vers la SATB. Heureusement, le VDC peut déclencher automatiquement le transfert à chaque image si on le lui demande. Un tracas de moins pour le programmeur, d'autant qu'il peut être averti de la fin du transfert, via une interruption, s'il le souhaite.

Le VCE

Le dernier membre de la « trinité » Hudson est le HuC6260, alias le « VCE » pour « Video Color Encoder ». Comme son nom l'indique, sa principale fonction va être la gestion des palettes et la modulation du signal vidéo proprement dite. Lui aussi se présente dans un boitier à 80 pattes, bien que plusieurs n'ai pas d'utilité d'ordre logique (reliées à la masse ou au +5 V). Il est néanmoins lié au CPU par un bus de 8

Figure VI-27 : Le VCE de la PC Engine

bits et au VDC par un bus de neuf. Il possède des broches envoyant des signaux analogiques rouge / vert / bleu et des signaux de synchronisation vers l'écran cathodique.

Le VCE contient une petite quantité de mémoire dans laquelle le programmeur va devoir définir ses palettes. En tout, il y a 32 palettes de 16 couleurs, chacune définie par 9 bits (pour 512 couleurs au total). Le VCE gère ainsi une liste de 512 valeurs via ses propres registres 16 bits. Les 256 premières couleurs (les 16 premières palettes) sont toujours consacrées au décor, tandis que les 256 suivantes sont réservées aux sprites. La première couleur du décor est définie comme couleur de fond et la première des sprites, comme « couleur transparente ».

Étant lié directement au téléviseur, le VCE possède sa fréquence propre qui détermine la résolution de l'image qui sera affichée. Il gère en effet une « Dot Clock » qui rejoint la notion de « Color Clock » que l'on a rencontrée avec l'Atari VCS 2600. Le VCE peut utiliser trois valeurs différentes de « Dot Clock » : 5,37 Mhz, 7,16 Mhz et 10,7 Mhz. Au plus la fréquence est élevée, au plus le VCE va pouvoir afficher de pixels par ligne. Si la résolution verticale de l'image est toujours de 262 lignes (overscan compris), la résolution horizontale pourra être de 256, 336 ou 512 pixels par ligne.

En mode « haute résolution » (à 7,16 ou 10,7 Mhz), des artefacts colorés peuvent apparaître. Le VCE offre d'ailleurs une option rajoutant un léger flou et limitant cet effet. En pratique, la quasi-totalité des jeux utilise une résolution de 256 pixels / lignes.

Le PSG

Toujours rien de footballistique ici. Le PSG ou « Programmable Sound Generator », est intégré au CPU. Ce dernier possède d'ailleurs deux pattes pour la sortie sonore, une pour le canal gauche et l'autre pour le canal droit. La PC-Engine est ainsi la première console de cet ouvrage à prendre en charge le son en stéréo.

Le PSG offre six canaux sonores programmables. C'est-à-dire que l'on n'est pas limité à une forme d'onde prédéfinie (carrée ou triangle), mais que l'on peut spécifier une forme d'onde arbitraire, décrite par un « échantillon ». Pour la PC-Engine, un échantillon est un ensemble de 32 valeurs codées sur 5 bits qui décrira (grossièrement) la forme voulue. Cette forme va être répétée à une fréquence donnée pour former l'onde sonore.

Prenons l'exemple simple d'un signal en « dents de scie ». Comme les valeurs sont codées sur 5 bits, ce seront des nombres compris entre 0 et 31. En figure 28, on donne dans le tableau 32 valeurs qui seront interprétées comme une forme d'onde. La grille à droite montre cette forme. On peut dire que physiquement, chaque valeur donne en fait un niveau de pression. La forme que l'on a ainsi définie va être répétée à la fréquence que l'on veut pour donner l'onde sonore proprement dite, illustrée en dessous de la grille.

La forme de l'onde donne le timbre du son. Pouvoir la choisir est donc une source de liberté remarquable. Il existe même un mode direct, plus délicat à utiliser, où le processeur peut changer la forme de l'onde en temps réel. Cela permet d'émettre des signaux non périodiques et, en théorie, la restitution d'effets complexes, comme la synthèse vocale.

Chaque canal possède un réglage de « balance stéréo », c'est-à-dire que sa restitution peut être plus forte d'un côté que de l'autre. D'ailleurs, si on souhaite vraiment jouer de la musique ou des effets en stéréo, il faut coupler les canaux afin que chaque instrument ait deux voies (gauche et droite) séparées. On se retrouve alors avec trois couples de canaux. Ce couplage a été parfaitement prévu par les concepteurs de la machine et est aussi utilisé pour offrir des fonctionnalités supplémentaires.

Concrètement, les canaux sont numérotés de 0 à 5. Les canaux 2 et 3 fonctionnent uniquement de la manière décrite ci-dessus. Les canaux 4 et 5 fonctionnent soit avec des échantillons, soit comme générateurs de bruits. C'est une fonction classique, la PC-Engine possède donc potentiellement deux générateurs de signaux aléatoires dont on peut régler la fréquence. Ils sont utiles pour les explosions, les percussions, etc.

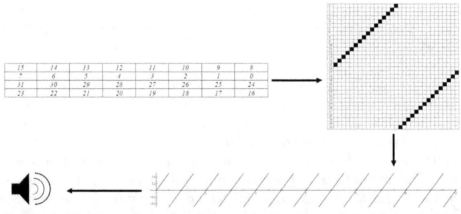

15	14	13	12	11	10	9	8
7	6	5	4	3	2	1	0
31	30	29	28	27	26	25	24
23	22	21	20	19	18	17	16

Figure VI-28 : Programmation d'une onde en « dents de scie » sur le PSG

Les canaux 0 et 1 sont particuliers, car ils peuvent être couplés pour donner un canal FM. Dans ce mode, au lieu que l'échantillon fourni au canal 0 ne soit répété à une fréquence constante, cette dernière peut être modulée de manière complexe grâce aux données « d'échantillon » du canal 1. Ce canal 1 n'émet pas de son bien entendu, il devient un canal auxiliaire au canal 0 en mode FM. Tous les canaux sont mixés ensemble et soumis à un réglage de volume général avant d'être envoyés à la télévision.

Diagramme de la PC-Engine

Globalement l'architecture de la PC-Engine n'est pas plus compliquée que celle de la Famicom. Pour résumer, on va en donner en figure 29 un schéma simplifié. Les flèches représentent les flux de données à travers la machine, on donne aussi la largeur de chaque bus. La télévision sert de périphérique de sortie audio et vidéo. Un composant analogique mixe ces signaux et les adapte à des standards différents selon la machine ou le pays : RF, composite, etc. Ces détails sont omis ici.

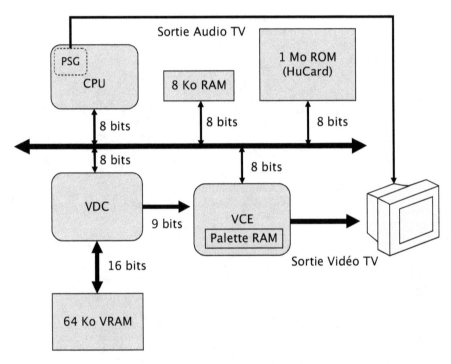

Figure VI-29 : Architecture de la PC Engine

La SuperGrafx

Une « PC-Engine 2 » aurait
été mise en chantier dès
1988. Seulement deux ans
après la sortie de la PC-
Engine, son successeur est
déjà disponible : c'est la
SuperGrafx. Comme elle fait
indubitablement partie de la
famille de la PC-Engine, nous
allons l'étudier plus en

Figure VI-30 : La Supergrafx

détail. La nouvelle machine est compatible avec toute la logithèque PC-
Engine mais elle se propose d'aller plus loin. L'ambition de NEC et Hudson
est d'offrir « l'arcade à la maison ». On est à une époque où les bornes
des salles de jeu sont des vitrines technologiques et les moteurs de
l'innovation. Pour cela, un accessoire un brin démesuré, le PowerConsole
(figure 31), est même conçu. Il s'agit d'une sorte d'énorme joystick qui
absorbe presque la SuperGrafx et la transforme au passage en une espèce
de miniborne d'arcade.

Figure VI-31 : Le « PowerConsole »

Sortie au mauvais moment (face à la Gameboy de Nintendo), relativement
onéreuse et cannibalisée par les autres modèles de la gamme (PC-Engine
et Coregrafx), la SuperGrafx aura bien du mal à se vendre. Si bien que le
PowerConsole ne sortira finalement jamais dans le commerce. Il faut dire

qu'en plus de son timing malheureux, la machine souffre aussi d'une architecture peu équilibrée qui se paye le luxe d'être assez difficile à programmer.

Architecture

En fait, plus qu'une véritable « PC-Engine 2 », la SuperGrafx est plutôt une PC-Engine dopée aux hormones de croissance. La principale différence entre la SuperGrafx et son ainée, c'est qu'elle propose tout simplement deux puces graphiques au lieu d'une. On a donc 2 VDC, chacun possédant sa propre VRAM de 64 Ko. Sur le papier, la machine possède donc deux fois la puissance graphique de la PC-Engine. Elle gère deux fois plus de sprites et deux couches de décor indépendantes, ouvrant la voie à des effets spectaculaires. La RAM est d'ailleurs portée à 32 Ko au lieu de 8 Ko pour gérer les objets supplémentaires.

Le hic, c'est que le processeur reste le même. C'est toujours ce bon vieux processeur 8 bits HuC6280 qui doit coordonner tout ça. Sa charge de travail se trouve ainsi doublée par rapport à une PC-Engine. En outre, chaque VDC gère ses sprites et son décor en ignorant l'autre. Avant d'envoyer le résultat au téléviseur, Il faudra effectuer le mixage de leurs productions respectives.

C'est le travail d'un circuit graphique supplémentaire, le HuC6202 ou « VPC » pour « Video Priority Controller ». Il scanne les images produites par les deux VDC et décide, pour chaque pixel, de celui qui sera effectivement affiché à l'écran. Le VPC gère deux fenêtres verticales qui définissent des zones dans lesquelles le programmeur peut décider de donner la priorité au VDC1 ou au VDC2.

Concrètement, il est facile avec une SuperGrafx d'avoir un décor global composé de deux plans séparés avec un scrolling différentiel, par exemple. En utilisant en plus les « raster counter » des deux VDC, on peut même obtenir des effets de parallaxe saisissants.

Malheureusement, malgré toute sa bonne volonté, Dr. Pepper se retrouve un peu surchargé par cette débauche d'effets. Le fait que le CPU 8 bits soit sous-dimensionné rend la SuperGrafx difficile à exploiter pleinement. Le code doit être lourdement optimisé pour le processeur ait le temps de mettre à jour deux BAT et deux SATB entre chaque image.

Les Jeux

Avec ses ventes faméliques, les éditeurs annulent leurs projets de jeux les uns après les autres. Pauvre SuperGrafx. Elle n'aura vu en tout en pour tout que cinq jeux spécifiquement développés pour elles et tous l'ont été par Hudson et NEC. De bons jeux d'ailleurs (figures 32 - 37), tous sur Hucard :

- *Battle Ace*, livré avec la console. Plus une démo technique qu'un jeu.
- *Ghouls'n Ghost*, dont les effets météo sont restés dans les mémoires.
- *Aldynes*, un excellent shoot'em up, peut-être le meilleur jeu de la console.
- *1941 Counter Attacks*, une adaptation fidèle de la version CPS1.
- *Granzort*, un jeu de plateforme assez classique.
- *Darius Plus* qui est un jeu PC-Engine, mais y jouer sur SuperGrafx permet quelques améliorations graphiques.

Figure VI-32 : *Battle Ace*

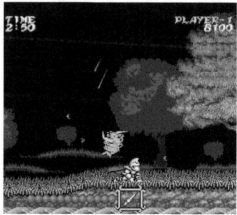

Figure VI-33 : *Ghouls'n Ghosts*

Figure VI-34 : *Aldynes*

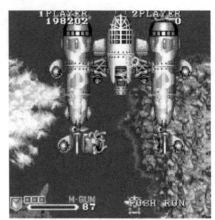

Figure VI-35 : *1941 Counter Attack*

Figure VI-36 : *Granzort*

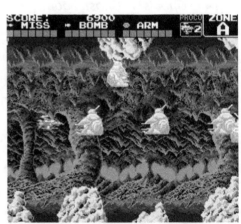

Figure VI-37 : *Darius Plus*

Aucun titre sur CD-ROM ne vit le jour sur la machine. De par sa forme, elle était d'ailleurs incompatible avec le lecteur de CD-ROM² de la PC-Engine. NEC a dû commercialiser un adaptateur spécifique pour permettre la connexion. Le lecteur Super CD-ROM², quant à lui, ne posait pas de problème. Heureusement pour les possesseurs de SuperGrafx, la console est pleinement compatible avec tous les logiciels PC-Engine. Un commutateur à l'arrière permettait de démarrer en mode « PC-Engine » ou « SuperGrafx ». Les jeux PC-Engine peuvent utiliser des zones de mémoire miroir qui sont utilisées par le second VDC sur la SuperGrafx. La commutation force le VPC à simuler les zones miroirs en désactivant le VDC2.

Diagramme de la Supergrafx

La figure 38 permet de se rendre compte des similitudes et des différences entre PC-Engine et SuperGrafx. Il faut aussi garder à l'esprit que tous les composants décrits ci-dessous sont les mêmes que ceux du jeu C62 de la PC-Engine : HuC6280, HuC6270, HuC6260. Le VPC étant le HuC6202. Leurs fréquences de fonctionnement sont également identiques.

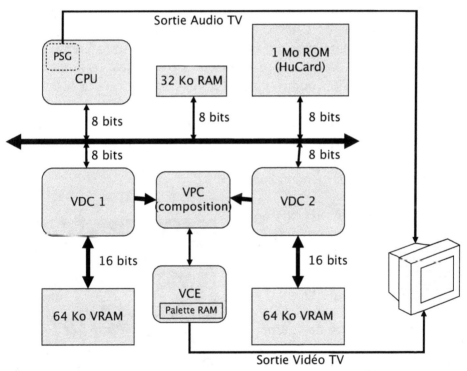

Figure VI-38 : Architecture de la Supergrafx

Les Extensions en détails

On l'a vu en introduction, la famille PC-Engine est assez nombreuse. Peut-être trop pour son propre bien d'ailleurs. L'évolutivité remarquable de la gamme est certainement une force, mais la complexité qui en découle n'a sans doute pas aidé la machine à se démocratiser. Parmi les nombreux accessoires et extensions de la console, les lecteurs CD-ROM et les cartes arcades sont certainement les plus importants.

Les CD-ROM² et Super CD-ROM²

Posséder une console de jeu avec lecteur de CD-ROM était un luxe presque inimaginable en 1988. C'est pourtant ce que propose NEC avec le CD-ROM². La première version est un lecteur de disque compact SCSI simple vitesse (150 Ko/s) qui se connecte à toutes les versions de PC-Engine, sauf sa version budget, la « Shuttle ». Le fait que la forme et la taille de la Supergrafx ne lui permettent pas de l'utiliser non plus pousse NEC à sortir une deuxième version de son lecteur de forme très différente : le Super CD-ROM². Matériellement, les deux versions sont très semblables, à ceci près que Super CD-ROM² est double vitesse et divise donc les temps de chargement par deux.

Comme le Famicom Disk System en son temps, les lecteurs CD utilisent un BIOS. Une grosse différence est que ce dernier est apporté par une HuCard, il est donc évolutif. En figure 39, l'écran de démarrage du Super CD-ROM² System Ver.3. En plus de fournir 650 Mo de stockage par disque et la possibilité d'utiliser de la musique de qualité CD, le lecteur CD-ROM² original apporte plusieurs éléments :

Figure VI-39 : Ecran de démarrage du Super CD-ROM²

- Le BIOS présent sur la « System Card ».
- 64 Ko de RAM, utilisable par le jeu présent sur le CD.

- Un canal Audio ADPCM avec 64 Ko de mémoire d'échantillons.
- 2 Ko de mémoire sauvegardée : la « BRAM », pour « Battery RAM ».

Sur un CD-ROM², la première piste contient un avertissement sonore prévenant que le disque n'est pas lisible sur une platine de CD-Audio. La seconde piste contient des données, en particulier le programme. Les autres pistes peuvent être des pistes audio avec les musiques à jouer pendant le jeu, ou bien encore des données additionnelles.

Le lecteur offre un canal audio digital supplémentaire qui utilise le format ADPCM. Le format « PCM », pour « Pulse Code Modulation » est tout simplement le stockage sans compression d'un signal sonore digitalisé. C'est le format utilisé sur un CD-Audio, par exemple. Le « DPCM » pour « Differential Pulse Code Modulation » est une variante stockant les différences successives entre les niveaux au lieu des niveaux eux-mêmes.

Par contre, l'« ADPCM » pour « Adaptative Differential Pulse Code Modulation » est un algorithme de compression destructif, comme le MP3. Il permet d'économiser beaucoup d'espace sans pour autant sacrifier la qualité sonore, pourvu qu'on soit dans des cas adaptés. L'ADPCM est en général utilisé pour compresser de la voix. Sur le CD-ROM², ce canal est pourvu de 64 Ko de mémoire dans lequel l'échantillon à décompresser va être envoyé avant d'être joué sur le téléviseur. Dans *Dracula X : Rondo of Blood* par exemple, le rire de la Mort dans le prologue ou les coassements des corbeaux sont des échantillons utilisant le canal ADPCM.

Les 2 Ko de BRAM, sont sauvegardés à l'aide d'une batterie interne au lecteur, d'une durée de vie d'environ 2 mois. NEC conseille d'ailleurs d'allumer régulièrement sa machine afin d'éviter toute perte. Du point de vue du CPU, la BRAM est un petit espace de RAM qui se situe au début du segment $F7. Elle permet de conserver des scores ou la progression dans un RPG, par exemple. Vite remplie vu sa taille très modeste, elle fut la source de nombreux dilemmes cornéliens chez les joueurs PC-Engine, qui durent souvent se tourner vers les « voix du ciel » (Ten no Koe) pour éviter de douloureux sacrifices.

La « System Card » contient le BIOS. Comme celui du Famicom Disk System, il joue le rôle d'un mini système d'exploitation et offre une bibliothèque de fonctions au programmeur. Elles concernent en premier lieu les nouveautés apportées par le périphérique : la gestion du CD-ROM (charger des données, jouer des pistes audio), la gestion des sons ADPCM et de la BRAM. Avec les versions (trois pour le CD-ROM² original), d'autres facilités de programmation furent apportées, comme un accès rapide à des fonctions courantes (joystick, initialisation du VDC), et des fonctions mathématiques optimisées (multiplications / divisions 16 bits, trigonométrie, etc.).

Le lecteur de CD-ROM² apporte aussi 64 Ko de RAM additionnelle. Ils sont accessibles au processeur à travers des segments d'adresses inutilisées dans son espace physique de 2 Mo, par exemple les segments \$68 - \$7F (cf. plus haut). Cette nouvelle portion de RAM est la bienvenue. La console originale s'en sortait avec 8 Ko, ce qui est d'ailleurs fort peu, même en 1987. Heureusement pour elle, toutes les données dont elle pouvait avoir besoin se situaient en ROM. Certes, la ROM ne peut être modifiée, mais du point de vue de l'accessibilité, il n'y a pas de différence entre ROM et RAM pour le CPU. C'est le même espace d'adressage et l'accès est aussi rapide pour l'une que pour l'autre. Avec le CD-ROM, la situation est très différente. Les données « n'apparaissent pas » dès l'insertion du disque comme avec une cartouche de jeu. Sur le CD, les données sont « inertes ». Il faut préalablement les charger en RAM avant de pouvoir les utiliser, et ce transfert est relativement lent.

C'est valable en premier lieu pour le programme lui-même. À l'allumage du lecteur de CD-ROM², la console ne démarre pas le jeu, mais le BIOS contenu sur la System Card. Le programme du jeu est situé sur le disque et doit être chargé en mémoire vive avant que le BIOS ne lui passe le relai. Si beaucoup de données graphiques doivent être transférées en VRAM de toute façon, d'autres éléments auraient pu autrefois rester en ROM, mais doivent désormais être chargés en RAM. Cela fait donc moins de « mémoire de travail » proprement dite et ça limite la complexité des jeux qu'on peut implémenter.

Le lecteur de CD-ROM possède ses propres registres. Le CPU accède aux données stockées sur le disque octet par octet. Il existe bien une fonction DMA, mais elle ne fonctionne que pour les transferts vers la RAM du canal ADPCM. Le taux de transfert de 150 Ko /s peut sembler correct pour l'époque, mais avec des jeux toujours plus riches graphiquement, la quantité d'information à transférer s'est aussi considérablement accrue. Les temps de déplacement de la tête de lecture rajoutent une latence supplémentaire et, au final, les joueurs PC-Engine ont eu le privilège de gouter aux joies des temps de chargement avant tout le monde.

Ce problème s'est amoindri avec le Super CD-ROM² (sortie en 1991, figure 40), qui est double vitesse (300 Ko / s). Il fournit en outre plus de RAM additionnelle : pas moins de 256 Ko. Les jeux estampillés « Super CD-ROM » profitent de cette manne, ce qui les rend, a priori, incompatibles avec le CD-ROM² original. C'est là qu'entre en scène la « Super System Card 3.0 ». Cette HuCard contient non seulement le BIOS en version 3.0 mais également

Figure VI-40 : Le Super CD-ROM²

192 Ko de mémoire additionnelle qui viennent s'ajouter aux 64 Ko du lecteur CD-ROM² pour totaliser les 256 Ko offerts par le Super CD-ROM². NEC permet donc à ses clients de profiter des derniers jeux via la simple mise à jour de leur System Card. Bien sûr, en simple vitesse et avec l'opportunité d'utiliser plus de mémoire vive, les temps de chargement seront encore plus marqués.

Malgré quelques désagréments, le support CD-ROM offre surtout des avantages. La capacité de stockage quasi illimitée (pour l'époque) ouvre de nouveaux horizons : musique qualité CD, cinématiques doublées, bruitages digitaux et même quelques tentatives de vidéo. En puis surtout, le support est largement moins cher à fabriquer que les circuits intégrés des HuCard. Un CD ne coûte presque rien à presser ce qui fait baisser la facture autant pour le fabricant que pour l'acheteur.

Les Arcades Card

Alors que les jeux sur CD deviennent la norme sur PC-Engine, NEC sort sa ligne de PC-Engine Duo (1991). C'est l'évolution logique de la machine, comprenant un lecteur Super CD ROM² intégré, le Super System 3.0 et une prise casque stéréo. Les consoles Duo-R et Duo-RX ne présentent pas de différences significatives avec la Duo originale. Les Duo conservent bien entendu un port HuCard et restent compatibles avec tous les jeux sur cartes. Dans les années 1990 néanmoins, la concurrence des machines 16 bits se fait durement ressentir. Au Japon, c'est surtout la Super Nintendo, sortie fin 1990, qui menace la console de NEC. La machine possède de belles capacités graphiques et affiche sans complexe des effets spéciaux jamais vu à l'époque. Même si la puissance initiale de la PC-Engine, et les cinématiques spectaculaires que permet le CD-ROM, maintiennent la machine à flot pendant quelque temps, le milieu des années 90 voit la 8 bits perdre du terrain.

Après avoir repoussé les limites techniques de la PC-Engine avec *Street Fighter II : Champion Edition*, NEC décide d'aller encore plus loin en adaptant les titres arcades de SNK. C'est impossible sans faire de grosses concessions dans l'état actuel du matériel. La solution  est une extension supplémentaire : l'Arcade Card, qui sort début 1994. Il s'agit principalement d'une extension mémoire de 2 Mo de RAM. Elle existe en deux versions selon que vous avez une PC-Engine Duo ou une PC-Engine avec Super CD-ROM². Ce sont les Arcade Card Duo et Pro en figure 41 et 42 respectivement. La figure 43 montre la jaquette du portage PC-Engine de *Fatal Fury Special*.

Utiliser cette RAM supplémentaire n'est pas si facile néanmoins. Gardons à l'esprit que le CPU n'accède toujours directement qu'à 64 Ko. Il doit déjà passer par sa MMU interne pour utiliser son espace d'adressage complet de 2 Mo. Les 2 Mo supplémentaires ne peuvent tout simplement pas être accéder via ses lignes d'adresses propres. Il va avoir recours à trois ports d'entrés / sorties. Ces trois ports servent de canaux indépendants pour lire et écrire en RAM Arcade Card. Chaque port fait 16 bits, ce qui est insuffisant pour atteindre 2 Mo de mémoire. Les adresses se décomposent alors en trois octets de « base » et deux octets de décalage par rapport à cette adresse de base. Chaque lecture ou écriture peut auto-incrémenter les adresses pour faciliter les transferts de blocs de données.

Figure VI-41 :
Arcade Card Pro

Figure VI-42 :
Arcade Card Duo

Figure VI-43 : *Fatal Fury Special* sur Super CD-ROM²
Arcade

Disons le tout net : jongler avec 256 Ko de RAM, 64 Ko de VRAM, 650 Mo de stockage sur CD, 64 Ko de RAM ADPCM et 2 Mo de RAM Arcade tient de l'exercice de haute voltige. Surtout avec un processeur 8 bits guère plus évolué qu'un 6502 avec sa pénurie de registres. Pourtant, et c'est remarquable, le PC-Engine verra, entre autres, des portages de jeux d'arcades SNK très fidèles sur la console 8 bits, comme *Art of Fighting* (figure 44), *Fatal Fury 2* (figure 45), *World Heroes 2*, etc.

On pourrait se demander pourquoi tous ces jeux, aussi impressionnants soient-ils, auraient été impossibles à retranscrire sur PC-Engine sans Arcade Card. En effet, neuf mois avant la commercialisation de cette ultime extension, la conversion de *Street Fighter II : Champion Edition* faisait déjà la une des magazines dédiés. Or, ce portage du hit de Capcom fonctionne sur HuCard, sans même le secours d'un quelconque CD-ROM. En fait, la HuCard était le meilleur choix.

Figure VI-44 : *Art of Fighting*

Figure VI-45 : *Fatal Fury 2*

Bien qu'elle soit la plus performante des consoles 8 bits, il y a bien des choses qui manquent à la PC-Engine par rapport aux machines concurrentes de la génération suivante. Heureusement pour elle, le talent des programmeurs a permis de compenser ses faiblesses. Dans les chapitres suivants, on va s'intéresser à une poignée de jeux précis qui permettront de mettre en évidence quelques effets graphiques courants. Le choix est bien entendu difficile. On sélectionne (arbitrairement) quelques titres sur plusieurs supports (HuCard, CD-ROM² et Supergrafx) illustrant bien les prouesses dont les machines de NEC sont capables.

On va commencer par *Street Fighter II*, qui met bien en évidence la problématique de mémoire qu'on esquisse ci-dessus. Avec *Castlevania : Rondo of Blood*, on verra que la PC-Engine ne souffre pas trop de l'absence de support matériel de plans de décor multiples. Enfin, *Daimakaimura* (alias *Ghouls'n Ghots*) et *Aldynes* donneront des exemples de jeux Supergrafx faisant honneur à la machine.

Quelques Jeux

La Revanche de la HuCard : *Street Fighter II : Champion Edition*

On ne présente pas *Street Fighter II*, il fait désormais parti de la culture populaire. Ce jeu de combat, star des années 90, est très certainement le jeu de ce type le plus connu, et on y joue encore aujourd'hui. Sorti en 1991 sur borne d'arcade, *Street Fighter II : The World Warrior* fonctionne  sur le système CPS1 de Capcom. Sa version « Champion Edition », datant de 1992, également. C'est ce jeu précis que les programmeurs vont avoir la lourde tâche de retranscrire le plus fidèlement possible sur une machine 8-bits sortie en 1987. Pour se rendre compte de l'ampleur du défi, rappelons que le système CPS1 est la première plateforme d'arcade multijeux de Capcom. À sa sortie, en 1988, c'est une machine très puissante :

- Processeur 16 bits Motorola 68000 à 10 Mhz.
- Processeur Z80 à 3,5 Mhz.
- Résolution de 384 x 224 en 4096 couleurs.
- 256 sprites, 3 plans de décor.
- 64 Ko de RAM et 192 Ko de mémoire vidéo.
- Double processeur sonore stéréo.

Des spécifications qui évoquent un peu une Megadrive sous stéroïdes. De nombreux hits de Capcom tournèrent sur cette configuration outre *Ghouls'n Ghosts*, *Strider*, *Final Fight*, *1941 : Counter Attack*, etc. La PC-Engine a beau être supérieure à une Famicom, elle est très loin du CPS1. L'aspect graphique et le son vont donc devoir être adaptés. L'ambiance sonore sera un peu moins fouillée, des échantillons digitalisés manquent. Mais les artistes de NEC feront un travail formidable dans le domaine graphique. La version PC-Engine est certainement le plus fidèle possible à l'original. Dépassant de l'avis général la version Megadrive. La résolution et le nombre de couleurs moindre ont par ailleurs un effet collatéral intéressant : faire baisser le volume de données nécessaires.

Les prix et les nombres d'exemplaires vendus d'un jeu d'arcade étant sans commune mesure avec ceux d'un jeu vidéo domestique, les créateurs peuvent se permettre de concevoir des jeux énormes, dont les versions cartouches seraient hors de prix. Les (rares) possesseurs de Neo-Geo AES en savent quelque chose.

Pour un portage d'arcade, le support CD-ROM, avec son espace de stockage énorme, paraît tout indiqué. Pourtant, c'est sur HuCard que NEC à choisi de développer son jeu. Une HuCard de presque trois méga-octets quand même ! Elle est d'ailleurs vantée à l'époque comme une cartouche de « 20 Mbits ». La taille maximale d'un jeu PC-Engine étant de 1 Mo, *Street Fighter II* utilise un « mapper », comme la plupart des jeux Famicom, ce qui est assez rare sur la console de NEC.

Figure VI-46 : Street Fighter II sur PC-Engine

Si augmenter la taille des HuCard est compliqué mais possible, accroître la taille de la mémoire vidéo ne l'est pas. Or, les 64 Ko de VRAM de la PC-Engine sont insuffisants pour contenir à la fois le décor et tous les sprites nécessaires. En fait, même le CPS1, qui possède trois fois plus de VRAM que la console, n'en aurait pas assez.

Faisons une analyse rapide en prenant une situation de jeu typique. En figure 46, par exemple, un duel Ken contre Ryu aux USA. L'arène de jeu fait exactement deux écrans de large, la BAT mesure 64 x 32 motifs et occupe donc 4 Ko de VRAM. Décomposons l'image en séparant les sprites (figure 47) et le décor (figure 48).

Figure VI-47 : Les sprites　　　　　**Figure VI-48 : Le décor**

L'arrière-plan (bateau, mer et ciel) bouge d'un bloc et n'offre pas l'effet de profondeur qu'on rencontre sur les autres versions. Par contre, le sol est animé avec un effet de perspective assez saisissant, analogue à sa contrepartie arcade. On constate que les barres de vie font partie du décor, ce dernier est construit d'une manière complexe. Il comporte cinq bandes délimitées par les lignes vertes dans la figure 49.

Le programme fait donc un usage intensif du « raster counter ». L'interruption associée le prévient du changement de zone et il ajuste les registres de scrolling en conséquence. La première bande et la barre de vie sont fixes. Même si le décor en arrière-plan se déplace d'un bloc, il doit être traité en deux morceaux à cause de cette barre qui le chevauche.

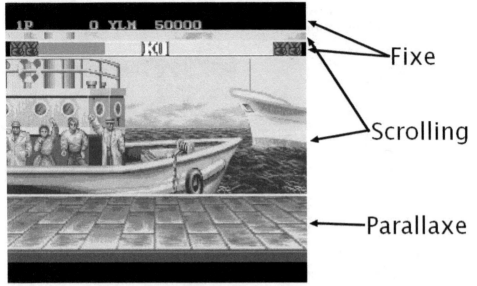

Figure VI-49 : Découpage du décor en bandes

Enfin, la dernière bande est le sol et son traitement est le plus complexe. Le scrolling va être ajusté à chaque ligne en fonction de son éloignement supposé. Les lignes vers le bas étant censées être plus proches, elles vont défiler plus vite que celles du haut, supposées plus lointaines. L'effet de parallaxe qui en découle matérialise une perspective qui donne de la profondeur à l'arène de jeu. C'est un effet assez délicat à implémenter, mais très efficace.

Dans ce même ordre d'idée, on remarque que les bites d'amarrage à l'arrière-plan sont constituées de sprites. En fait, elles bougent à la même vitesse que la première ligne du sol, qui peut être différente de celle de la dernière ligne du décor. Or, on ne peut logiquement ajuster les scrollings que sur des bandes séparées. Donc, si un objet appartenant à un plan chevauche le décor d'un plan différent, il faudra le traiter à part. Les sprites n'étant pas affectés par les registres de scrolling, leur position peut être indépendante de toute manipulation sur les « raster ». Le problème est le même pour les bites d'avant plan, pire même puisque dans cette zone, chaque ligne est indépendante.

Les personnages sur le bateau sont animés sommairement. Leurs bras alternent entre deux positions. Un effet simplement obtenu par une mise à jour occasionnelle de la BAT, les mouvements étant très lents. Cela complexifie néanmoins encore un peu le décor, dont les motifs utilisent environ 36 Ko de mémoire vidéo sur 64 Ko. Avec l'espace pris par la BAT, il reste donc moins de 24 Ko pour l'ensemble des sprites. Or, ils comprennent les effets de coups, des éléments du décor (bites, bidons), les ombres des personnages, des chiffres, etc. Tout cela en plus des combattants proprement dits. Dans un jeu de combat, ces derniers sont évidemment très importants et sont donc représentés par des sprites assez gros. Ken, sur la

Figure VI-50 : Ken

figure 50, est composé de 2 x 5 motifs de 16 x 16 pixels, soit pas moins de 1280 octets de mémoire. *Street Fighter II* est connu pour ses animations fluides et l'incroyable variété de coups qu'offre chaque combattant. Si chaque étape d'animation prend plus d'un kilooctet par personnage, il devient vite clair qu'il est inenvisageable de les conserver toutes en mémoire vidéo durant un combat.

La seule solution consiste à mettre à jour la banque de motifs de sprites en temps réel, selon les besoins. Cette technique n'est pas une nouveauté et elle a été utilisée dans bien d'autres titres, même sur 8 bits. Par exemple, *Golden Axe* sur Master System affiche aussi de gros sprites et emploi cette technique. Sur Famicom, c'est plus rare car il faut que la cartouche apporte de la CHR-RAM.

Des transferts de données s'opèrent donc entre chaque image, pendant la durée du vblank. Le CPU doit envoyer les motifs de sprites en VRAM avant que le VDC ne se remette à dessiner l'écran. Mais il paraît logique que le CPU ne puisse transférer en mémoire vidéo que des données auxquelles il accède directement. Des données qui sont dans son espace d'adressage donc. Sur une HuCard, pas de problème, car la ROM en fait partie. Les données vont donc transiter directement de la ROM vers la VRAM.

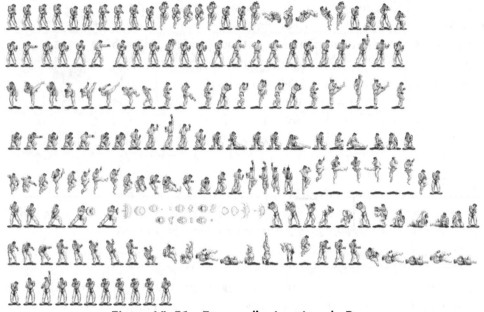

Figure VI-51 : Etapes d'animation de Ryu

Mais si le jeu est sur un CD-ROM, ses données ne sont utilisables qu'après avoir été préalablement transférées, « chargées », en RAM. Dans un jeu comme « Street Fighter II », chaque personnage utilise facilement plus d'une centaine d'étapes d'animation différentes. Pour donner une idée de la masse d'informations nécessaires, on donne en figure 51 toutes les positions dans lesquelles Ryu est susceptible de se trouver pendant un combat (y compris son Hadoken). Cela représente plus de 250 Ko de mémoire pour les deux personnages. Or, une console PC-Engine secondée par un lecteur Super CD-ROM² offre 256 Ko de RAM. Un lecteur CD-ROM² original, seulement 64 Ko. C'est insuffisant, car on doit rajouter à ces 250 Ko la mémoire de travail du programme (état du jeu : score, hitboxes, etc.), les musiques et les effets sonores, sans parler de l'espace pris par le programme lui-même, qui doit résider en RAM.

En 1993, à l'époque de la sortie du jeu, les Arcade Card n'existaient pas encore. Le choix de la HuCard s'est imposé de lui-même, à moins de faire des concessions sur la qualité du portage. Mais NEC s'y est refusé, et cela a permis à tous les possesseurs de PC-Engine, même ceux qui n'avaient aucun lecteur de CD-ROM, de profiter quelques mois avant tout le monde d'une version domestique de *Street Fighter II*. Il reste que c'est un jeu très volumineux et sa production sous forme de ROM fut assez couteuse, ce qui s'est ressenti sur le prix de vente en magasin. Le support CD-ROM aurait permis de réduire les couts de production à presque rien.

Cette taille record de ROM est, d'ailleurs, en partie due aux sprites elle aussi. Non seulement les étapes d'animations sont nombreuses, mais elles doivent être stockées sans compression. Le processeur n'a que très peu de temps pour transférer les données en VRAM entre deux images. La décompression systématique représenterait trop de travail pour le processeur 8 bits qui n'arriverait plus à tenir la cadence.

Street Fighter II prouve néanmoins que la PC-Engine est capable d'être une vraie machine d'arcade (si on investit dans une manette adaptée). Pour achever de s'affirmer en tant que machine pour « hardcores gamers », NEC et Hudson souhaitent réitérer l'exploit et adapter de grandes licences SNK, alors très populaires en salles de jeu. Mais ce n'est pas un *Fatal Fury* qui va consommer moins de ressources qu'un *Street Fighter II*. Produire des versions HuCard des jeux SNK en grandes quantités et les faire payer des fortunes n'est pas vraiment viable économiquement. Sur support CD-ROM, c'est au-dessus des limites de la console, faute de RAM. C'est ainsi que naquit l'idée de cette ultime extension : l'Arcade Card. Avec 2 Mo supplémentaires, la PC-Engine a vaillamment tenté de tenir la dragée haute à la Neo-Geo jusqu'en 1995.

En tout, une douzaine de jeux tirant parti de l'Arcade ont été édités. Des jeux de combats, mais aussi d'autres styles, comme *Strider Hiryu* ou encore le mémorable jeu de tir *Ginga Fukei Densetsu : Sapphire* (figures 52 et 53).

Figure VI-52 : *Sapphire*

Figure VI-53 : Un boss de *Sapphire*

Ce dernier est d'ailleurs assez remarquable, car il emploie des sprites en image de synthèse 3D précalculés pour certains ennemis, comme le boss en figure 53. Il en résulte une fluidité d'animation jamais vue auparavant sur la machine. Mais cette fluidité a un corollaire : plus d'étapes d'animation et donc plus de mémoire pour les stocker. Le problème est donc le même qu'avec *Street Fighter II*, le jeu nécessiterait une quantité astronomique de mémoire vidéo. Les 2 Mo de RAM apportés par l'Arcade Card servent donc, là encore, principalement de « mémoire cache » pour l'animation des sprites.

Super CD-ROM² : *Castlevania : Rondo of Blood*

De son titre original *Akumajo Dracula X : Chi no Rondo*, cet épisode de *Castlevania* sur PC-Engine est certainement un des plus « culte » de la série. Exclusivement sorti au Japon en 1993 sur support Super CD-ROM², ce jeu fut longtemps entouré d'une certaine aura de mystère auprès des joueurs occidentaux. Sans doute en partie à cause de la difficulté d'y jouer sous nos latitudes. Une difficulté qui a  disparu depuis son apparition récente sur la console virtuelle de la Wii et son remake 3D sur PSP. Cet épisode est un Castlevania « classique », à la jouabilité proche du troisième épisode sur NES. Elle est bien différente de l'orientation RPG de *Symphony of the Night*, sa suite directe. Plus linéaire et focalisé sur la plateforme et l'action, c'est un jeu exigeant, d'une difficulté assez corsée. Doté d'une jouabilité efficace, il affiche également une réalisation de haute volée, repoussant les limites de la PC-Engine.

Le support CD-ROM permet à Konami d'intégrer une narration évoluée, basée sur une mise en scène sophistiquée pour l'époque. La cinématique d'introduction, proche d'un dessin animé est entièrement doublée en Allemand. Le jeu fait ainsi un usage intensif du canal ADPCM pour divers effets sonores digitalisés. La musique utilise des pistes audio pour un rendu de qualité CD.

Le jeu en lui-même présente l'action vue de côté et utilise un scrolling multidirectionnel. Il utilise occasionnellement des effets de parallaxes très intéressants. Pour se rendre compte de la virtuosité des programmeurs de ce *Castlevania*, point n'est besoin d'aller très loin. Prenons tout simplement le premier niveau, « ville en flammes », juste après le prologue.

Il utilise une BAT de 8 Ko configurée en 64 x 64 motifs. La SATB est située juste derrière la BAT en VRAM. Environ 20 Ko sont alloués aux motifs du décor. L'animation du jeu est fluide et soignée, pas moins 36 Ko de sprites sont utilisés rien que dans les premières « salles ». C'est pourtant insuffisant, l'animation de Richter est trop complexe pour que toutes ses étapes résident en mémoire vidéo. En figure 54, toutes les étapes d'animation de Richter.

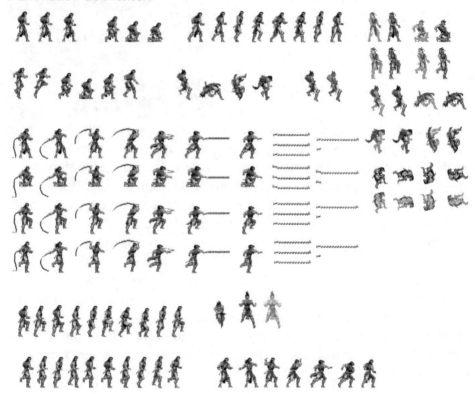

Figure VI-54 : Les étapes d'animation de Richter

Chaque sprites fait 2 x 3 motifs en 16 x 16 pixels, sans compter le fouet (trois motifs). En moyenne il faut compter environ 1 Ko par étape. La même méthode que dans *Street Fighter II* est donc utilisée. C'est pourquoi *Rondo of Blood* nécessite un Super CD-ROM² avec ses 256 Ko de RAM supplémentaire, et ne peut se contenter du simple CD-ROM² original.

L'animation de Richter est conservée en RAM et ses sprites sont transférés à la demande. Heureusement, c'est en général le seul personnage qui requiert ce traitement. Les autres protagonistes ont des animations beaucoup plus simples et rafraichir la VRAM entre les « salles » est suffisant. Le jeu ne va donc pas jusqu'à nécessiter une Arcade Card.

La figure 55 reproduit la première section du premier niveau.

Figure VI-55 : Première section du niveau 1

Richter, les chevaux, les torches, la barre de vie et le score du joueur sont constitués de sprites, ainsi que les ennemis qui s'opposeront au héros et les divers bonus à glaner (cœur, hache, etc). Tout le reste est construit avec des motifs de décors et codé dans la BAT. Les effets de flammes sur l'horizon et au ras du sol sont obtenus simplement par des cycles de palettes. Richter se déplace latéralement et le scrolling est horizontal et bidirectionnel, avec un effet de parallaxe sur quatre niveaux.

A priori, ils sont réalisés d'une manière assez classique, en utilisant le « raster counter ». Le jeu utilise l'IRQ générée par le VDC lorsque RCR arrive à une ligne spécifiée. Ici, en l'occurrence, il se déclenche deux fois. Précisément aux lignes 63 et 71. La ligne 63 marque la fin des ruines en flammes, situées au loin, que l'on aperçoit en haut de l'écran. La ligne 63, huit pixels plus bas (la taille d'un motif) correspond à la fin de la ligne d'herbe juste en dessous. L'écran est donc divisé en trois bandes horizontales (les zones 1, 2 et 3, figure 56) qui défilent à des vitesses différentes. Le registre BXR étant changé à chaque interruption.

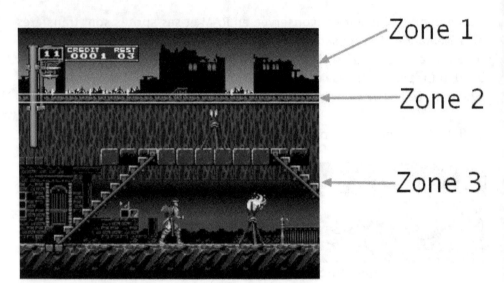

Figure VI-56 : L'écran est divisé en 3 zones de scrolling

Mais le jeu présente quatre plans de profondeurs, pas trois. Pire, il possède clairement un avant-plan (sol, maison effondrée et arbres) qui chevauche l'arrière-plan, tout en défilant à une vitesse différente. Or, la PC-Engine ne gère qu'un unique plan de décor et les « raster effects » obtenus en réagissant à la scanline près ne permettent aucune superposition. Cet effet est donc théoriquement impossible sur cette console.

La solution est très astucieuse. Elle consiste à utiliser des « motifs dynamiques ». Cela fonctionne parce que l'arrière-plan de la zone 3 est constitué de la répétition d'une même structure verticale (figure 57). Cette bande est construite avec seize motifs reproduisant le dégradé de rouge à la base et les « volutes » au dessus.

Figure VI-57 : Arrière plan de la zone 3

Stockés à un endroit précis en VRAM, ces 512 octets vont être modifiés cycliquement pour donner l'illusion que l'arrière-plan défile, cf. figure 58.

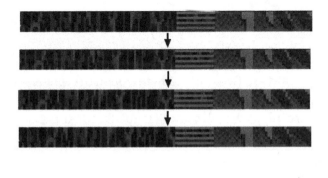

Figure VI-58 : Le sens apparent du déplacement est de gauche à droite

La vitesse de ce cycle est donc totalement indépendante de celle du scrolling du décor proprement dit. Ainsi, même si le décor est en fait d'un seul tenant, la structure en fond de la zone 3 a l'air de bouger indépendamment de la maison, des escaliers, etc. Elle a donc l'air d'être « derrière » et constitue un faux arrière-plan. Les torches qui brulent ardemment sont des sprites dont le déplacement est exactement calé sur celui du décor, ils en constituent des éléments animés et destructibles.

La même technique est utilisée plusieurs fois dans le jeu. Dans le même niveau, on la retrouve également dans le passage secret, sous le chemin habituel (cf. figure 60 et 61). Richter doit sauter sur des seaux attachés à des chaines pour rejoindre la porte. Ici, le scrolling est vertical et le fond, constitué d'un dallage bleu est fixe par rapport aux plateformes. Cette fois-ci, il n'y a que deux plans : l'avant-plan et le fond en dallage. On n'a donc pas besoin d'utiliser le « raster counter » pour définir

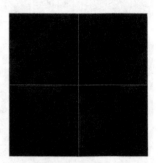

Figure VI-59 : Le dallage dynamique

plusieurs bandes. Les plateformes en pierres font partie du décor, les chaines avec les seaux, Richter, le grand vase et les chandeliers sont des sprites. Le scrolling différentiel (par rapport au dallage du fond) est simulé en faisant boucler verticalement les 4 motifs de décor 8 x 8 pixels de la figure 59 à la bonne vitesse.

D'autres titres utilisent cette méthode délicate. *Lord of Thunder* par exemple, lors de la rencontre avec un demi-boss dans le niveau désertique (« Dezant »). On a également plusieurs plans de défilement, dont un qui est uniquement constitué de sable, cf. figure 62. Le sable étant une texture répétitive, les motifs qui le constituent sont modifiés dynamiquement pour créer un « scrolling virtuel », comme dans *Castlevania*.

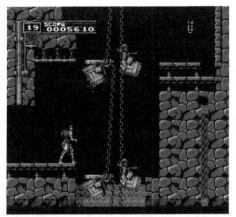

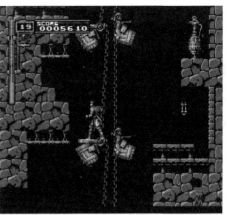

Figure VI-60 : Le passage secret   **Figure VI-61 : Scrolling différentiel**
vertical

Le demi-boss en figure 63 est énorme et très détaillé, difficile de le représenter uniquement en sprites. La partie annelée de son corps est construite avec des éléments du décor, défilant à la même vitesse que le sable au premier plan. Le cou, la tête et les épines dorsales sont des gros sprites, ce qui leur permet de chevaucher le décor d'arrière-plan. Dans ces figures, le rectangle rouge met en évidence la portion de décor qui est reproduite et dont les motifs sont modifiés dynamiquement.

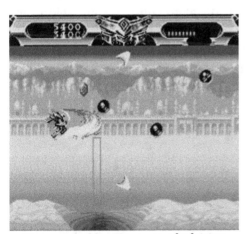

Figure VI-62 : Texture répétitive   **Figure VI-63 : Semi-boss**

Castlevania utilise aussi la méthode, plus classique, des gros sprites pour simuler des plans multiples. Par exemple, à peine plus loin dans le premier niveau, on a le segment où l'on affronte des sortes de golems, illustré en figure 64.

Figure VI-64 : Niveau 1 de *Castlevania*

Ici, on a trois plans différents. Les bâtiments au loin, les flammes au second plan et le premier plan avec le sol, les buissons et les grands arbres. Encore une fois, ce dernier chevauche allègrement les autres plans. Mais ici, les motifs à l'arrière n'ont rien de répétitif et la méthode précédente ne peut être appliquée. Les arbres et les buissons sont donc de gros sprites qui bougent de conserve avec le sol. Dans le cas de ce segment, le décor d'avant plan est assez simple et clairsemé. L'avant-plan du segment décrit plus haut était bien plus détaillé et il aurait été beaucoup plus difficile à réaliser uniquement avec sprites.

On note aussi la présence d'un effet de déformation des flammes assez spectaculaire. Ce sont des « raster effects », comme pour le sol dans *Street Fighter II*. Ici, les lignes sont décalées une à une selon une oscillation vaguement sinusoïdale. En figure 65, les flammes sont représentées telles qu'elles sont stockées en VRAM. En figure 66, la déformation est appliquée. Un cycle de palette est utilisé pour achever de les rendre ardentes.

Figure VI-65 : Flammes droites

Figure VI-66 : Flammes déformées

S'il a fallu attendre assez longtemps pour pouvoir jouer à la version originale de *Rondo of Blood*, les joueurs Super Nintendo se souviennent sans doute de V*ampire Kiss*. C'est le nom du jeu en Europe et en Australie, il est appelé *Castlevania : Dracula X* aux États-Unis et *Castle Dracula Double X* au Japon, afin de le différencier de *Rondo of Blood*. *Vampire Kiss* est un cas un peu étrange, car il partage la même histoire et la même jouabilité que *Rondo of Blood* tout en proposant des niveaux différents et des graphismes altérés. Ce n'est donc pas réellement un portage, mais ce n'est pas non plus une suite.

SuperGrafx : *Dai Makai Mura* et *Aldynes*

Dai Makai Mura

Connu dans nos contrées sous le nom de *Ghouls'n Ghosts*, *Dai Makai Mura* est un des cinq jeux exclusifs à la Supergrafx. Développé par NEC en 1990, c'est l'adaptation du jeu

d'arcade de Capcom sortie en 1988 sur CPS1. *Ghouls'n Ghosts* est la suite de *Ghosts'n Goblin*, un autre titre d'arcade datant de 1985. *Ghosts'n Goblins* se nomme *Makaimura* en Japonais, ce qui peut être traduit par « Village de l'enfer ». « Dai Makai Mura » se traduirait donc par « Grand Village de l'enfer ». On l'a vu, le CPS1 est une plateforme puissante, mais si la PC-Engine a pu accueillir un portage fidèle de *Street Fighter II*, on ne s'étonnera pas que la Supergrafx ait eu une excellente version de *Ghouls'n Ghosts*.

On rappelle que la Supergrafx possède deux VDC. Elle gère donc deux décors et deux fois 64 sprites et 128 Ko de mémoire vidéo au total. La console ne possède que 32 Ko de RAM, mais tous ses jeux exclusifs sont sur HuCard, ce qui limite cette faiblesse. Grâce aux deux VDC, la machine gère nativement deux plans de scrollings. *Dai Makai Mura* utilise directement cette

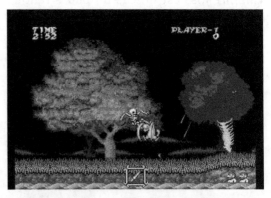

Figure VI-67 : Une scène typique dans *Daimakaimura*

possibilité pour ses effets de parallaxe. Considérons par exemple la (funeste) copie d'écran de la figure 67, tirée du premier niveau. La scène présente un certain souci du détail. Les arbres sont battus par le vent. Le paysage à l'arrière-plan, plus sombre, défile indépendamment. L'eau au premier plan est animée, des feuilles mortes tourbillonnent dans la bourrasque et on aperçoit les premières gouttes de pluie. Tous ces petits éléments vont se répartir sur les deux VDC disponibles. Dans les figures 68 et 69 on commence par séparer le décor et les sprites gérés par la première puce graphique.

Figure VI-68 : Le décor du VDC 1

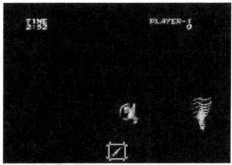

Figure VI-69 : Les sprites du VDC 1

Comme on s'y attendait, le premier plan est le décor du premier VDC. Il se charge aussi des sprites des ennemis et de l'interface. L'animation de l'eau est un cycle de palette. Les palettes sont gérées par le VCE, qui n'est présent qu'à un seul exemplaire dans la Supergrafx. Les deux VDC partagent donc les mêmes 32 palettes. C'est le premier VDC qui génère l'interruption vblank (en fin d'image). Les figures suivantes (70 et 71) montrent le décor et les sprites du second VDC.

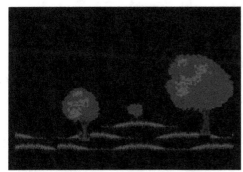

Figure VI-70 : Décor du VDC 2

Figure VI-71 : Sprites du VDC 2

L'arrière plan est bien géré comme le décor du deuxième VDC, lequel est aussi en charge des sprites du héros et des effets météorologiques. Les deux puces graphiques utilisent une BAT de même taille : 64 x 32 motifs. Les deux décors défilent indépendamment, ici on n'a pas à se soucier des éventuels problèmes de chevauchements entre plans qui apparaissent quand on a recours au raster counter. L'utilisation que fait *Daimakaimura* de la Supergrafx est assez typique de ce que peut offrir la console. Des facilités analogues à celles apportées par les consoles 16 bits. Si le premier niveau présenté ici ne paraît pas si impressionnant, les capacités supplémentaires s'avèrent très commodes plus tard dans le jeu, dans des situations comme celle rencontrée en figure 72.

Figure VI-72 : Scrolling différentiel vertical sur *Daimakaimura*

Outre de multiples sprites assez gros, l'action se déroule suivant un scrolling différentiel vertical. Comme l'arrière-plan n'a rien d'un motif répétitif, une situation comme celle-là serait très difficile à reproduire sur une PC-Engine. Les figures 73 et 74 montre la décomposition de la scène en suivant le même ordre que plus haut.

Figure VI-73 : Décor du VDC 1

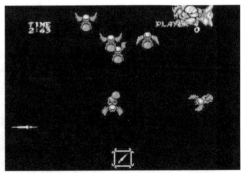

Figure VI-74 : Sprites du VDC 1

Et de même :

Figure VI-75 : Décor VDC 2

Figure VI-76 : Sprites VDC 2

On remarque que le sol sur lequel se déplace le héros fait partie du décor du second VDC. Or, le fond bleu et violet défile verticalement alors que sol reste fixe. On a donc trois plans différents. Les rochers au premier plan sont pris en charge directement par le premier VDC. Le second doit néanmoins avoir recours au raster counter et diviser l'écran en trois bandes. La bande du sol restant fixe alors que les deux autres, de part et d'autre, défilent à la même vitesse. Le CPU doit donc ici gérer deux décors en mouvement avec des interruptions RCR pour le second. Tout cela en plus des 128 sprites divisés en deux groupes de 64. C'est beaucoup de travail pour le HuC6280, et l'adaptation de *Ghouls'n Ghosts* n'a pas dû être une promenade de santé pour les équipes de NEC Avenue.

Aldynes

Pourtant, au sein de la minuscule ludothèque de la Supergrafx, des titres sont allés plus loin dans la prouesse technique. On pense par exemple à *Aldynes*, un jeu de tir horizontal développé par Hudson en 1991. L'apocalypse

ne s'y passe pas en 2012 mais en 2020, suite à une invasion extraterrestre. Pas forcément remarquable par son scénario, pas vraiment tape à l'œil avec ses couleurs froides très en accord avec son contexte postapocalyptique, *Aldynes* n'en affiche pas moins une virtuosité technique impressionnante. Avec ses boss démesurés et son orgie de scrollings différentiels, il est un ambassadeur de choix pour la Supergrafx. Encore que sa jouabilité relativement complexe et son extrême difficulté ne le destinent pas forcément à tout le monde. Cette dernière est peut-être à l'origine du sous-titre du jeu qui est : *Aldynes : The Mission Code for Rage Crisis*.

Figure VI-77 : Demi boss dans *Aldynes*

Figure VI-78 : Transformation du boss

Une rencontre dantesque attend d'ailleurs le joueur pas plus loin qu'au premier niveau. Un boss spectaculaire, prenant allégrement la moitié de l'écran, s'y prend pour un « transformer » comme en témoigne ses deux positions illustrées en figures 77 et 78.

Pour avoir une vague idée de la complexité d'une telle situation, décomposons la dernière scène comme nous l'avons fait pour « Dai Makai Mura ». Tout d'abord, les figures 79 et 80 représentent le décor et les sprites du premier VDC.

 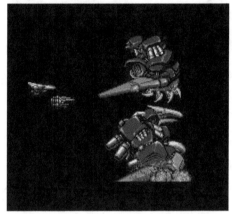

Figure VI-79 : Décor du VDC 1   **Figure VI-80 : Sprites du VDC 1**

Puis de même, les figures 81 et 82 montrent le décor et les sprites du second VDC.

Première constatation, mise à part sa section centrale, le boss est principalement constitué de sprites. Pas très étonnant puisqu'il est animé, mais il est clair que les capacités doublées de la Supergrafx en la matière ne sont pas de trop. Les 128 Ko de mémoire vidéo permettent une telle fantaisie tout conservant un peu d'espace pour le vaisseau du joueur, les tirs, etc.

Au niveau du décor, les instantanés ci-dessus ne rendent pas justice au jeu en action. En particulier au nombre de plans qui sont gérés. Si on devine, grâce au décor du premier VDC que le sol possède son propre plan, il est impossible de deviner que le décor du second VDC possède en fait 4 scrollings indépendants, sans compter la barre de score. Au total, ce niveau affiche une parallaxe sur 5 plans, en plus du boss, mi-décor / mi-sprite. C'est impressionnant, mais ce n'est rien comparé au niveau 3.

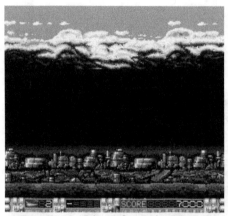

Figure VI-81 : Décor du VDC 2

Figure VI-82 : Sprites du VDC 2

Si le niveau 2 use et abuse des portions de décors mobiles, le niveau suivant est une gabegie de parallaxe. Prenant place sur la planète mère des extra-terrestres, le décor est constitué d'une sorte d'immense ville s'étendant aussi bien au dessous qu'au dessus de nous. Une mince bande de ciel orageux s'étire à l'horizon alors que des décharges semblent joindre les deux moitiés de la ville. Dès le début, on y rencontre des ennemis d'une taille conséquente comme en témoigne la figure 83.

L'impression de profondeur donnée par le jeu en mouvement est absolument saisissante. Non seulement le défilement se fait sur des plans multiples, mais leur disposition change selon la position du joueur. Les « bandes » se font plus ou moins épaisses selon que le vaisseau en est proche ou éloigné, simulant ainsi un effet de perspective convaincant. Décomposons la scène comme à notre habitude dans les figures 84 à 87.

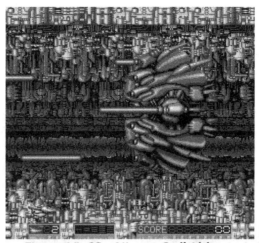

Figure VI-83 : Niveau 3 d'*Aldynes*

Le décor géré par le premier VDC est déjà constitué de 4 plans indépendants. Le vaisseau ennemi est constitué de nombreux sprites répartis sur les deux VDC. On note aussi quelques sprites utilisés pour des éléments du décor et permettant de légers chevauchements.

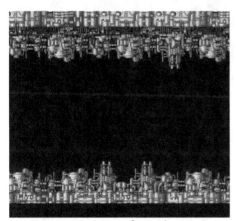

Figure VI-84 : Décor du VDC 1

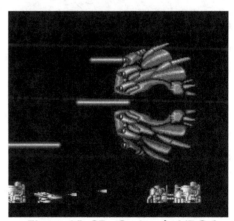

Figure VI-85 : Sprite du VDC 1

Le gros du travail est accompli sur le second VDC. Le décor y est décomposé en 10 plans différents, défilant à des vitesses de plus en plus lentes jusqu'à la section centrale. La barre de score constituant un onzième plan fixe. Les sprites viennent compléter le vaisseau commencé sur le premier VDC et pourront apporter des éléments additionnels : autres ennemis, explosions, etc.

Les raster counters des deux VDC sont ainsi utilisés intensivement. Au total, le défilement se fait sur 13 plans différents, ce qui constitue sans doute un record sur PC-Engine. Le jeu utilise aussi l'IRQ « sprite overflow », qui s'active quand la limite de 64 sprites est atteinte par un des VDC. Il existe en effet des moments, assez rares dans *Aldynes*, où la limite de 128 sprites de la Supergrafx est dépassée. Comme sur Famicom, une technique de rotation des SATB permet alors, moyennant un effet de scintillement, de dépasser cette limite.

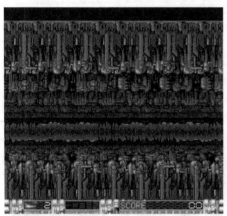
Figure VI-86 : Décor du VDC 2

Figure VI-87 : Sprites du VDC 2

Les deux niveaux vus ici ne doivent pas éclipser le reste du jeu : boss homérique à la fin du niveau 2, motifs dynamiques à la pèle, etc. La PC-Engine ne manque pas de bons shoot'em up et il appartiendra à chacun de juger si *Aldynes* est meilleur qu'un autre. Néanmoins, il s'impose sans conteste comme un des jeux de ce type les plus impressionnants techniquement.

Une ludothèque remarquable

Les dernières HuCard sortirent en 1996 et des Super CD-ROM furent produits jusqu'en 1997. La PC-Engine eut donc un cycle de vie d'environ une dizaine d'années. Pendant ce laps de temps, elle sut se trouver un public fidèle d'un effectif non négligeable. Plus de 10 millions de consoles trouvèrent preneur, en grande majorité au Japon. C'est remarquable car elle fut pendant la majeure partie de son existence en concurrence frontale avec la Megadrive (sortie fin 1988) et la Super Nintendo (fin 1990). Ce succès n'aurait pas été possible sans une ludothèque solide. Dans ce domaine, la PC-Engine n'eut pas trop à se plaindre.

N'oublions pas qu'Hudson est avant tout un éditeur de logiciels très à l'aise aussi bien dans la création que dans le portage de jeux vidéo. Il contribuera largement à étoffer la liste de près de 600 titres de la PC-Engine. NEC sera aussi un soutien indéfectible à la machine. Il édita de nombreux jeux remarquables, comme les *Darius*, *Space Harrier*, *Afterburner II*, etc. Sa

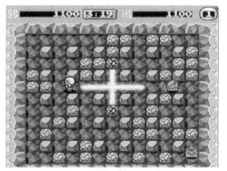

Figure VI-88 : *Bomberman !*

maîtrise technologique permit à la PC-Engine d'évoluer et de se maintenir à niveau face aux machines 16 bits. Des éditeurs de renoms ne tardèrent pas à se joindre à eux : Namco, Konami, Taito, Tengen, Irem, Capcom, etc.

L'offre de hits immanquables est ainsi pléthorique, et l'on a fait qu'effleurer quelques titres. Il y a tellement de grands absents, entre autres les conversions de *R-Type*, *Wonderboy*, *Splatterhouse*, *Strider*, etc. Les licences emblématiques comme *PC-Kid* (Bonk), *Bomberman*, *Adventure Island*. D'innombrables « shoot'em up » légendaires : la série *Star Soldier*, *Air Zonk*, *Gunhed*, *Aero Blaster*, *Gates of Thunder*, *Magical Chase*, etc. Sans oublier quelques RPG d'anthologie, comme la série des *Ys*.

Dans un autre registre, impossible de ne pas mentionner un type de jeu inexistant dans nos contrées, mais très populaire au Japon : le simulateur de drague. *Tokimeki Memorial* a ouvert la voie à ce genre sur console. Le support CD-ROM s'y prêtant à merveille. Avec les romans interactifs ou « visual novel », ils formeront d'ailleurs l'essentiel de la ludothèque du PC-FX, le successeur malheureux de la PC-Engine.

Avec autant de jeux remarquables, on comprend pourquoi la console a acquis aujourd'hui le statut machine culte et possède encore de nombreux fidèles.

VII. Conclusion

Dix ans séparent la sortie du VCS de celle de la PC Engine. Une décennie qui est ici découpée arbitrairement de 1977 à 1987, mais qui est assez représentative des « années 80 ». Une décennie d'une richesse incroyable dont on a, bien sûr, à peine égratigné la surface.

Le bouillonnement d'innovations de cette époque est porté par les rapides progrès de la microélectronique. De 3500 transistors dans un 6502 en 1975, on passe à 275 000 pour le 386 DX d'Intel en 1986 et plus d'un million pour son successeur en 1989. Le rythme est proprement exponentiel et la « loi de Moore », qui décrit empiriquement cette accélération devient un lieu commun de la presse spécialisée. Car le coût des composants chute parallèlement à l'accroissement de leurs performances. Si bien que loin d'intéresser seulement les scientifiques et les ingénieurs, l'informatique se démocratise et commence à toucher le grand public. C'est ainsi qu'apparaissent par exemple les magazines Byte en 1975, Dr. Dobb's en 1976 ou l'Ordinateur Individuel dès 1978 en France.

On s'est intéressé ici aux quatre consoles de jeux vidéo les plus marquantes de cette époque, mais on laissé au bord du chemin toute une cohorte d'autres machines pourtant dignes d'intérêt (Intellivision, Colecovision, Vectrex) et on a tout juste évoqué « l'âge d'or de l'arcade » qui vît naître *Pacman*, *Space invaders*, *Asteroids*, *Qbert*, *Gradius*, *Outrun*, *Space Harrier*, etc.

Pire encore, on a quasiment passé sous silence l'essor de la micro informatique. Et pourtant, 1977 est aussi l'année de naissance de l'Apple II et du TRS-80. Encore chères, ces machines mettent néanmoins à la portée de toutes les entreprises et d'un large public une puissance de calcul réservée aux universités une décennie plus tôt.

Les années 80 sont également celles du « micro-ordinateur ». S'il devient « personnel » dès 1981, selon IBM, avec l'arrivée du « PC », de nombreux autres constructeurs proposent leur vision de l'ordinateur domestique. On assiste alors à un véritable foisonnement de machines : Sinclair ZX 80, Oric Atmos, Matra Alice, Thomson MO5, Commodore 64, Amstrad CPC, Atari ST, Amiga 1000, etc. On est loin du paysage relativement monochrome des années 90 dominées par Microsoft et, dans une moindre mesure, Apple.

Le micro-ordinateur contribua autant que les consoles à la maturation du jeu vidéo. Il possède en outre cet avantage inestimable de permettre à son propriétaire de créer autant que de jouer. D'illustres auteurs comme Richard Garriott, Jordan Mechner ou Roberta Williams, débutèrent sur Apple II par exemple.

Ces machines à priori plus « sérieuses » ont un ADN différent des consoles. Ces dernières sont des rejetons de l'arcade, et les jeux qu'elles proposent trahissent souvent cette ascendance. Au contraire, les micro-ordinateurs descendent des « mainframes » sur lesquels on jouait à des jeux d'aventures textuels, des « MUD » (Multi-User-Dungeon) ou à Rogue.

Des univers très différents et des jeux aux grammaires assez distinctes. Bien avant *The Legend of Zelda* ou *Final Fantasy*, les *Ultima* (1980), *Wizardry* (1981), *Zork* (1980), *Flight Simulator* (1982), *King's Quest* (1984) ou encore *Elite* (1984) demandent de s'investir sur de longues durées, en de multiples sessions. Des expériences immersives, mais d'un abord potentiellement difficile, bien loin de l'immédiateté de l'arcade. Si chaque famille gardera longtemps ses genres de prédilection, les passerelles deviendront de plus en plus nombreuses, enrichissant toujours plus le jeu vidéo dans son ensemble.

Avec les 40 millions de consoles écoulées et des centaines de millions de cartouches, Atari fait passer le jeu vidéo du relatif artisanat de l'arcade des années 70 à une industrie grand public multimilliardaire. En dix ans, des empires ont eu le temps de se constituer et de chuter, mais l'ascension du média lui-même semble inexorable. Que le marché se contracte aux États-Unis, c'est au Japon qu'il repartira de plus belle et sous l'impulsion de Nintendo, il devient un phénomène de société mondial.

Aussi bien que se porte ce marché à la fin des années 80, ce n'est encore que le tout début de l'histoire. Loin de s'essouffler, il redoublera de vigueur dans la décennie suivante. On assistera même à un coup d'accélérateur remarquable puisque si la Sega Megadrive sort fin 1988, c'est la Dreamcast, qui est tristement la dernière console du constructeur, qui sort seulement 10 ans plus tard.

Entre les deux machines, l'écart technologique est immense, largement plus important qu'entre une VCS et une PC Engine. Qu'on mesure le gouffre entre un *Sonic the Hedgehog* sur Megadrive et un *Sonic Adventure* sur Dreamcast, entre un *Street Fighter 2* et un *Soul Calibur*, entre un Phantasy Star et un *Skies of Arcadia* ou un *Shenmue*... Une bonne illustration de la « loi de Moore » en somme.

Ainsi, les années 90 verront se succéder pas moins de 3 générations de machines. Les processeurs 16 bits seront beaucoup utilisés jusqu'au milieu de la décennie avec la Megadrive, la Super Nintendo et la Neo Geo AES (1990). Les puces 32 bits apparaîtront sur le marché des consoles avec la 3DO dès 1993, comme la Jaguar d'Atari. Mais c'est plutôt l'année suivante que la relève des 16 bits arrivera réellement avec la Playstation et la Saturn, la Nintendo 64 arrivant seulement en 1996.

Parmi les machines « 16 bits », la Super Nintendo avec ses 49 millions de machines vendues dans le monde fait figure de grande gagnante. Pourtant, la Megadrive se vendra, sur la durée et sur des marchés différents à tout de même plus de 41 millions d'exemplaires. C'est une performance plus qu'honorable. Ces deux machines luttèrent pied à pied pour le cœur des joueurs, chacune avec ses arguments.

Sega et Nintendo sont deux sociétés aux philosophies très différentes. Sega, acteur majeur de l'arcade, se posera en roi du jeu d'action et proposera des portages fidèles de quelques légendes des salles enfumées. Bien que Nintendo ait également proposé des titres survoltés, la Super Nintendo est connue pour avoir eu des jeux de rôles et d'aventures de qualité exceptionnelle. Les choix techniques faits par les deux constructeurs, pour leurs machines comme pour les extensions qui les accompagneront ont influencé leurs ludothèques respectives.

Sortie plus tôt, la Megadrive bénéficiera de deux extensions successives majeures, le Mega CD et le 32X qui chacune étendirent considérablement ses facultés. Même si elles permirent d'enrichir significativement les titres qui les exploitent, leur succès commercial fut mitigé.

Nintendo tentera quant à lui l'aventure du Satellaview, sans grand succès. L'idée était pourtant novatrice et préfigurait déjà le jeu en ligne et la distribution dématérialisée. Une extension CD fut aussi planifiée, mais elle se concrétisera finalement … chez Sony au grand dam de Nintendo, mais c'est une autre histoire.

Avec à peine un million de machines vendues, une distribution quasi confidentielle, une autre console a pourtant marqué cette époque, c'est la Neo Geo AES de SNK. Proposée à des tarifs exorbitants, elle constituait une sorte de fantasme pour beaucoup de joueurs. En 1990, les 400$ du prix de la machine et les 200$ par jeux (presque 350$ de 2013) se justifiaient par le fait qu'il s'agissait exactement de la même électronique que dans les très populaires bornes d'arcade de SNK.

Les jeux en 2D ayant atteint une apogée sur Neo Geo, Atari tentera de revenir sur le devant de la scène avec la Jaguar. C'est une console puissante, mais complexe, à priori taillée pour la 3D. Bien que vantée comme étant 64 bits, c'est en fait une machine multiprocesseur dont le CPU est analogue à celui de la Megadrive. Sortie en 1993 c'est un cuisant échec commercial, moins de 250 000 exemplaires furent écoulés. Elle est en quelque sorte une machine de transition, à l'image de la 3DO ou du CD-i.

En tous les cas, une chose est sûre, si l'étude des machines 8 bits est passionnante, celle de la génération suivante ne l'est pas moins. Il reste tant à explorer…

VIII. Annexes

1 Un peu de Théorie

Qu'est-ce qu'un microprocesseur ?

En pratique, c'est une petite boite avec des pattes. Pour faire plus professionnel, on appelle la boite un « circuit intégré ». Cela signifie qu'à l'intérieur se trouve un circuit électronique plus ou moins complexe, relié au monde extérieur par un certain nombre de connexions : les fameuses pattes. Quand une tension est appliquée à certaines, le circuit répond en donnant une tension sur certaines autres. Ça paraît simple et pas franchement passionnant. En fait, chaque modèle de processeur possède un langage bien à lui et si vous savez lui parler, vous pouvez exécuter des programmes. Ce n'est pas rien. Tout microprocesseur, pour élémentaire qu'il soit, est mathématiquement parlant une « machine universelle » au sens de Turing. Pour faire simple, cela signifie qu'elle sait calculer tout ce qui est calculable.

Et en pratique, tout est calculable, si vous avez les équations ou les algorithmes et suffisamment de temps. Les phases de la lune, la durée de vie d'un neutron, votre score à *Tetris*, les oscillations de la ... chevelure ... de Lara Croft, votre petite boite sait tout faire, pourvu qu'on lui dise comment.

Le CPU

En Anglais un microprocesseur est aussi appelé « CPU », un sigle que j'utiliserais souvent et qui signifie « Central Processing Unit » ou encore « Unité Centrale de Traitement». Comme l'adjectif « central » le laisse supposer, le CPU est un composant très important, ce qui ne veut pas dire qu'il puisse tout faire tout seul, loin de là.

Tout d'abord, un processeur ne sert à rien sans mémoire, car il faut bien des données à traiter et un endroit où mettre le résultat de ses calculs. De même, un CPU est autiste sans une bardée de puces qui pilotent pour lui des périphériques variés et bien utiles comme un écran, un clavier, un stockage de masse, etc. Ainsi, un constructeur conçoit toujours un chipset (en ensemble de puces) travaillant de conserve et dont le processeur est l'élément central.

Comme on l'a dit, un processeur exécute des « programmes », ce qui correspond globalement à trois choses :

- Lire et écrire des données dans une mémoire.
- Faire des calculs (l'arithmétique de base suffit).
- Comparer des valeurs et prendre des « décisions » en fonction du résultat.

Par « décision » j'entends : altérer le déroulement du programme en le continuant à un autre endroit, en répétant une partie (faire une boucle) ou, éventuellement, en arrêtant net.

Pour effectuer ses calculs, un CPU doit donc savoir lire des données en mémoire et les transférer dans ses « registres » internes. Un registre est un petit espace mémoire intégré au processeur. Selon les modèles, il peut y en avoir entre 6 et plusieurs dizaines.

Des Bits

Tous les ordinateurs actuels fonctionnent avec des composants dits « électroniques », parce qu'ils manipulent des flots d'électrons, c'est-à-dire des courants électriques, pour effectuer des calculs en binaire. Le binaire est pratique car il permet de représenter tous les nombres uniquement avec des zéros et des uns. Or, on peut représenter « un » par un courant suffisamment élevé et « zéro » par un courant nul ou trop faible. Le binaire correspond naturellement, en quelque sorte, au langage du CPU.

C'est une numération (c'est-à-dire une manière de représenter les nombres) très rigolote. Par exemple, jusqu'à combien pouvez-vous compter avec vos dix doigts ? Réponse : 1024 ! Chacun des doigts peut être soit tendu, soit replié, c'est-à-dire prendre deux « configurations ». Si j'avais deux doigts, j'aurais 2 x 2 soit 4 configurations. Avec trois doigts, je serais capable d'en faire 2 x 2 x 2 soit 8, vous voyez l'idée. Donc avec mes 10 doigts, j'ai 2 x 2 x 2 x 2 x 2 x 2 x 2 x 2 x 2 x 2 soit 1024 combinaisons de doigts repliés ou tendus. Et c'est ainsi (au prix de quelques contorsions digitales) que je peux compter jusqu'à 1024 avec mes dix doigts. Si vous voulez plus de détails sur la numération binaire, vous pourrez en trouver dans les annexes 3 et 4.

Dans le même ordre d'idées, on dit qu'un processeur est 8 bits s'il a 8 « doigts ». Dans ce cas, ses registres internes comportent 8 chiffres binaires et il peut ainsi compter entre 0 et 255 (256 = 2 x 2 x 2 x... x 2 (8 fois) possibilités). Certains savent compter avec des nombres négatifs et comptent donc de -126 à +127. Les processeurs 16 bits comptent sans problèmes de 0 à 65535 et ainsi de suite.

Et des Beats !

Le CPU ne sachant rien faire seul, il doit travailler avec de nombreux autres circuits. Pour que tout se passe en douceur, ils doivent aller au même rythme. Une horloge doit imposer sa cadence à l'ensemble des composants d'une machine afin de les synchroniser. C'est un peu le métronome qui rythme la mélodie du programme. Au plus elle va vite, au plus son exécution est rapide. Mais attention, chaque microprocesseur a son propre tempo ! Car, quand vous lui posez une question, il répond vite... mais pas immédiatement. De plus, si on le fait aller vraiment plus vite que la musique, il s'échauffe et peut même carrément fondre...

La fréquence d'horloge que supporte un CPU est donc un élément déterminant pour ses performances et elle a été multipliée par plusieurs milliers en 40 ans. Les premiers microprocesseurs fonctionnaient à des vitesses de l'ordre du mégahertz. C'est-à-dire du million de cycles d'horloge par seconde. En ce temps là, bien peu de choses pouvaient être faites en seulement un cycle, la plupart des opérations en requièrent plusieurs. Parfois même plusieurs dizaines pour une opération « complexe » comme une division. Là encore, des progrès considérables ont été faits. Peu à peu, l'efficacité s'est accrue et les processeurs modernes peuvent carrément effectuer plusieurs opérations par cycle.

2 Un Peu d'Histoire

Une histoire pas si récente...

L'idée de l'ordinateur ne date pas d'hier, Charles Babbage passa sa vie à dessiner les plans d'une telle « machine analytique » dès 1834. Pour matérialiser cette vision d'une machine à calculer binaire programmable, il faut matérialiser le chiffre binaire, le « bit ». Un ingrédient est ainsi fondamental : un interrupteur qui puisse être « allumé » ou « éteint » à la demande. Pas besoin qu'il soit électronique d'ailleurs, on peut parfaitement imaginer un ordinateur mécanique ou même pneumatique. Mais utiliser l'électricité a ses avantages au niveau de la vitesse, de l'encombrement, sans compter que c'est une énergie qui est devenue très facilement disponible.

Les Lampes, une idée lumineuse

Au début du siècle, bien avant de parler de « transistor », on utilisait des relais et des lampes. Les relais sont électromécaniques, ce sont de vrais interrupteurs commandés électriquement. Les lampes, elles, ont ouvert la voie aux machines « tout électronique », comme le très célèbre ordinateur ENIAC, dès 1946. Elles possèdent bien des filaments comme celles qui éclairaient votre salon avant l'invasion des ampoules fluo compactes. Leur principe est très ingénieux.

Le but est de pouvoir commander le passage d'un courant entre deux électrodes : l'anode (positive) et la cathode (négative). On peut vouloir l'empêcher ou l'autoriser à volonté, ou même le moduler. Pour le faire, on utilise une lampe « normale » avec son filament, qui fera office de cathode. On place en face une plaque qui sera l'autre électrode : l'anode. Quand on allume la lampe, le filament chauffe et ses électrons vont avoir tendance à s'échapper de la cathode pour former un nuage qui sera attiré par l'anode si celle-ci possède le potentiel adéquat (positif). Un courant électrique va ainsi passer entre les électrodes, malgré le vide entre les deux. Maintenant, on rajoute une grille entre l'anode et la cathode. Selon la tension appliquée, un nombre plus ou moins important d'électrons seront déviés et n'atteindront pas l'anode. Ainsi, on module le courant entre les électrodes en faisant varier un autre courant. Avec ses trois composants, ces lampes sont aussi appelées « triodes ».

Grâce à cette « grille de commande », je peux ainsi autoriser ou interdire complètement le passage des électrons et nous voilà en présence d'un « bit » parfaitement utilisable. Les lampes ont constituées un progrès certain puisque l'ENIAC est de l'ordre de mille fois plus rapide que ses prédécesseurs à relais et beaucoup plus fiable. Mais pas assez. Les lampes sont en verre, elles sont fragiles, elles grillent… ce n'est pas très pratique. Alors en 1947, fort d'avancées en mécanique quantique des semi-conducteurs, le transistor est inventé par des chercheurs de la compagnie américaine Bell Telephone.

Le Transistor

Cette invention fait intervenir des notions complexes de physique du solide et de mécanique quantique, on ne va donner ici qu'un aperçu très (très) simplifié. Schématiquement, un semi-conducteur est un matériau qui peut être isolant ou conducteur selon les circonstances. Il peut être « dopé » pour avoir un léger excès d'électrons (il est dit N pour négatif) ou bien un léger déficit (P comme positif). Un semi-conducteur dopé N possède ainsi des électrons un peu velléitaires qui peuvent se mettre en marche pourvu qu'on leur injecte suffisamment

Figure VIII-1 : Un transistor

d'énergie. Pour un semi-conducteur P, c'est l'inverse, il manque d'électrons, c'est comme s'il avait des « trous » positifs. D'un certain point de vue, ces « trous » peuvent d'ailleurs aussi se déplacer. Tout se passe comme s'ils se prenaient pour des charges positives qui se déplaceraient comme des électrons, mais à l'envers.

Ainsi, imaginons que l'on se fasse un sandwich de semi-conducteur avec du N comme pain et du P comme jambon. Si j'applique un courant entre les deux « N », le courant ne passera que si la couche P du milieu le permet. Au dessus d'une tension seuil, le transistor devient passant. En dessous, il reste fermé : nous voilà encore avec un interrupteur. Des transistors individuels, nous sommes nombreux à en avoir vu dans notre scolarité, cf. figure 1. Ces petits boîtiers à trois pattes sont bien plus compacts et robustes que des lampes. De plus, ils ne grillent pas, ou alors il faut être vraiment très méchant avec eux.

D'autres composants électroniques fondamentaux, comme les diodes sont aussi passés du stade de la lampe à celui du semi-conducteur. Aussi, des circuits électroniques entiers ont bientôt pu être miniaturisés et intégrés dans de tout petits boîtiers. C'est à Jack Kilby que nous devons le « circuit intégré », omniprésent dans tous les appareils modernes.

Les Circuits Intégrés

En assemblant plusieurs « interrupteurs », on peut faire des « portes logiques » lesquelles s'assemblent à leur tour en fonctions plus complexes, capables d'additionner deux nombres, par exemple. Les puces modernes totalisent allègrement des centaines de millions de portes et des milliards de transistors, mais le premier microprocesseur commercialisé au monde, le 4004 d'Intel (figure 2), n'en comptait en 1971 que 2300. Ce n'est déjà pas si mal en sachant que l'intégralité du circuit fut dessinée à la main.

Figure VIII-2 : Le 4004 d'Intel

Ce vénérable ancêtre faisait ses calculs sur 4 bits (d'où le « 4004 »), tournait à 0.74 Mhz et mettait 8 cycles à exécuter la moindre instruction. Pas très impressionnant, mais comparable à ce vénérable ENIAC et tout ça sur une surface de moins de 11 mm² au lieu de 66m³.

Malgré tout, le 4004 ne fut guère utilisé que dans des calculatrices. Son successeur sorti en 1972, le 8008, premier processeur 8 bits, reste rare, surtout dans le grand public. Il est tout de même notable qu'il soit au cœur du premier micro-ordinateur au monde : le Micral N. Sorti en 1973, c'est une invention française que l'on doit à André Truong Trong Phi et François Grenelle, fondateurs de la société R2E.

Pourtant, c'est l'Altair 8800 (figure 3), sorti deux ans plus tard, qui est souvent considéré comme le premier micro-ordinateur. Il faut dire que c'est sur cette machine que Bill Gates et Paul Allen se sont fait les dents. C'est pour commercialiser une version du langage Basic sur Altair que Microsoft a été fondée.

Figure VIII-3 : L'Altair 8800

Cependant, ces deux machines sont à des années lumières de ce que l'on considère aujourd'hui comme des micro-ordinateurs. Pas d'écran : la machine communique par des séries de LED. Pas de clavier, juste quelques interrupteurs, et aucune interface, aucun système d'exploitation. En plus, les machines sont relativement chères. Pour l'Altair, il faut compter 400 $ en kit ou 600 $ monté. D'ailleurs, les microprocesseurs eux-mêmes sont onéreux, l'Intel 8080 fut introduit au prix de 360$ l'unité. On en trouvera néanmoins ultérieurement dans de nombreuses bornes d'arcades comme *Space Invaders* et ses clones (*Space King* etc.), les systèmes « 8080 Based » de Namco, les « Midway 8080 », les systèmes « Blockade » de Sega, etc.

On est assez loin d'une diffusion massive. Ce ne sera ni à Intel ni à Motorola ou IBM que l'on devra l'entrée fracassante des microprocesseurs dans les foyers. Ce sera à Zilog et MOS Technology. En 1975 et 1976, elles lanceront respectivement les deux puces superstars des années 80 : le Z80 et le 6502.

3 Le binaire

Dans la vie de tous les jours, vous utilisez la numération décimale, c'est-à-dire en base 10. De fait, vous disposez de 10 chiffres, dits arabes, pour écrire tous les nombres possibles. En binaire on a que deux chiffre : 0 et 1. Pas pratique ? Si, au contraire. Voyons ça, essayons de compter. Je pars à 0. Ensuite j'ai 1, jusque-là, tout va bien. Comment faire pour rajouter encore 1 ? Et bien comme d'habitude quand j'arrive au bout des symboles disponibles. En décimal, je n'ai plus de symbole après neuf, je suis obligé de rajouter un chiffre 1 à gauche. Ainsi après 9 j'ai 10.

En binaire, après 1 j'ai donc aussi... 10. Mais attention, ce 10 vaux 2 ! Pour différencier les nombres binaires des nombres décimaux, on utilisera, vu le contexte du livre, la notation de beaucoup d'assembleurs, le symbole « % ». Ainsi %10 = 2. C'est sans doute encore flou pour le moment, alors continuons. Après %10 viens facilement %11 puisque je peux rajouter 1 au 0 de droite. Ensuite, je vais devoir encore rajouter un chiffre, car toutes les colonnes sont « pleines » en quelque sorte, exactement comme quand on a 99.

Donc après %11 viens %100, puis %101 et %110 et %111. Là encore pour continuer, nous rajouterons un chiffre à gauche : %1000 est donc égal à ... (avez-vous suivi ?) ... 8. Et ainsi de suite, %1001 = 9, %1010 = 10, etc. Voilà comment compter en binaire. Mais comment savoir directement ce que vaudrais le nombre %10101001 ? Si je dois partir de zéro, ça risque d'être long. Alors essayons plutôt d'analyser ce que veux dire être en base 10 ou en base 2.

Si j'écris que 234 = 200 + 30 + 4, je ne vais surprendre personne. De même avec une évidence comme :

234 = 2x 10 x 10 + 3 x 10 +4 ou encore

4125 = 4 x 10 x 10 x 10 + 10 x 10 + 2 x 10 + 5.

Pourtant, c'est exactement ce que veux dire compter en base 10. Chaque chiffre d'un nombre écrit en décimal correspond à une « puissance » de dix (10 x 10 x ... x 10 un certain nombre de fois) qui dépend de sa position dans le nombre. Les chiffres qui comptent le plus étant vers la gauche et ceux qui comptent le moins, vers la droite. On peut le voir aussi comme « les gros » d'abord et « les petits » vers la fin (on lit de gauche à droite). C'est une convention en fait, car on pourrait parfaitement faire le contraire si on le voulait. Mais c'est ainsi que l'on compte et il se trouve que de nombreux processeurs, dont notre cher 6502, comptent de même. En anglais on dit qu'ils sont « little-endian », parfois traduit par « petit boutistes ». Les CPU qui utilisent la convention inverse, comme le MOTOROLA 68000 sont dit « big endian » ou « gros boutistes ».

Mais restons donc petit (et jusqu'au) boutistes en revenant à notre numération binaire. Et bien tout ce passe exactement de la même manière, mais avec des « 2 » à la place des « 10 ». Prenons ce que je viens de dire au pied de la lettre, alors si :

$234 = 2 \times 10 \times 10 + 3 \times 10 + 4$

On aura que %101 = $1 \times 2 \times 2 + 0 \times 2 + 1 = 5$. Mais ? Ça marche ! Contrôlez avec ce que l'on a dit plus haut si vous ne me croyez pas. Du coup il est possible de répondre à ma question :

$\%10101001 = 1 \times 2 \times 2 \times 2 \times 2 \times 2 \times 2 \times 2 + 0 \times 2 \times 2 \times 2 \times 2 \times 2 \times 2 \times 2 + 1 \times 2 \times 2 \times ....$

Bon, écrit comme ça, ce n'est ni très pratique, ni très élégant. Voilà pourquoi on a inventé les puissances. C'est une notation simple : $2^3 = 2 \times 2 \times 2$ (trois fois), $2^4 = 2 \times 2 \times 2 \times 2$ (quatre fois) et ainsi de suite. Avec cette notation on a :

$\%10101001 = 1 \times 2^7 + 0 \times 2^6 + 1 \times 2^5 + 0 \times 2^4 + 1 \times 2^3 + 0 \times 2^2 + 0 \times 2 + 1$

C'est toujours un peu long, mais c'est quand même mieux. Le résultat final est donc 169. Évidemment, ça marche aussi dans l'autre sens, mais c'est moins direct, par exemple :

$10 = 2 \times 5 = 2 \times (4 + 1) = 2 \times (2 \times 2 + 1) = 2 \times 2 \times 2 + 2 = 1 \times 2^3 + 0 \times 2^2 + 1 \times 2 + 0$

Soit %1010.
On aurait pu le voir plus vite en notant que $10 = 8 + 2$ soit $10 = 2^3 + 2$. Mais la méthode un peu plus compliquée, qui consiste à faire autant de divisions euclidiennes par 2 que nécessaire, est générale.

En binaires, toutes les opérations que vous faisiez en primaire sont rigoureusement les mêmes. Voici d'ailleurs une addition posée et exécutée avec ses retenues exactement comme en décimal (gardez à l'esprit que %1 + %1 = %10 !)

		1	1		
		1	0	1	0
+			1	1	1
=	1	0	0	0	1

Traduisez en décimal pour vérifier l'opération...
Maintenant, combien puis-je écrire de nombres avec un nombre fixé de chiffres binaires ? Encore une fois, prenons exemple sur le décimal. Avec un seul chiffre, j'ai bien évidemment 10 possibilités. Avec deux, je peux compter de 0 à 99 et j'ai donc 100 possibilités (10 x 10). De même avec 3 chiffres, je vais en avoir mille (10 x 10 x 10) car j'ai 10 possibilités pour chacun des trois chiffres choisis. En binaire, le principe est exactement le même. J'ai 2 possibilités si je ne m'autorise qu'un seul chiffre : 0 ou 1. Si je m'autorise deux colonnes, je vais avoir quatre nombres possibles :

%00
%01
%10

%11

Soit 2 x 2 possibilités puisque j'ai cette fois 2 choix pour chaque colonne. Ainsi, avec 3 chiffres binaires, je peux compter jusqu'à ... 7 :

%000
%001
%010
%011
%100
%101
%110
%111

J'ai en effet 8 (2 x 2 x 2) possibilités et je pars de zéro. Or, de 0 à 7, il y a bien 8 valeurs. Ainsi avec 8 chiffres binaires, ce que l'on appelle un « octet », je compterais jusqu'à 255, puisque j'ai 2^8 soit 256 possibilités. Les bits des processeurs représentent le nombre de chiffres binaires qu'ils peuvent manipuler en une seule fois. Un processeur 8 bits peut ainsi manipuler directement des nombres entre 0 et 255, alors qu'un processeur 16 bits pourra manipuler des nombres entre 0 et 65535. Cela ne signifie nullement qu'un processeur 8 bits ne peut pas calculer avec des nombres de 16 bits ou plus, mais il devra le faire en plusieurs fois.

4 Le BCD

Le BCD pour « Binary Coded Decimal » est un autre mode de représentation des nombres en binaires. Comme l'indique son nom, il vise à représenter plus particulièrement les nombres décimaux. C'est un codage sous optimal, c'est-à-dire qu'il est possible de coder moins de nombres différents avec un nombre de bits donnés qu'avec du binaire « standard ». Mais c'est quand même un mode de codage extrêmement pratique dès que l'on veut afficher des nombres sur un écran d'une manière qui soit lisible pour un humain moyen. Prenons un exemple. Supposons que le résultat d'un calcul soit 25. Avec 8 bits, le nombre 25 s'écrit 00010101. Sachant cela, comment écrire la chaîne de caractère « 25 » sur l'écran d'un ordinateur ?

D'ailleurs, comment écrire sur l'écran d'un ordinateur ? C'est simple, quelque part dans la machine (à l'origine dans une ROM) est intégrée une table dans laquelle sont dessinés, pixel par pixel, tous les symboles que l'ordinateur peut afficher : chiffres, lettres, opérations, etc. Parce qu'il serait un peu stupide de faire autrement, ces dessins (les caractères) sont stockés dans un ordre logique : le dessin du « B » est juste après celui du « A ». Le dessin du « 2 » juste après celui du « 1 », etc. Pour se simplifier encore la vie, on a convenu que tous les dessins interviendraient toujours dans le même ordre, créant de ce fait la table ASCII. Ainsi, « 1 » porte le numéro 49, « 2 » le numéro 50, « A » le numéro 65 et donc « B » le numéro 66, etc.

Donc pour afficher 25 à l'écran, je dois demander à la carte graphique d'afficher les caractères numéro 50 et 53 côte à côte. La table ASCII est connue et « 0 » possède le code 48. Déterminer le code d'un chiffre particulier ne pose pas de problème... si on sait quel est ce chiffre décimal bien entendu. Or, si j'ai juste l'octet 00010101 en binaire, en déduire que j'ai affaire aux chiffres « 2 » et « 5 » n'est pas évident et demande pas mal de calculs supplémentaires. Pour des processeurs très peu puissants (un 6507 de 2600 déjà fort occupé par exemple) ou des microcontrôleurs d'afficheurs digitaux, cela représente un surcroît de travail dont ils se passeraient bien.

C'est la raison d'être du « décimal codé binaire » ou BCD. Le principe est simple, au lieu de compter en binaire, comptons en décimal mais en représentant les chiffres du nombre décimal en binaire. De toute façon, on ne peut pas faire autrement puisque les CPU sont fondamentalement des machines binaires. Vous suivez toujours ? Reprenons notre exemple avec 25. Puisque les chiffres d'un nombre décimal vont de 0 à 9, je peux tous les représenter avec seulement 4 bits. Un nombre à deux chiffres peut donc s'écrire avec 8 bits. Comme 2 s'écrit 0010 et que 5 s'écrit 0101, en BCD on aura que 25 = 00100101.

$$25 \quad = \quad 0010 \quad 0101$$

$$\text{(2 en binaire)} \quad \text{(5 en binaire)}$$

La représentation de 25 en BCD est donc très différente de sa représentation en binaire « traditionnel » et les règles de calcul en BCD sont aussi modifiées. Néanmoins, de nombreux processeurs (comme le 6502 et ses cousins) savent calculer directement en BCD. Une limitation nous saute aux yeux, c'est qu'avec 8 bits en BCD, on ne représente que 100 nombres différents au lieu de 256. Malgré tout, leur utilité devient évidente quand on songe qu'il suffit maintenant d'extraire les 4 premiers bits de la représentation BCD pour avoir le « 2 » de notre nombre décimal, et les 4 bits suivants pour avoir le « 5 ». Or cette extraction est très simple pour un processeur qui possède des instructions spécifiques pour effectuer des décalages ou des masquages de bits. Ainsi, comme on sait que « 0 » correspond à 48 en ASCII, il suffit d'utiliser chacun de ces groupes de 4 bits directement comme index pour afficher le bon chiffre : 48 + 2 = 50 (caractère « 2 ») et 48 + 5 = 53 (caractère « 5 »).

On a pris la table ASCII comme exemple, mais elle n'est bien sûr pas forcément nécessaire. Il suffit qu'à un endroit de la mémoire soient stockées, dans l'ordre, les données relatives aux dessins des chiffres (dans la ROM d'un jeu par exemple) pour qu'il soit très simple d'afficher le score s'il est représenté en interne en BCD.

Au sens strict, la description que j'ai donnée ici concerne le BCD compressé (Packed BCD) à 4 bits par chiffre qui est utilisée avec les puces supportant l'arithmétique BCD. Une variante inefficace, mais facile à mettre en œuvre avec les puces qui ne le supporte pas est d'utiliser un octet complet par chiffre.

En (packed) BCD, certains codes binaires sont donc invalides : 00011010 qui représente 26 en binaire ne correspond à rien en BCD. Voyez-vous pourquoi ? Les 4 derniers bits : 1010 donnent 10 en décimal, ce qui n'est pas un chiffre.

5 L'hexadécimal

En parlant de système de numération (cf. annexes 3 et 4), il en est un autre que les informaticiens affectionnent particulièrement : l'hexadécimal. Comme son nom ne l'indique pas forcément très clairement, il s'agit en fait de compter en base 16. Donc au lieu d'avoir 10 chiffres différents, ou seulement deux, on en a 16. Cela fait 6 de plus qu'en décimal, on aurait d'ailleurs pu laisser libre cours à notre imagination débridée pour trouver les 6 symboles manquant à notre bonne vieille représentation décimale mais finalement, le choix conventionnel se porte le plus souvent sur les 6 premières lettres de l'alphabet. Pour compter en hexadécimal, on s'y prend donc ainsi : 0, 1, 2, 3, 4, 5, 6, 7, 8, 9, A, B, C, D, E, F... et après que vient-il ? Et bien comme en binaire ou en décimal, il faut rajouter une colonne :

0, 1, 2, 3, 4, 5, 6, 7, 8, 9, A, B, C, D, E, F, 10, 11, 12, 13, 14, 15, 16, 17, 18, 19, 1A, 1B, 1C, 1D, 1F, 20 ...

Notez bien que le 16 ci-dessus vaut 22 en décimal. Encore une fois, pour éviter que les fils ne se croisent, on va adopter la notation de beaucoup d'assembleurs 8 bits et utiliser un symbole « $ » devant un nombre hexadécimal. Ainsi : $16 = 22 et $1B = 27. Bien que ce soit un peu plus bizarre à cause des lettres, tous les mécanismes que l'on a décrits en binaires sont toujours valables, mais avec 16 à la place de 2. Ainsi :

$2B = 2 x 16 + $B = 32 + 11 = 43.

Ou encore, plus long :

$2FAC = 2 x 16^3 + $F x 16^2 + $A x 16 + $C
= 2 x 16^3 + 15 x 16^2 + 10 x 16 + 12 = 12204

Et pour les opérations, c'est encore pareil, voici une autre addition (à vérifier):

		1	1
2	A	0	1
+	1	F	F
=	C	0	0

Compter en base 16 ? Non mais quelle idée... Sauf que vous remarquerez que les nombres écrits en hexadécimal sont aussi courts qu'en décimal. En fait, ils sont même plus courts ! Démonstration : 164 = \$A4, 255 = \$FF, 2561 = \$A01, et 65535 = \$FFFF.

En fait, ce n'est pas seulement pour sa compacité que l'hexadécimal est très utilisé. C'est surtout parce qu'il correspond très bien au binaire. Ce n'est pas une surprise, car 16 est une puissance de 2. Ainsi, on remarque tout de suite qu'un nombre de 8 bits se représente par 2 chiffres hexadécimaux qui chacun représentent les deux parties de 4 bits de l'octet considéré. Exemple :

21 = 16 + 5 et donc il s'écrit \$15 en hexadécimal. En binaire 21 = %00010101. Considérons maintenant les 4 bits de « poids faibles », c'est-à-dire du bout de l'octet : %0101 = 5. De même les 4 bits de « poids forts », c'est-à-dire de début de l'octet font : %0001 = 1. On retrouve ainsi, dans le bon ordre que :

%0001 0101 = \$1 5.

Un autre exemple :

156 = %10011100 = \$9C.

On vérifie bien que : %1001 = 9 et %1100 = 12 = \$C. Enfin, il est clair que 255 = %11111111 s'écrit aussi \$FF et que \$F = 15 = %1111.

L'hexadécimal devient ainsi une manière compacte de manipuler du binaire ce qui s'avère extrêmement pratique puisque tous les processeurs sont 8, 16, 32 ou 64 bits (jusqu'à présent). En tout cas, leurs registres ont des tailles qui sont des puissances de deux.

Un petit retour sur la VCS pour conclure. Souvenez-vous : cette pauvre console devait tout faire avec 128 petits octets de RAM. Je vous présentais la carte de son espace d'adressage qui était de 8 Ko. Les numéros en hexadécimal de ses 8192 cases partaient donc logiquement de $0000 = 0 pour aller jusqu'à $1FFF qui fait bien 8191. On remarque au passage que $1FFF = %0001 1111 1111 1111 ce qui représente bien la totalité des 13 lignes d'adresses du 6507 à 1. La RAM était quant à elle située entre les adresses $80 et $FF (incluses). Soit entre 128 et 255, on retrouve bien 128 octets de RAM.

IX. Bibliographie / Webographie

Remerciements

Cet ouvrage utilise de nombreuses ressources assez disparates. Le plus souvent, il s'agit d'informations disponibles en ligne et provenant du travail d'anonymes, aussi passionnés que talentueux. C'est une nécessité. Si parfois quelques documents officiels existent bel et bien, il y a en général assez peu de sources accessibles au grand public. Pour connaître le fonctionnement intime des machines, il ne reste souvent que la rétro-ingénierie. Un travail de bénédictin accompli par des bénévoles dont le travail est inestimable si on accorde une quelconque valeur à ce patrimoine technologique. J'en citerais beaucoup dans les pages qui suivent, mais j'en oublierais aussi énormément tant la communauté est large et active.

Ce livre est ainsi dédié aux bricoleurs, hackers, programmeurs d'émulateurs, de jeux « homebrew », passionnés et geeks en tout genre sans qui il n'existerait pas.

L'Atari VCS

Cette partie (et cet ouvrage aussi, finalement) est très inspirée du livre :

- *"Racing the Beam, The Atari Video Computer System"*, Nick Monfort and Ian Bogost, collection Platform Studies, MIT Press (2009)

Et de l'article :

- *"Computing Makes The « Man » : Programmer Creativity and the Platform Technology of the Atari Video Computer System"*, par Nick Monfort and Ian Bogost

Beaucoup d'informations sur *Pitfall* viennent de l'exposé « *Pitfall* Classic Post Mortem » que David Crane a donné au GDC 2011. L'interview de Bob Whitehead sur Digitpress est également très instructive.

- *http://www.digitpress.com/library/interviews/interview_bob_white head.html*

Toutes les informations relatives aux processeurs de la famille du 6502 (pour la VCS et la NES) peuvent être trouvées dans tout bon manuel sur cette puce.
Nous avons utilisé l'original, pour ainsi dire :

- *"SY6500 / MCS6500 Microcomputer Family Programming Manual", Synertek, (1976).*

Du matériel provenant du site visual6502.org a aussi été utilisé :

- *http://www.visual6502.org/*

Pour la VCS 2600 elle-même, on a eu recours à :

- *"Atari 2600 / 2600A VCS Domestic Field Service Manual", par Atari.*
- *"Stella Programming Guide", par Steve Wright, (1979).*

D'une manière générale, les sites :

- *www.atariage.com*
- *www.bjars.com/resources.html*
- *http://atarihq.com/mainsite/*

et leurs fora sont une véritable mine d'informations. Mention spéciale à Andrew Davie alias « *Flavoredthunder* » et à son « *Atari Programming Workshop* ». Mentionnons aussi le « *Atari 2600 Programming Guide* », compilé par Paul Slocum, le travail de Kirk Israel, les cartes de « Kroko », etc.

Rendons hommage au travail de fourmi accompli par Harry Dodgson, Nick Bensema et Roger Williams pour leur désassemblage du code du jeu Combat, dont le source est particulièrement instructif.

- *http://www.atariage.com/2600/archives/combat_asm/index.html*

Enfin, remercions aussi tous les contributeurs à l'émulateur « Stella » :

- *http://stella.sourceforge.net/*

La NES

Comment parler de Nintendo sans mentionner le remarquable travail de Florent Gorges ? Ici, c'est surtout le tome 3 qui nous aura intéressé.

- *« L'Histoire de Nintendo t. 3 », Florent Gorges, Editions Omake Book*

On a également eu recours à

- *« L'Histoire de Mario », par William Audureau, éditions Pix'n Love (2011)*

Pour l'architecture générale de la NES on pourra se reporter l'exposé disponible en ligne :

- *"The Nintendo Entertainment System", CS433, Processor Presentation Series, Prof. Luddy Harrison, University of Illinois (2005).*

Ainsi qu'à la

- *"Nintendo Entertainment System Documentation", Patrick Diskin, (2004)*

Il y a aussi le travail de Brad Taylor dans son « *2A03 Technical Reference* », également auteur du « *Famicom Disk System Technical Reference* ». Mentionnons enfin la FAQ de Chris Covell, le travail sur les mappers de Firebug et le document de Marat Fayzullin « *Nintendo Entertainment System Architecture* ».

En règle générale, les sites nesdev et nintendoage sont d'excellents points de départ pour tout ce qui concerne la programmation sur NES.

- *http://nesdev.com/*
- *http://www.nintendoage.com/*

On a eu recours à plusieurs tutoriels, celui de Mike Hubert, de joker21, et surtout les « *Nerdy Nights Weeks* », de Brian Parker alias « bunnyboy ». Saluons la remarquable initiative de CRISPYSIX qui nous offre un des rares tutoriels de programmation NES en français.

Toute la communauté nesdev, et en particulier « doppelganger », doit être remerciée pour son travail colossal sur le désassemblage de la ROM de *Super Mario Bros*. Le code source, très documenté est une mine d'informations précieuses.

Citons encore les notes de « Bregalad » sur les rasters effects, et enfin les « *NES technical FAQ* » de Chris Covell. Finalement, on a utilisé l'émulateur NES FCEUX 2.1.5 pour ses capacités en matière de debug et de visualisation des éléments graphiques.

- *http://www.fceux.com/web/home.html*

La Master System

Pour tout ce qui touche au processeur Zilog Z80, tout manuel de programmation assembleur fera sans doute l'affaire. Nous avons utilisé :

- « *Programming The Z80* » *de Rodnay Zacks, third edition, Sybex (1981)*

Si on ne devait retenir qu'un site pour tout ce qui touche à la Sega Master System et au Game Gear, ce serait sans doute smspower.org et son forum. Le site possède une section « développement » :

- *http://www.smspower.org/Development/Index*

Qui recèle une quantité incroyable d'informations. Parmi les documentations techniques qu'on y trouve et qui nous furent précieuses, on citera les « *SMS / GG hardware notes* » de Charles MacDonald, disponibles sur son site :

- *http://cgfm2.emuviews.com/*

On mentionnera aussi celle de Richard Talbot-Watkins et, bien sûr, la transcription HTML du « *Software Reference Manual for the SEGA Mark III Console* », le document officiel de SEGA.

La lecture du mémoire, disponible en ligne, de Christopher White sur l'implémentation du premier émulateur Sega Master System et Game Gear en Java est également enrichissante.

- « *Java Gear, A Java Sega Master System and Game Gear Emulator* », *Christopher White, School of Computer Science of the University of Birmingham, (2002)*

Concernant *Sonic The Hedgehog*, un point de départ inévitable est bien sûr :

- « *L'Histoire de Sonic the Hedgehog* », *Editions Pix'n Love (2012)*

Mais avoir autant d'informations techniques sur le jeu Sonic sur Master System n'aurait pas été possible sans le travail abattu par les « rom hackers » du site :

- *http://info.sonicretro.org/*

On y trouvera tous les détails les plus intimes concernant le fonctionnement de presque tous les jeux Sonic, toutes plateformes confondues. De même que FCEUX nous avait été précieux pour ses fonctions debug, c'est ici l'émulateur Meka que nous avons utilisé pour les mêmes raisons.

- *http://www.smspower.org/meka/*

La PC-Engine

Concernant cette machine, le point de départ inévitable est bien sûr :

- *« La Bible PC-Engine, vol.1 : Les Hucards », Editions Pix'n Love, (2009)*

Takahashi Meijin mentionne succinctement la conception de la machine dans sa biographie.

- *« Takahashi Meijin : Biographie d'une idole Japonaise », Editions Pix'n Love, (2010)*

Le dossier « Hudson Profile » du magazine suivant est également instructif:

- *« Retro Gamer Magazine », numéro 66 pp.68-73 et numéro 67 pp. 44-49. (2009)*

Charles MacDonald, déjà cité dans la section « Sega », a également œuvré sur les *« Turbografx-16 Hardware Notes »*. John Yu a compilé la *« TG-16 / Duo FAQ »*. On citera aussi Emmanuel Schleussinger, auteur d'une documentation sur le VDC, Paul Clifford qui œuvra sur un document relatif au VCE et au PSG, ainsi que David Michel, Jens Chr. Restemeier, David Shadoff, Nimai Malle.

De nombreuses informations sont regroupées sur le site d'ArchaicPixels :

- *http://www.archaicpixels.com/index.php/Main_Page*

Et dans la section du SDK « Magic Kit » sur le site de l'émulateur MagicEngine :

- *http://www.magicengine.com/mkit/*

Les fora du site pcenginefx sont également incontournables :

- *http://www.pcenginefx.com/forums/index.php?board=13.0*

Les codes sources des émulateurs Hugo et Mednafen ont été utilisés pour préciser certains détails. L'émulateur « Ootake » a été utilisé, mais ce sont les fonctions debug très évoluées de Mednafen (émulateur multi-système) qui nous auront été les plus utiles pour ausculter les jeux sélectionnés.

- *http://mednafen.sourceforge.net/*
- *http://www.zeograd.com/parse.php?src=hugof&path=0,1,*
- *http://www.ouma.jp/ootake/*

Les Généralistes

Il existe de nombreux ouvrages d'introduction à l'architecture des ordinateurs, on pourra, par exemple, se reporter à :

- *« Du Transistor à l'ordinateur, une introduction à l'architecture des ordinateurs », de Claude Timsit, Editions Hermann.*

On a utilisé bien d'autres sources d'informations généralistes. En premier lieu desquels la Wikipedia, en particulier dans sa version anglophone. Concernant les vieilles machines, l'organisation MO5 est incontournable. De même que cpu-world, pour les microprocesseurs. Le site « Console Database » est également très riche.

- *http://www.consoledatabase.com/*
- *http://www.cpu-world.com/*
- *http://mo5.com/*

Les développeurs d'émulateurs connaissent bien les machines, c'est une évidence. Le site suivant, regroupant leurs secrets, est donc un vrai trésor:

- *http://emu-docs.org*

De même, certains hackers en savent beaucoup sur le fonctionnement intime des jeux qui les passionnent. On s'orientera avec profit vers :

- *http://www.romhacking.net/*

On a occasionnellement utilisé des bases de données de sprites et des cartes de niveaux compilés par des bénévoles, que l'on trouvera aux adresses suivantes. Mentionnons à ce titre Lord Zymeth, pour ses planches de sprites de *Street Fighter II*.

- *http://spriters-resource.com*
- http://www.vgmaps.com/

© 2015, Guillaume Poggiaspalla
Edition : BoD - Books on Demand
12/14 rond-point des Champs Elysées, 75008 Paris
Imprimé par Books on Demand GmbH, Norderstedt, Allemagne
ISBN : 9782322017492
Dépôt légal : Juin 2015

www.ingramcontent.com/pod-product-compliance
Lightning Source LLC
La Vergne TN
LVHW022336060326
832902LV00022B/4065